广东省哲学社会科学"十三五"规划学科共建项目（GD16XJY20）成果
广东省教育厅特色创新类项目（2016GXJK125）成果
广东省教育科学"十三五"规划2018年度教育科研重点项目（2018JKZ016）成果

# 金钟山下，那场美好的战斗

—— 教育部中小学名校长领航班广东基地凉山支教团队文集

主编　谈心　陈礼旺

中山大学出版社
·广州·

版权所有　翻印必究

## 图书在版编目（CIP）数据

金钟山下，那场美好的战斗：教育部中小学名校长领航班广东基地凉山支教团队文集/谈心，陈礼旺主编. —广州：中山大学出版社，2021.3

ISBN 978-7-306-06971-9

Ⅰ.①金…　Ⅱ.①谈…②陈…　Ⅲ.①不发达地区—教育工作—凉山彝族自治州—文集　Ⅳ.①G527.771.2-53

中国版本图书馆CIP数据核字（2020）第177769号

| 出　版　人：王天琪 |
| --- |
| 策划编辑：张　蕊 |
| 责任编辑：张　蕊 |
| 封面设计：曾　斌 |
| 责任校对：叶　枫 |
| 责任技编：何雅涛 |
| 出版发行：中山大学出版社 |
| 电　　话：编辑部 020-84111997，84110779，84110776 |
| 　　　　　　发行部 020-84111998，84111981，84111160 |
| 地　　址：广州市新港西路135号 |
| 邮　　编：510275　传　　真：020-84036565 |
| 网　　址：http://www.zsup.com.cn　E-mail：zdcbs@mail.sysu.edu.cn |
| 印　刷　者：佛山市浩文彩色印刷有限公司 |
| 规　　格：787mm×1092mm　1/16　17.25印张　350千字 |
| 版次印次：2021年3月第1版　2021年3月第1次印刷 |
| 定　　价：48.00元 |

如发现本书因印装质量影响阅读，请与出版社发行部联系调换

# 编委会

顾　问：龚孝华
主　编：谈　心　陈礼旺
编　委：徐　华　周　庆　刘艳伟　程誉技　孙正军
　　　　叶丽敏　张德兰　熊　绮　王　骋　任　慧
　　　　林建锋　陈文艳　张忠宝

# 凉山支教，我们领航在行动

自 2015 年广东省中小学校长培训中心成为教育部中小学名校长领航班基地（以下简称广东基地）以来，广东基地探索形成了"一校一案"领航校长培养的新模式。该模式具有三个典型特征：一是催生问题，确立课题；二是权威指导，创新行动；三是传播思想，领航实践。该模式支持了首期和第二期领航校长成长，领航校长的实践创新成果先后在中央电视台和《人民日报》《光明日报》《中国教育报》《人民教育》等权威媒体传播；2 项领航班项目研究课题获教育部规划课题立项，1 项领航班项目研究成果荣获国家基础教育教学成果奖。

广东基地的领航校长具有深厚的教育情怀和家国情怀，他们认真贯彻《教育部教师工作司关于开展四川省凉山彝族自治州教育帮扶行动的通知》要求，克服各种困难，先后派出首批支教教师 24 位、第二批支教教师 17 位、第三批支教教师 24 位，对口帮扶凉山州宁南县和美姑县 8 所学校。广东基地所有支教教师均开设了校级公开课，其中 4 位支教教师参加教育部国培办援培活动公开课示范带学；程誉技、林建锋、徐华、周庆、熊绮、叶丽敏、张德兰、陈文艳等领航校长先后组织主题支教团队到宁南县和美姑县示范带学，周庆、任慧、张忠宝、徐华、叶丽敏校长等先后接待了宁南中小学校长跟岗挂职学习。广东基地支教团队的扎实工作，深受宁南县和美姑县教育同仁的好评，并得到教育部教师工作司的充分肯定和中共中央、国务院的表彰；广东基地支教教师代表蒋京春老师荣获"全国脱贫攻坚先进个人"称号；广东基地支教教师代表陈礼旺老师应邀参加了"闪亮的名字"2020 最美教师发布会节目录制。

三个学期的凉山支教，广东基地支教工作亮点精彩纷呈。首期领航班广东基地班长北京潞河中学徐华校长团队陈礼旺老师成立了宁南县首个特级教师工作室，引领全县中学骨干教师成长，培育特级教师后备人才；潞河中学为宁南中学捐赠图书资料 4500 册；该团队的崔启林老师在教育部国培办援培送教活动中面向全州教师开设公开课示范。河北正定中学周庆校长在 2019 年暑期接待了宁南中学团队参访交流，并承诺分享相关复习资料和支持骨干教师培训，同时派出河北英语名师宋云英老师赴凉山支教。宋云英老师主动承担英语成绩较弱的班级教学，给宁南中学英语高效课堂带来了诀窍；经过一个学期的努力，期末考试学生成绩排名同类型班级第一。哈尔滨十七中学刘艳伟校长团队于灏老师将东北林业大学、北京市十一学校的优质教育资源带到了宁南初级中学。东北林业大学研究生团队为宁南初级中学提供心理咨询服务，并邀请了北京市十一学校章巍副校长到宁南示范带学。哲商小学程誉棨校长团队为宁南县捐赠图书3万多册，爱心书屋善款32万元。该团队的蒋双花、朱海娇、孙优优老师在凉山支教3个学期，都荣获了凉山州优秀教师荣誉称号。山东临淄一中孙正军校长团队为美姑县民族初级中学全校学生捐赠50多万元的校服。该团队的于国柱老师发挥其学校文化教育专长，组织专家团队为美姑县民族初级中学设计了"一训三风"，创作了校歌，深受好评。

第二期领航班广东基地班长海南省海口市琼山区椰博小学叶丽敏校长团队组织工作室成员学校捐赠善款45万余元，捐赠物资价值2万余元，并2次组织名师团队赴宁南示范带学交流，深受好评。银川六中王骋校长团队秦莹老师和白洁老师多次承担公开课示范教学和教育专题讲座，宁南民族初中师生受益良多。襄阳市恒大名都小学张德兰校长团队捐赠善款8万余元，捐赠物资价值2万元；该团队的张珺老师发挥教育信息技术专长，周末为学生开设选修课，参与朝阳小学科学特色课程建设，并获四川教育电视台报道；刘子威和刘雪老师在教育部国培办援培送教活动中面向全州教师开设公开课示范；张德兰校长2次亲自带队组织10多位特级教师和湖北名师深入凉山宁南开设公开课示范，深受好评。南昌一中熊绮校长团队刘钟老师在教育部国培办援培送教活动中面向全州教师开设公开课示范；熊绮校长亲自带队教研员和骨干教师赴宁南县和美姑县示范带学交流，深受好评。绍兴市上虞区城东小学林建锋校长团队组织了5次宁南县主题支教活动，涵盖了语文、数学、科学、德育、学前教育等学科和领域，支教专家包括20多位浙江名师，在宁南支教示范带学6周，开设85节公开课、70场主题报告，对10多所学校办学进行诊断，深受好评；同时捐建2所学校阅览室，2所学校爱牛实验室。扬州市梅岭小学陈文艳校长团队10人在宁南支教示范带学7天，开设9节公开课，做了5场主题报告，并对3所学校办学进行诊断，深受好评；同时，捐赠图书4000余册。昆明市武华小学的任慧校长团队和广州市花都区秀雅学校张忠宝团队热情接待宁南中小学校长跟岗挂职学习，深受好评。

广东基地不但整合领航校长学校资源开展凉山支教，而且发挥广东基地自身作为国家级培训基地的优质培训资源服务凉山支教。广东基地根据宁南县和美姑县教师队伍建设的个性化需要，先后策划和组织了美姑县骨干校长专题培训班、美姑县小学科学教师专题培训班、宁南县中小学校长专题培训班、宁南县初级中学骨干教师赴粤跟岗专题培训班，协办了宁南县中小学校长跟岗挂职培训班、美姑县小学语文教师专题培训班，合计300多人次。此外，广东基地还募集社会资金和物资价值共计10万余元，捐赠给美姑县教师进修校和宁南县民族小学。广东基地领导高度重视凉山支教工作，学校党委书记王左丹同志亲赴四川凉山开展扶贫支教暨大学生助力脱贫攻坚创新创业实践调研支教工作，与宁南县政府、宁南县教育局领导共同揭牌"广东第二师范学院大学生社会实践基地"，将师范生创新培养与凉山支教有机结合。

  本书见证了广东基地领航校长支教团队坚决落实中共中央、国务院打赢脱贫攻坚战的历程；本书主要由首批支教教师随笔，领航校长支教团队主题支教公开课教学设计、专题讲座讲稿，以及国内媒体对广东基地凉山支教报道三个部分内容构成。

  满山花儿在等待，彝族孩子在等待；凉山支教，我们领航在路上。

# 广东省中小学校长培训中心凉山支教帮扶团队成员名单

| 批次 | 序号 | 省份 | 姓名 | 单位 | 任教学段 | 任教学科 | 所属名校长 | 受扶学校 |
|---|---|---|---|---|---|---|---|---|
| 第一批 凉山支教教师 | 1 | 湖北省 | 刘子威 | 老河口市第八小学 | 小学 | 数学 | 襄阳市恒大名都小学张德兰校长 | 宁南县朝阳小学 |
| | 2 | | 张珺 | 襄阳市恒大名都小学 | 小学 | 信息技术 | | 宁南县朝阳小学 |
| | 3 | | 刘雪 | 襄阳市襄城区迴龙小学 | 小学 | 语文 | | 宁南县朝阳小学 |
| | 4 | 浙江省 | 蒋双花 | 临海市巾山实验小学 | 小学 | 语文 | 台州市临海市哲商小学程誉技校长 | 宁南县朝阳小学 |
| | 5 | | 朱海娇 | 临海市巾山实验小学 | 小学 | 数学 | | 宁南县朝阳小学 |
| | 6 | | 孙优优 | 临海市沿江中心校 | 小学 | 英语 | | 宁南县朝阳小学 |
| | 7 | 海南省 | 莫开艳 | 海口市琼山甲子中心小学 | 小学 | 数学 | 海口市琼山区第三小学叶丽敏校长 | 宁南县民族小学 |
| | 8 | | 王大荣 | 海口市琼山第三小学 | 小学 | 语文 | | 宁南县民族小学 |
| | 9 | | 郭小丹 | 海口市琼山文庄一小 | 小学 | 英语 | | 宁南县民族小学 |
| | 10 | 云南省 | 唐丽 | 昆明市五华区武成小学 | 小学 | 信息技术 | 昆明市五华区武成小学任慧校长 | 宁南县民族小学 |
| | 11 | 黑龙江省 | 原卫娜 | 哈尔滨市第十七中学校 | 初中 | 美术 | 哈尔滨市第十七中学刘艳伟校长 | 宁南县初级中学 |
| | 12 | | 于灏 | 哈尔滨市第十七中学校 | 初中 | 物理 | | 宁南县初级中学 |
| | 13 | | 刘群 | 哈尔滨市第十七中学校 | 初中 | 体育 | | 宁南县初级中学 |

续表

| 批次 | 序号 | 省份 | 姓名 | 单位 | 任教学段 | 任教学科 | 所属名校长 | 受扶学校 |
|---|---|---|---|---|---|---|---|---|
| 第一批 凉山支教教师 | 14 | 宁夏回族自治区 | 秦莹 | 银川市第六中学 | 初中 | 英语 | 银川市第六中学王骋校长 | 宁南县民族中学 |
| | 15 | | 王晓霞 | 银川市第十六中学 | 初中 | 政治 | | 宁南县民族中学 |
| | 16 | | 任金涛 | 固原市第七中学 | 初中 | 政治 | | 三峡白鹤滩学校 |
| | 17 | 山东省 | 崔美凤 | 淄博市临淄区第一中学 | 初中 | 语文 | 淄博市临淄区第一中学孙正军校长 | 三峡白鹤滩学校 |
| | 18 | 北京市 | 陈礼旺 | 北京市通州区潞河中学 | 高中 | 语文 | 北京市通州区潞河中学徐华校长 | 宁南中学 |
| | 19 | | 孙航 | 北京市通州区潞河中学 | 高中 | 物理 | | 宁南中学 |
| | 20 | | 崔启林 | 北京市通州区潞河中学 | 初中 | 语文 | | 宁南中学 |
| | 21 | 江西省 | 聂锋 | 南昌市第一中学 | 高中 | 语文 | 南昌市第一中学熊绮校长 | 宁南中学 |
| | 22 | | 刘钟 | 南昌市第一中学 | 高中 | 数学 | | 宁南中学 |
| | 23 | 河北省 | 宋云英 | 河北正定中学 | 高中 | 英语 | 河北正定中学周庆校长 | 宁南中学 |
| | 24 | | 刘维岩 | 河北正定实验中学 | 高中 | 化学 | | 宁南中学 |
| 第二批 凉山支教教师 | 25 | 河北省 | 王金梅 | 河北正定中学 | 高中 | 化学 | 河北正定中学周庆校长 | 宁南中学 |
| | 26 | 海南省 | 彭瑞芳 | 海口市椰博小学 | 小学 | 数学 | 海口市椰博小学叶丽敏校长 | 宁南县民族小学 |
| | 27 | | 曾玉欣 | 海口市椰博小学 | 小学 | 英语 | | 宁南县民族小学 |
| | 28 | | 梁振盛 | 海口市椰博小学 | 小学 | 数学 | | 宁南县民族小学 |

续表

| 批次 | 序号 | 省份 | 姓名 | 单位 | 任教学段 | 任教学科 | 所属名校长 | 受扶学校 |
|---|---|---|---|---|---|---|---|---|
| 第二批 凉山支教教师 | 29 | 江西省 | 刘钟 | 南昌市第一中学 | 高中 | 数学 | 南昌市第一中学熊绮校长 | 宁南中学 |
| | 30 | | 聂锋 | 南昌市第一中学 | 高中 | 语文 | | 宁南中学 |
| | 31 | 浙江省 | 蒋双花 | 临海市巾山实验小学 | 小学 | 语文 | 台州市临海市哲商小学程誉技校长 | 宁南县朝阳小学 |
| | 32 | | 朱海娇 | 临海市巾山实验小学 | 小学 | 数学 | | 宁南县朝阳小学 |
| | 33 | | 孙优优 | 临海市沿江镇中心校 | 小学 | 英语 | | 宁南县朝阳小学 |
| | 34 | 江苏省 | 丁存元 | 扬州市梅岭小学 | 小学 | 英语 | 扬州市梅岭小学陈文艳校长 | 美姑城关小学 |
| | 35 | 云南省 | 杨杰 | 大理市下关第三完全小学 | 小学 | 语文 | 昆明市五华区武成小学任慧校长 | 美姑城关小学 |
| | 36 | 宁夏回族自治区 | 秦莹 | 银川市第六中学 | 初中 | 英语 | 银川市第六中学王骋校长 | 宁南县民族初级中学 |
| | 37 | | 白洁 | 银川市第十六中学 | 初中 | 音乐 | | 宁南县民族初级中学 |
| | 38 | 北京市 | 陈礼旺 | 北京市通州区潞河中学 | 高中 | 语文 | 北京市通州区潞河中学徐华校长 | 宁南中学 |
| | 39 | | 孙航 | 北京市通州区潞河中学 | 高中 | 物理 | | 宁南中学 |
| | 40 | | 崔启林 | 北京市通州区潞河中学 | 初中 | 语文 | | 宁南中学 |
| | 41 | 山东省 | 于国柱 | 淄博市临淄区第一中学 | 初中 | 道德与法治 | 淄博市临淄区第一中学孙正军校长 | 美姑县民族初级中学 |

续表

| 批次 | 序号 | 省份 | 姓名 | 单位 | 任教学段 | 任教学科 | 所属名校长 | 受扶学校 |
|---|---|---|---|---|---|---|---|---|
| 第三批 凉山支教教师 | 42 | 北京市 | 顾芳芳 | 北京市通州区潞河中学 | 高中 | 数学 | 北京市通州区潞河中学徐华校长 | 宁南中学 |
| | 43 | | 傅 强 | 北京市通州区潞河中学 | 初中 | 语文 | | 宁南中学 |
| | 44 | | 蒋京春 | 北京市通州区大杜社中学 | 初中 | 物理 | | 宁南中学 |
| | 45 | 河北省 | 王金梅 | 河北正定中学 | 高中 | 化学 | 河北正定中学周庆校长 | 宁南中学 |
| | 46 | 宁夏回族自治区 | 秦莹 | 银川市第六中学 | 初中 | 英语 | 银川市第六中学王骋校长 | 宁南初级中学 |
| | 47 | | 仇云霞 | 银川市第十六中学 | 初中 | 化学 | | 宁南初级中学 |
| | 48 | 湖北省 | 赵广成 | 襄阳市襄城区教研室 | 初中 | 数学 | 襄阳市恒大名都小学张德兰校长 | 宁南初级中学 |
| | 49 | 黑龙江省 | 于彦 | 哈尔滨市第十七中学校 | 初中 | 生物 | 哈尔滨市第十七中学刘艳伟校长 | 宁南初级中学 |
| | 50 | | 李墨 | 哈尔滨市第十七中学校 | 初中 | 美术 | | 宁南初级中学 |
| | 51 | | 李志立 | 哈尔滨市第十七中学校 | 初中 | 美术 | | 宁南初级中学 |
| | 52 | 浙江省 | 蒋双花 | 临海市巾山实验小学 | 小学 | 语文 | 台州市临海市哲商小学程誉技校长 | 宁南县朝阳小学 |
| | 53 | | 朱海娇 | 临海市巾山实验小学 | 小学 | 数学 | | 宁南县朝阳小学 |
| | 54 | | 孙优优 | 临海市沿江中心校 | 小学 | 英语 | | 宁南县朝阳小学 |
| | 55 | | 林建锋 | 绍兴市上虞区城东小学 | 小学 | 科学 | 绍兴市上虞区城东小学林建锋校长 | 宁南县朝阳小学 |

续表

| 批次 | 序号 | 省份 | 姓名 | 单位 | 任教学段 | 任教学科 | 所属名校长 | 受扶学校 |
|---|---|---|---|---|---|---|---|---|
| 第三批 凉山支教教师 | 56 | 江苏省 | 伏欣 | 扬州市梅岭小学 | 小学 | 数学 | 扬州市梅岭小学陈文艳校长 | 宁南县朝阳小学 |
| | 57 | 海南省 | 罗情情 | 海口市琼山区甲子镇中心小学 | 小学 | 数学 | 海口市椰博小学叶丽敏校长 | 宁南县民族小学 |
| | 58 | | 吴丽娜 | 海口市琼山区文庄第一小学 | 小学 | 语文 | | 宁南县民族小学 |
| | 59 | | 杨燕萌 | 琼海市嘉积镇第一小学 | 小学 | 信息技术 | | 宁南县民族小学 |
| | 60 | 云南省 | 张贵珍 | 耿马自治县城关完小 | 小学 | 语文 | 昆明市五华区武成小学任慧校长 | 宁南县民族小学 |
| | 61 | 湖北省 | 文姗姗 | 襄城区曹湾小学 | 小学 | 数学 | 襄阳市恒大名都小学张德兰校长 | 宁南县民族小学 |
| | 62 | | 曾静 | 襄阳市第三十六中小学部 | 小学 | 语文 | | 宁南县民族小学 |
| | 63 | 山东省 | 于国柱 | 淄博市临淄区第一中学 | 初中 | 道德与法治 | 淄博市临淄区第一中学孙正军校长 | 美姑民族初级中学 |
| | 64 | 江西省 | 何军 | 南昌市第二十三中 | 高中 | 美术 | 南昌市第一中学熊绮校长 | 美姑民族初级中学 |
| | 65 | 云南省 | 王志勇 | 红河州个旧市卡房镇中心小学 | 小学 | 小学数学 | 昆明市五华区武成小学任慧校长 | 美姑城关小学 |

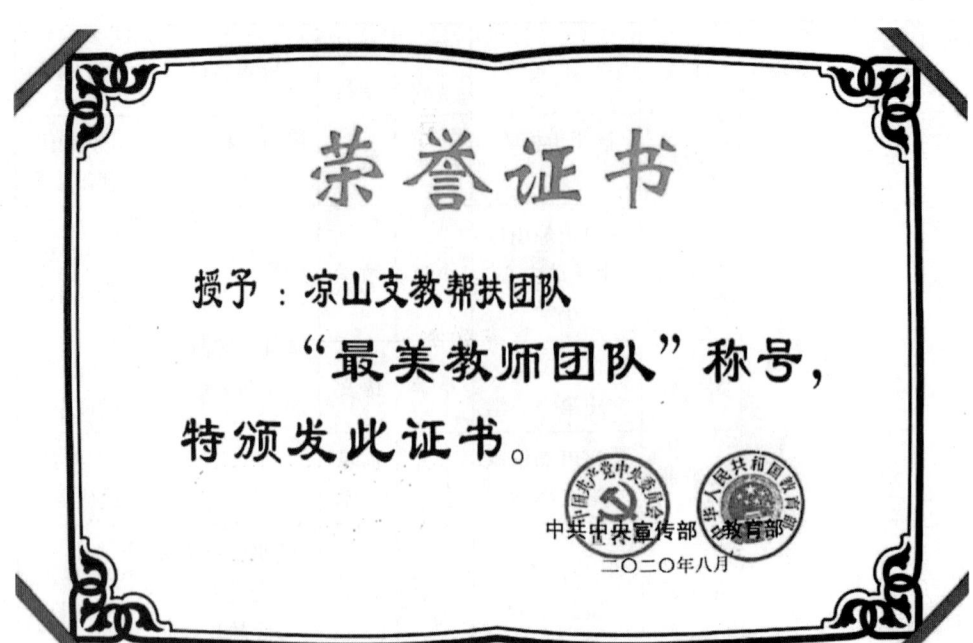

教育部凉山支教帮扶团队被中共中央宣传部、教育部授予"最美教师团队"称号

广东基地支教教师代表蒋京春老师被中共中央、国务院授予"全国脱贫攻坚先进个人"称号

# 目　　录

## 第一部分　支教教师随笔

| | | |
|---|---|---|
| 激情燃烧的日子 | 陈礼旺 | / 2 |
| 不负使命 | 崔启林 | / 14 |
| 教育是最崇高的公益事业 | 孙　航 | / 21 |
| 寻　梦 | 聂　锋 | / 26 |
| 一路收获别样的风景 | 刘　钟 | / 34 |
| 丹心不改育桃李　蜡烛犹热吐深情 | 宋云英 | / 39 |
| 助推梦想起航　实现桃李人生 | 刘维岩 | / 44 |
| 疾风知劲草 | 秦　莹 | / 50 |
| 相互成就　彼此温暖 | 王晓霞 | / 57 |
| 异乡耕耘报国情 | 任金涛 | / 61 |
| 宁南的足迹 | 崔美凤 | / 65 |
| 国之远方　教育为本 | 于　灏 | / 74 |
| 行走在山与城之间 | 原卫娜 | / 81 |
| 遇到美丽的风景 | 刘　群 | / 84 |
| 一双双不舍的眼睛 | 王大荣 | / 87 |
| 暖暖凉山情 | 郭小丹 | / 95 |
| 满山花儿在等待　彝族孩子在等待 | 莫开艳 | / 100 |
| 宁南，我的第二故乡 | 唐　丽 | / 110 |
| 用青春正能量书写匆匆那年 | 孙优优 | / 117 |
| 心愿情怀　逐梦践行 | 蒋双花 | / 121 |
| 大凉山的温暖 | 朱海娇 | / 127 |
| 一份意　一份心　一份情 | 张　珺 | / 130 |
| 遇见　成长 | 刘　雪 | / 133 |
| 爱的传播 | 刘子威 | / 139 |
| 凉山支教，我们在行动 | 叶丽敏 | / 143 |
| 遥望宁南：聆听教育美好的回音 | 陈文艳校长工作室 | / 146 |

铭心难忘支教路　不忘使命记初心 …………… 熊绮领航校长工作室／157
亦援亦得宁南行 ……………………………………………… 刘运金／159
成长，因真实经历而精彩 …………………………………… 闫红莲／166
小船载歌声　川鄂心相连 …………………………………… 刘　佳／170

## 第二部分　领航校长团队主题支教成果

奔跑，迎接更好的自己 ……………………………………… 张德兰／172
用奋斗的青春点亮闪闪发光的你 …………………………… 鲁　力／177
心有"想念"
　　——记"宁襄"划时空的英语教研 …………………… 章　琼／182
农业与地理环境复习专题
　　——农业的区位条件分析 ………………………………… 李　斌／184
基于地域文化的乡情课程群构建和实施 …………………… 夏伍华／196
"植树问题"课堂实录与反思 ………………………………… 熊国强／201
"近代中国的思想解放潮流"复习课教学设计 ……………… 张建花／210
"如何做对古诗歌鉴赏选择题"教学设计 …………………… 涂圯凡／213
"唯物辩证法的发展观"教学设计 …………………………… 胡保平／220
"物质发生了什么变化"教学设计 …………………………… 林建锋／223
"走进春天：金波儿童诗一组"教学设计 …………………… 陈君飞／227
《忆读书》教学设计 …………………………………………… 屠亚芳／231
"跟着电影学写作之对话描写"创意写作教学设计
　　——以微电影《大圣归来之丛林对话》为例 ………… 杨冬梅／239

## 第三部分　媒体报道

《创客》节目组首次走进大凉山的意外之喜 ……………………… 246
宁南：北京专家带来精彩国学讲座 ………………………………… 251
跨越千山万水！这位上虞教育人把教育部领航工程送进四川凉山 …… 252
教育帮扶：四川省凉山州宁南县校长到昆明市武成小学跟岗实践 …… 255
"岂曰无衣，与子同袍"：民族中学学生有了爱心校服
　　——山东临淄捐赠四川凉山美姑县民族中学2300多套冬季校服 …… 258
送物资又送培训课！张德兰校长工作室来到四川凉山 …………… 259

# 第一部分 支教教师随笔

# 激情燃烧的日子

北京市通州区潞河中学  陈礼旺

2019年8月7日,北京市通州区潞河中学校办主任刘晓蕾在潞河中学微信群中发了一条信息,内容是:教育部教师工作司响应党中央的号召,为打赢脱贫攻坚战,实现2020年全面脱贫任务,消除贫困代际传递,安排教育部各基地校长领航班的成员教师到全国深度贫困地区之一——四川凉山彝族自治州进行教育帮扶。得知此消息,我当晚与妻子认真商议,最终妻子同意我报名去大凉山支教。想起2008年汶川地震后我欲去支教而终未成行,这一次机会不期而至,了却了我赴川支教的夙愿,心情过于激动以致一晚无眠。8月8日上午我报名后,隔了一天,学校就批准了我的申请,于是就有了我年过半百之后的一段激情燃烧的日子。

我在宁南支教,有以下9个身份。

第一,我校共派出3位教师到凉山州支教,我是3人小组的组长。崔启林、孙航2位教师都是研究生毕业,素质高且有干劲,我们3个人精诚团结,主动积极开展各项工作,受到受援学校宁南中学领导、教师及学生们的欢迎和赞扬。2019年10月,潞河中学师生为宁南中学捐书4500册,前后寄了2次,我们3个人负责接收图书,并与宁南中学领导协商用书方案。2019年10月31日—11月2日,北京市通州区教委王秀东副主任、潞河中学徐华校长一行4人到宁南看望支教教师,与宁南中学建立姊妹校关系;领导们动身前,我与宁南中学王超校长一起设计他们来宁南后的行程;几位领导到宁南后,我在不耽误教学工作的前提下全程陪同。

第二,宁南中学支教教师共7位,除了我校3位,还有河北正定中学2位女教师和江西南昌一中2位男教师,我是宁南中学支教7人小组的组长。我关心爱护各位战友,并得到宁南中学相关领导的支持和配合,保证各位战友生活安心、教学用心。一个学期走过来,我们7位支教教师都圆满地完成了各自承担的高一班级的教学任务,所教班级成绩与同年级其他班级比较都不落后;我们配合学校相关处室及教研组开展有益师生发展的各项活动,7个人都受邀担任宁南中学青年教师赛课活动的评委,部分教师担任了宁南中学高二年级演讲比赛的评委;我们把北京、石家庄、南昌教育教学的新理念、新做法移植到宁南中学,受到师生的欢迎;我顾全大局,比较妥善地处理了或许会给我们支教团队带来负面影响的一些偶发事件,宁肯自己吃亏,维护了支教团队的形象;我要求战友们把自己当作宁南中学的普通教师,全程参与学校的各项工作,不做旁观者。闲暇时间,我也组织战友们开展了一些有益的活动,比如 2019 年 9 月 14 日,我们在宁南中学王超校长的带领下,到大山深处宁南县松新镇彝族老人博基力子家做客。老人家退休以后承包了 3000 亩(约 2 平方千米)荒山,种了 6 万株核桃树,绿化荒山,造福后代。参观老人 7 年的劳动成果时,跟老人攀谈、对饮,我们得到了精神上的洗礼。再比如 10 月 17 日,我们 7 个人随大凉山支教团队的部分成员一道到西昌卫星发射基地观看卫星发射,临近子夜时分亲临现场高唱《我和我的祖国》,观看那震撼的发射场面,聆听那响彻云霄的爆炸声,不由得让人发自内心地产生荣耀感,感觉到作为一个中国人的自豪。

第三,我是教育部广东省中小学校长培训中心基地宁南支教团队 24 位支教教师的班长。我这样理解这个班长的职责:及时传达并落实基地谈心博士的最新指示,做支教团队与宁南县教育体育和科学技术局、宁南教育研究培训中心之间的协调者、沟通者及相关活动的组织者,保证战友们在 6 所受援学校生活安心、工作顺利。我关心战友们的生活,6 所学校的 24 位支教教师的住处,我抽双休日都去看过;战友生病,我和班委会成员一起去探望;战友遇到自己解决不了的困难,我们班委会一定会出面帮助解决。在宁南支教的教师们来自祖国的四面八方,生活习惯不尽相同,学段、学科、年龄等不尽相同,但大家都能和谐相处,努力工作,为宁南中小学各项事业的良性发展做出贡献,并且各方面工作都没有出现大的问题。可以说,在整个凉山州支教帮扶团队中,我们宁南 24 人团队应当是"排头兵"。2020 年 1 月 5 日下午,在宁南县教育体育和科学技术局为我们 24 人支教团队举办的总结大会上,我在发言时动情地讲到在宁南 6 所受援学校领导的关照下,我和我的战友们不忘初心,克服了来自工作、生活等方面的困难,保质保量地完成了帮扶宁南的支教工作,我们感到问心无愧,感到无上荣光。大家对我的发言报以热烈的掌声。在这次大会上,我明确表示自己下学期还要继续留在宁南中学且任教高三毕业班。宁南县教育体育和科学技术局胡局长和教育部广东省中小学校长培训中心基地谈心博士在讲话中对我们的支教工作给予了充分肯定,并在总结会上给我们 24 位教师颁发了支教优秀教师的证书。

第四,我是宁南中学高一(12)班的语文教师。这个班共有 57 名学生,其中少数民族学生 17 名,含彝族、布依族、藏族。2019 年 9 月 3 日下午到宁南中学报到后,当天晚上我就到班上了第一节晚自习。我每周上 11 节课,此外还有 3 节早读课。我在正式上课前先让学生填写调查问卷,汇总后对学生的认知水平、知识掌握程度、读写能力、语文素养等有了一些了解。在此基础上,我确定了学习知识与提高能力兼顾的教学思路,引导学生灵活而合乎逻辑地积极思考；尊重学生的主体地位，对不同层级的学生有不同的期许，努力培养学生语文学习的好习惯，让57位学生对语文学科产生兴趣；真正做到读写结合，让学生关注自然、关注生活、关注社会热点，落实立德树人的要求。因为我与学生们配合默契，高一（12）班的语文成绩比较令人满意，在年级中一直排前三名。

针对宁南中学学生阅读量小、视野狭窄，而潞河中学部分学生不用心学习的实际情况，我还与潞河中学承担高一年级两个实验班语文课的蒋立新老师合作策划了两校学生"共读一本经典"活动，并确定共读书目是费孝通先生的《乡土中国》。因为潞河中学高一的班容量比较小，一个班只有40多人，所以我带的高一（12）班对应的是蒋老师任教的两个班的部分同学。参与此活动的学生负责向宁南中学高一（12）班的学生"一对一"捐赠《乡土中国》一书，确立"一对一"的阅读结对关系后，两个人成为书友。在互相交流阅读《乡土中国》的体会之外，宁南中学的学生向潞河中学的学生学习开放思想，接受新理念，跟上时代发展；潞河中学的学生向宁南中学的学生学习刻苦学习的精神，让自己有理想、有目标、有干劲。一个学期以来，书友间交流读书笔记3次，相互建立了友好的关系。"共读一本经典"活动开展得颇有成效，为两校参加活动的学生的德业进步提供助力。

我关心爱护高一（12）班每一位学生，对17位少数民族学生更是悉心教导，严格要求。因为班上多数学生尤其是少数民族学生的汉字书写不过关，我布置了一天一篇"田字格"的作业；学校没有统一安排星期六晚自习，我就利用这个时间找个别少数民族学生，给他们补课。彝族年的前一天，学校举办运动会，我一个人跑到宁南县新华书店，计划买书当作新年礼物送给少数民族的孩子。本想买17本《史记选讲》，但工作人员告诉我因为县书店规模有限，同种书目存量不超过5本，如果买17本的话，只能马上通知凉山州新华书店发货，当天不能拿到书。没办法，我只好挑选几种中外名著补齐17本，书价高低有别，只能以后再跟孩子们解释。购书后我租车回到办公室，静下心来给每个学生都写了赠言，然后到运动场，亲手把书送到17位少数民族学生手中。有学生在之后的作文中提到，他在2019彝族年过得非常幸福、满足，因为收到了北京支教教师的珍贵礼物。

作为宁南中学的语文教师，我还有两项重要工作。一是整个语文组的教学指导。我每天上课时，教室后排都有不少于3位听课教师，语文组高一、高二、高三的教研活动我都尽量参加，并结合宁南中学各年级的语文教学现状提出自己中肯的建议，帮助各年级备课组就有关教学和复习工作提出可行性方案。应学校及语文组之邀，多次做公开课、开讲座：2019年9月17日，为宁南中学语文教师做《再别康桥》示范课；2019年10月29日，做《鸿门宴》示范课；2019年9月24日、10月15日、11月27日，为语文教师做"2019

高考试题评析及教学建议"讲座，共计3讲；2019年11月28日晚上，为宁南中学高三学生做高考作文备考讲座，时间为两个半小时，1000多名学生聚精会神地听，认认真真地记，场面壮观。

另一项重要工作是带了3个徒弟：张坤、陈顺敏、贺金花。我的每节课他们几乎都听，课结束后我再跟他们谈我的备课思路；我抽时间听徒弟的课，听课后跟他们交流心得，指导他们写论文、搞科研。我的初衷就是争取让他们早日成长为宁南县、凉山州乃至整个四川省的语文名师。

第五，我是宁南中学教务处副主任。我按照要求参加学校的校务例会，结合自己的观察、思考，对学校的教学、德育管理等方面存在的问题提出可行性建议。同时，关注青年教师的成长，给宁南中学的青年教师做讲座共计3次。11月宁南中学举行青年教师评优课，我是文科组主评委，一天连着听了7节课，另外还要组织评课、确定等级。评优课结果公布后，又组织这些参加赛课的教师一起交流，对他们进行了一次集中辅导，指出他们各自的优势和劣势，帮助他们确定自己的职业发展方向与路径，效果良好。

为实现宁南中学2020届高考目标，我主动承担了高三文科4班李代，理科16班钟宏盛、赵盛业、刘兴发、张烨、秦永贵等6名资优生的语文学科个别辅导工作，几乎每周一次，辅导效果良好，得到校领导、同仁及学生们的高度认可。

第六，我是宁南县陈礼旺中学语文特级教师工作室的主持人。宁南县陈礼旺中学语文特级教师工作室成立于2019年10月下旬，成立之后，我主要做了三个方面的工作：一是两周一次集中交流指导活动，带领7位教师反思自己的阅读、写作教学，找到每位教师的"增长点"，为每位教师确定自己教学生涯的阶段目标及实现路径；给教师们购置了教育理论著作和有关语文学科教学方面的书籍，带领7位成员一起读书并交流心得。二是带领教师们立足宁南4所中学语文教学实际搞科研，2019年10月主持申报的课题"增强少数民族学生议论文论证力量的策略研究"被立项为2019—2023年度中国少数民族教育学会教育科研课题。三是与宁南教育研究培训中心合作组织了工作室成员课堂教学展示活动，请语文学界知名专家、首都师范大学教授张彬福到宁南听课、评课并做讲座。张彬福教授2020年1月2日下午2:00抵达四川省凉山彝族自治州宁南县，4:00—6:00与工作室成员及宁南中学全体语文教师座谈，对平时读写教学及中考、高考语文复习进行指导；1月3日上午7:55—11:00张彬福教授听张坤老师高中作文课1节，听钟先奎、马孝婷老师初中语文课共2节，11:10—12:00评课；1月3日下午2:00—5:30，张教授不辞辛苦，给宁南县全体初中语文教师、高中语文教师做题为"语文核心素养视角下的中学语文教学"的讲座。宁南各中学全体语文教师参加了为期一天的活动，感觉受益良多。在本次活动前期准备期间，3位授课教师的课被反复打磨，每位教师的课我都听了至少3节，听完后指导授课教师或大动或小改，最后每位教师都贡献出一节比较像样的课，得到张教授和全县语文教师的高度评价。我累并快乐着，相信宁南县陈礼旺中学语文特级教师工作室能为宁南留下点什么。

第七，我是凉山彝族自治州教育和体育局聘用的凉山州基础教育专家顾问团成员。2019年12月，凉山州教育和体育局组织中小学学科教师考试工作，我被邀请为凉山州2019年度普通高中阶段语文学科教师业务素质考试命题人，并且是高中语文命题组组长。别的学科命题组都是3个人，我们组只有我和会东县支教教师张永胜老师两个人。我不但负责命题，2020年1月6日还负责培训、组织教师们阅卷，最后做试卷分析。1月8日，凉山州教育和体育局召开首次教师业务素质考试总结会，当局领导宣布高中语文学科试卷零差错、试题区分度好时，参加会议的凉山州教育和体育局相关职能部门领导、同行以及中小学其他命题组组长都报以热烈的掌声。

第八，我是全力帮扶宁南中小学教育的热心人。我从2016年到2019年在首都师范大学教师教育学院参加北京市中小学特级教师高级研修班学习研修时，就和一些大学教授、北京各区的教研员及不少一线正高级教师建立起了良好的关系，所以，我在2019年9月3日宁南欢迎支教团队大会上就曾郑重承诺：宁南小学、初中、高中如有需要，我可以介绍专家来宁南指导。2019年12月18日至21日，我把北京市昌平区城关小学语文正高级教师、特级教师刘月霞老师介绍到宁南县朝阳小学讲学，刘老师不收分文，做了3场讲座，讲了3节课，教师们受益匪浅。四川省成都市武侯区棕北中学教学副校长、数学特级教师李鹏程老师是我多年的好朋友，他知道我来宁南支教，要来看望我。我与他商定，来宁南看我时一定要无偿为宁南的中小学讲课、开讲座，他慨然应允。出于种种原因，上学期李鹏程校长没能成行，但他承诺下学期一定到访宁南。三峡白鹤滩学校的钟华瑶校长已与李校长敲定好帮扶内容，除李校长自己讲学外，钟校长还邀请李校长带领一位语文把关教师、一位英语把关教师来三峡白鹤滩学校给教师们谈对四川省未来新中考的理解，李校长亦已同意。

我自己也多次利用空闲时间，到宁南县其他3所中学听课或做讲座。比如，我在宁南县民族初级中学给初二、初三学生开关于《论语》的讲座，在宁南二中听杨泽贵老师的课并组织评课，在三峡白鹤滩学校听钟先奎老师的课并组织评课，在宁南县民族初级中学听马孝婷老师的课并组织评课。听课兼评课既让授课人受益，又让听课教师有收获，锻炼了各校语文教师的教学能力。

第九，我是弘扬优秀传统文化的志愿者。我利用星期天休息时间，在宁南县图书馆举办"跟陈老师品读《论语》"系列公益讲座，中间第二、第三次因宁南图书馆装修，地点移至宁南县民族初级中学育德中心，一学期共完成七讲：第一讲"了解孔子，纪念孔子"，第二讲"孔子的教育智慧"，第三、第四讲"孔子的政治智慧"，第五讲"孔子的交往智慧"，第六讲"孔子的父子君臣之道",第七讲"孔子的个人修身之道"。在宁南县民族初级中学,每次讲座学生和社会听众达 200 人之多;在宁南图书馆,因场地受限,每次讲座听众都有 30 人左右。"跟陈老师品读《论语》"讲座社会影响良好,有 13 个"粉丝"从第一讲到第七讲一次不落。我也算为在西南边陲弘扬中华优秀传统文化做出了自己的一点贡献。

2019 年 9 月 28 日是孔子诞辰 2570 周年纪念日,我与崔启林老师合作,组织我们所任教的初一网班和高一(12)班全体学生,让他们早操过后在宁南中学孔子塑像前的博文广场进行简短的祭奠孔子仪式。活动中,2 名学生伸出双手捧着我出资购置的花篮,恭敬地献于孔子塑像前,然后全体学生齐诵我选编的"孔子语录十则",场面感人。当天上午,我还应邀到宁南县民族初级中学给该校初二、初三年级全体学生做了"纪念孔子"的讲座,收效良好。

回顾一个学期的支教生活,我感慨万千。想起 9 月 3 日到宁南后连续月余天天下雨,自己和崔启林老师住在校外宾馆,因水土不服浑身起小痘,奇痒无比,晚上难以入眠。好不容易睡着了,屋外一阵喧嚣又把我惊醒,当时身上、腿上已被抓破多处。想起自己膝盖疼痛难忍,但宁南中学内外没有平路,不是上坡路就是下坡路,高一(12)班教室又在 5 楼,有一天自己实在爬不上去,只好临时找教科室王勇主任打开一楼录课室的门,在录课室坚持上课。想起有两次加大剂量吃药都控制不住血压升高,头晕心慌,自己也担心身体出问题;想起自己怎么也适应不了四川人无辣不欢的饮食习惯;更想起进入 12 月以后,宁南天气阴冷,这种冷与北京的冷不同,是让每个关节都疼的冷。还好,因为不忘初心,自我砥砺,各种病痛及不适都被我逐一战胜,我圆满地完成了帮扶大凉山的支教任务!感谢这段激情燃烧的岁月!因在教育部帮扶四川凉山州支教行动中表现突出,成绩卓著,2019 年 12 月 27 日我荣获"凉山州优秀支教教师"称号。

## 附录 1:真情慰问送温暖,潞河宁中一家亲

2019 年 10 月 31 日,金秋十月的最后一天,通州区教委副主任王秀东、教师服务中心副主任白文刚与潞河中学校长徐华、党总支副书记孟洪峰一行四人不远千里来到四川省凉山彝族自治州宁南县,专程看望、慰问潞河中学派出的在宁南县高级中学支教的陈礼旺、崔启林、孙航 3 位教师。四川省凉山州是全国 14 个集中连片特困地区之一,2019 年暑期教育部启动"凉山教育帮扶行动",组织"国培计划"中小学名校长领航工程项目学校的教师到凉山支教。3 位教师作为首批赴凉山教育帮扶支教的教师已在宁南中学工作 2 个月了。

31日下午，不顾长途奔波劳顿，领导们赶到了宁南县高级中学，深入了解3位支教教师工作、生活的情况。宁南中学召开了欢迎交流会，校长王超主持会议。他对我校3位支教教师给予了高度的肯定，赞扬了教师们在各自学科教学岗位上起到的帮扶带动作用，希望在教育教学等方面继续与潞河中学沟通探讨。宁南县政协副主席苏鹏先、县教育局副局长马杨、县教师培训中心主任李仕玲参加了欢迎交流会。

欢迎交流会上，王秀东副主任、徐华校长分别讲话。王主任代表区教委表达了未来帮扶宁南教育的热切之情，愿意为大凉山打赢脱贫攻坚战、消除贫困代际传递工作助力。徐华校长表示：此次帮扶行动，在学校层面，将从政治任务转化为责任担当；在教师层面，将由教师援教转化为协同发展的共同体建设；在学生层面，则转化为共同交流、共同成长。欢迎交流会最后举行了潞河中学与宁南中学结对帮扶签字仪式。

接着，徐华校长将我校师生捐赠的4500册图书交给了宁南中学王超校长。

陈礼旺老师任教高一（12）班语文课，崔启林老师任教初一网班语文课。在教学中，两位教师发现这里的孩子缺少课外阅读材料，于是与我校相同年级的语文教师一起筹划、实施了"潞河、宁南同学同读一本书"活动。蒋立新老师执教的潞河中学高一两个实验班的学生与宁南中学高一（12）班的57名学生一一结对，潞河中学的学生助学赠书，本学期两校学生共同阅读《乡土中国》；在李晨松副校长的大力支持下，郑小兰、姜小梅老师组织潞河中学初一的学生自愿与宁南初一网班的55名学生结对，潞河中学初一学生助学赠书，本学期两校初一结对的学生共同阅读一本经典，此次活动得到了潞河中学初中语文组教师们的大力支持。"潞河、宁南同学同读一本书"活动不但让宁南的孩子了解到北京的同龄人在读什么、想什么、做什么，也让北京的孩子了解到千里之外的大凉山中，这些宁南的孩子是多么刻苦、多么好学、多么有志气。

宁南中学高一（12）班及初一网班的4名学生作为"潞河、宁南同学同读一本书"活动的代表，从徐华、孟洪峰两位校领导手上接受了赠书。

潞河中学的高一实验班及初一年级的孩子们每人在书中附上一封信，勉励宁南中学的学生，期待互相交流读书心得，共同进步；宁南中学结对的学生也写了热情洋溢的回信向潞河中学的学生表示感谢。

欢迎交流会结束后，几位领导共同出席了宁南县陈礼旺中学语文特级教师工作室揭牌仪式。陈老师将以工作室为平台，着力为宁南县4所中学培养优秀的语文教师。

11月1日早上6:30，宁南中学利用晨跑时间，举行了全校学生大会。副校长徐之云主持会议，他宣布北京潞河中学与宁南中学已结为友好学校，并感谢潞河中学师生捐给宁南中学的4500册图书，鼓励学生们心怀感恩，励志前行。在大会上，孟书记宣读了潞河中学学生会致宁南中学全体学生的一封信。

莘莘学子虽远隔千里，但他们互相鼓励、共创未来的话语掷地有声。

上午，4位领导来到支教教师的宿舍，了解3位教师在宁南的生活保障情况，详细询问了3位教师在宁南县的衣食住行情况，并代表通州区教委表达了对教师们的谢意与慰问。3位教师也向教委领导表达了感谢，表示将不忘立德树人的初心，圆满完成支教工作，做教育部"凉山教育帮扶行动"的"排头兵"。

# 附录2：宁南中学2019年课堂教学大赛活动安排

一、活动时间：2019年11月11—13日

二、上课地点：录播教室

三、评委

1. 文科组：陈礼旺（组长）、崔启林、聂峰、宋云英、熊天文、余秋志、刘礼洪、兰立祥。

2. 理科组：徐之云（组长）、张敏、刘维岩、刘钟、李田生、石磊、孙航。

四、评委须知

1. 按百分制评分。

2. 分文科组、理科组听课、打分、点评，经合议各自评出一等奖1名、二等奖2名、三等奖3名。

3. 请提前安排好赛课期间的教学，不要影响赛课正常进行。

五、点评合议

| 组别 | 时间 | 地点 | 主持人 |
| --- | --- | --- | --- |
| 文科组 | 11月12日 第四节 | 行政会议室 | 陈礼旺 |
| 理科组 | 11月13日 第五节 | 行政会议室 | 徐之云 |

六、协调：王勇

七、茶水及信息报送：敖明建

八、准备

1. 横幅：王创锋。内容：宁南中学"党建推教改"青年教师课堂教学大赛。

2. 评课标准材料150份。

九、参赛教师须知

1. 提前调整好课时，通知并组织学生按时参加赛课。
2. 文科组教师准备8份教学设计，理科组教师准备6份教学设计，并及时将教学设计电子文档传送至教科室。
3. 提醒学生爱护录播教室卫生及公物。

# 附录3：在宁南县欢迎教育部四川凉山州教育帮扶活动首批支教宁南教师大会上的发言

尊敬的王潇县长、赵华部长、赵平副县长，尊敬的谈心博士，尊敬的宁南教育局各位领导，尊敬的宁南幼儿园、小学、中学的各位掌舵人，我亲爱的支教战友们：

大家上午好！

我是北京通州区潞河中学陈礼旺，很荣幸能代表教育部领航名校长工作室广东基地选派的首批赴宁南支教的24名教师做表态发言。

首先，我要代表战友们对从8月31日开始一直为我们鞍前马后热情服务的宁南教育局的各位领导及各位老师表示感谢！

昨晚，宁南县委宣传部赵华部长冒雨在金沙酒店迎接我们，接风晚宴上一句"宁南爱你们"，让大家都感觉心里暖暖的。当时因场合所限，只能鼓掌回应赵部长。今天我要代表24位教师郑重地说一声：我们爱宁南！

真的，从踏入宁南的那一刻起，我真切地体会到了张九龄的诗句"相知无远近，万里尚为邻"的真正内涵。谢谢赵部长及宁南的各位领导，你们让我们24个人有了回家的感觉。

从昨晚开始，我们就已经有了一个新的身份，我们24位支教教师是宁南县教师队伍中的普通一线教师。我们一定将"爱宁南"的心情化作为宁南教育再创辉煌、奉献智慧和力量的实际行动，捧着一颗心来，不带半根草去，圆满完成组织交给我们的支教任务。请教育局各位领导、6所帮扶学校的校长不要把我们当成客人，不要把我们当成编外职工，我们是宁南教师，我本人是宁南中学的语文教师！

非常遗憾，因家里有事离不开，我错过了8月31日至9月2日上午的教育部四川凉山州教育帮扶活动培训大会，错过了向各位领导、各位专家、各位战友学习的机会。好在后面时间充裕，我再找机会向各位讨教，请大家多关照！我认真地阅读了谈心博士在群里发布的每一条消息，真心感谢谈博士从8月14日至今认真细致的工作。就在昨晚，谈博士还在为大家能在宁南安心生活和工作费心操劳。我提议，我们向谈博士表达最真挚的敬意！谢谢谈博士！

请相信，我们 24 位教师一定服从您的领导，不给广东基地抹黑！

各位战友，我们来自 10 个省市，为了帮扶宁南教育这个共同的目标走到一起。我做了初步统计，我们 24 人中，有小学教师 10 人，初中教师 7 人，高中教师 7 人，涉及语文、数学、英语、政治、物理、化学、体育、信息技术、美术等 9 个学科；24 人中"60 后" 2 人，"70 后" 5 人，"80 后" 8 人，"90 后" 9 人，其中，河北省正定中学的宋云英老师年龄最长，是我们当之无愧的老大姐，年龄最小的是来自海南琼山文庄第一小学的郭小舟老师，今年只有 24 岁。我们大家肩负贯彻落实党中央、国务院打赢脱贫攻坚战的使命，为了帮扶宁南教育而集合为一支队伍，在宁南期间，我们一定会从萍水相逢的陌生人变为彼此熟识、相互关照的"家里人"，我们会成为一生的朋友！真的是有缘！感恩生活，感恩相遇。真诚希望在一学期的支教生活中，大家精诚团结，互相帮助，砥砺切磋，通力合作，在谈心博士的率领下，圆满完成支教宁南 6 所学校的各项工作，向我们自己、向我们单位、向广东基地、向教育部交上一份满意的答卷！争做本次教育部四川凉山州教育帮扶行动的"排头兵"！我胡乱诌几句顺口溜，献给各位：

东南西北齐聚首，
金沙江畔印记留。
二十五人号铁军，
宁南教育上层楼。

为什么变成 25 人了呢？因为把我们的领导（谈心博士）算进来了。

坦率地讲，我们来宁南支教是有压力的，因为我们知道宁南教育在凉山州是很厉害的。我代表 24 位教师向领导有方、造福桑梓的宁南教育局领导及各位校长致敬！向一直秉承教育理想、坚守在宁南并创造了辉煌业绩的老师们学习！我们 24 人到所在帮扶学校后，一定认真带班、认真上课、认真判作业、认真辅导学生；如有需要，我们还可以带徒弟、开讲座、办学术沙龙、为提高帮扶校教师的综合素养和教学能力、为提高帮扶校的办学质量做出我们应有的贡献。我自己先表个态，我在北京、在成都还有些朋友，有些资源。我愿意做桥梁，做纽带，尽全力为我的第二故乡宁南县做点儿实事。我想所有战友的心情与我的心情一样，都愿意倾囊而出，多为宁南做点儿实事，让自己成为真真正正的宁南人。

最后，我要向宁南的各位领导说一声：我们给各位领导添麻烦了！承蒙各位细心关照，谢谢！宁南支教有尽时，牵手友爱无绝期！

我要向我的战友们说：我们责任重大，使命光荣！让我们保持热情，战胜困难；不忘初心，倾情奉献；保重身体，迎接挑战；共享阳光，同担风雨；建功立业，金沙江边！

我的发言到此结束。谢谢大家！

陈礼旺

2019年9月3日

## 附录4：宁南县陈礼旺中学语文特级教师工作室行动方案

一、工作目标

立足于宁南县初中、高中语文教学教研实际，陈礼旺中学语文特级教师工作室的工作目标确定为培养出尽量多的初中、高中语文学科宁南县级、凉山州级乃至四川省级名师，引导带动4所中学语文学科青年教师健康成长，为宁南基础教育造就一支师德高尚、理念先进、素养厚实、业务精湛、热心科研的中学语文教师队伍。

二、工作要点

1. 以研究课、示范课为基本形式，塑造工作室各个成员鲜明的教学风格，力争让每个成员都成长为有教学思想、有教学追求、有教学业绩的中学语文名师。

2. 以课题研究为载体，培育工作室成员独立开展教学研究及撰写教学论文的能力，工作室成员力争每学年都有论文发表或获奖。

3. 工作室成员在专家的引领下，确定自我评价与成长方案，积极参加县级、州级、省级乃至国家级示范展示或教学评奖及其他学术交流活动，与外地中学语文特级教师工作室建立友好关系。

4. 以指导青年教师为抓手，发挥工作室成员在课堂教学、辅导学生及教学研究上的示范、引领和辐射作用。

5. 组织读书沙龙，工作室成员一学期至少精读一本语文教育教学论著，并撰写读书笔记，定期交流。

6. 完成县教育体育和科学技术局确定的各自所在学校语文学科的中考、高考任务，研究中考、高考命题规律，为宁南初中、高中教学质量提升做出应有的贡献。

三、活动安排（暂定一学年）

2019年10月：

举办宁南县陈礼旺中学语文特级教师工作室挂牌仪式；工作室成员研讨行动方案。

2019 年 11 月：

工作室成员示范课一；学生语文素养提升路径专题研讨会；展示每位成员之个人学习提升计划；布置读书任务及其他工作。

2019 年 12 月：

工作室成员示范课二；国内知名语文教学专家现场讲座指导。

2020 年 1 月：

建构真实有效的中学语文课堂专题研讨会；读书沙龙。

2020 年 3 月：

语文阅读教学创新设计研讨；读书体会交流。

2020 年 4 月：

一校一青年教师阅读教学课同课异构，工作室成员全程参与，活动结束后要有相关成果。

2020 年 5 月：

常态作文课形式研究及学生个性化作文教学研究活动；读书沙龙。

2020 年 6 月：

一校一青年教师作文教学课同课异构，工作室成员全程参与，活动结束后要有相关成果；工作室成员学年工作总结展示。

宁南县陈礼旺中学语文特级教师工作室人员构成情况

主持人：陈礼旺

成员：

宁南中学：张坤　陈顺敏　杨小丽　贺金花

初级中学：杨泽贵

三峡白鹤滩中学：钟先奎

民族初级中学：马孝婷

# 不负使命

北京市通州区潞河中学　崔启林

2019年8月9日，我接到学校号召支援凉山的通知，在家人的坚定支持下，我毅然报名。即使前路一片未知，我还是加入到了教育部"国培计划"名校长领航培养工程凉山州教育帮扶行动的大军之中。跨过山海，于四川省西南部的凉山彝族自治州会合，奔赴一场庄重而盛大的支教行动。临行前，潞河中学为我们三人准备了简短隆重的"出征"仪式。

## 一、初见凉山

说实话，在到达凉山之前，她仅是停留在我脑海中的一个地名。8月底，带着匆匆准备的行囊，从北京直飞到西昌落地的那一刻，我才真正开始了解凉山，亲近凉山。2019年9月1—2日，"首批凉山支教教师研修班暨凉山教育帮扶行动动员会"在凉山州州府西昌市召开。作为一名普通教师，能够参与到国家打赢脱贫攻坚战的决策部署中，我深感荣幸。教育部教师工作司启动实施的凉山州教育帮扶行动，使全国14家名校长领航培养工程基地代表和325名首批支教教师齐聚一堂。

凉山州是全国最大的彝族聚居区，也是国家2020年脱贫攻坚的主战场之一。教育部教师工作司本着"扶贫先扶智"的原则，号召教育部"国培计划"名校长领航培养工程的14家培养基地、两期名校长学员和他们的学校以及名校长工作室的成员学校遴选的优秀教师参与为期3个学期的教育帮扶支教行动。我来自领航班广东基地徐华校长工作室，本次帮扶行动对接的是凉山州宁南县。

宁南县位于四川凉山彝族自治州南部东侧，东临金沙江，与云南省巧家县隔江相望。宁南县总面积1667平方千米，辖6个镇、19个乡；总人口18.9万人（2014年），是一个以汉族为主，彝族、布依族、回族、藏族、蒙古族等多民族杂居的山区农业县，距离西昌市车程约2.5小时。

按照教师工作司和凉山州教育和体育局的总体设计，此次高规格支教行动的愿景主要有三点：教书育人、示范引领以及协助建立长期性帮扶机制。帮扶行动的任务不仅仅是填补教师缺口，而是通过上示范课、开展教研活动及教师专业发展培训提升教师的教育教学能力，部分支教教师担任受支援学校重要管理领导岗位，以此提升学校的管理水平。帮扶行动的目的是培养造就一批骨干教师，建立教育教学培训基地，建立一套适应凉山州教育发展的长效机制。为此，我暗下决心必将与其他支教教师一起，为了实现这个目标而努力奋斗，为国家教育均衡发展做出应有的贡献。

### （一）一步跨千年，教育之难"甲天下"

很多人对凉山"教育之困"的认知，都定格在"悬崖村"儿童爬800米藤梯上学的画面上。党中央、国务院牵挂着凉山。2018年2月，习近平总书记到凉山考察；2019年3月，中共中央政治局委员、国务院副总理孙春兰到四川凉山调研。我也是随着新闻镜头粗略地了解了一些凉山的情况。在西昌培训会议间隙，我与同事参观了邛海边的彝族博物馆，对凉山的历史有了更直观的感受。20世纪50年代，凉山州实现从奴隶社会形态向社会主义社会形态转型，几乎是"一步跨千年"。由于历史、地理等因素及社会转型所遗留的问题，这里经济发展滞后，教育发展也相对缓慢。

"四川省凉山州是全国最大的彝族聚集区，是全国14个集中连片特困地区之一，是'三区三州'典型的深度贫困地区，是全面打赢脱贫攻坚战的主战场之一。"在"首批凉山支教教师研修班暨凉山教育帮扶行动动员会"上，凉山州委教育工委书记、州教育和体育局党组书记廖虎为支教教师详细介绍凉山州州情。他认为，支教教师中有很大一部分来自一线城市，在出发去支教县和支教学校之前，很有必要打个"预防针"。

习近平总书记在为脱贫攻坚开出的良方中指出：最重要的，教育必须跟上，绝不能再让孩子输在起跑线上。近年来，凉山州委、州政府开展的"控辍保学"工作成效显著，共找回近6万名适龄儿童并安排至相应学校入学，同时也给当地基础教育带来了较大的压力和挑战。"最为突出的问题是教师缺口增大。"廖虎在动员会上坦言。

扶贫先扶智，造血先输血。为确保2020年全面打赢脱贫攻坚战，贯彻中共中央、国务院关于打赢脱贫攻坚战的决策部署，加强对凉山州教育扶贫力度，教育部"凉山教育帮扶行动"应运而生。

### （二）凉山不凉，教育托起一片蓝天

"当年凉山彝海结盟，为中国革命做出了贡献。今天，来自全国各地的数百位支教教师传承彝海结盟精神，助力凉山教育发展，必将谱写教育脱贫攻坚的新篇章。"黄伟副司长说。

培训结束后，我们宁南县24人的支教团队启程了。一路上阴雨绵绵，左临深壑、右接峭壁的盘山路令很多教师手里捏了一把汗。司机却在雨雾中兀自前行，丝毫没有理解教师们说"不着急"背后的意义。到达宁南县以后，天空放晴，视线豁然开朗，仿佛桃花源一般令人眼前一亮。

宁南县委、县政府为我们举办了热情的招待会，让我们深切地感受到了宁南的温暖。宁南这个"宁静致远，南国天府"的小县城注定要在我的人生轨迹中留下一道霞光。

"希望各位支教教师在接下来的一个学期或3个学期里能够早日融入凉山，就像种子一样，扎根于此，为大凉山的孩子们托起一片蓝天。"廖虎希冀道。在他看来，300多名支教教师的背包与行囊里，藏着点燃凉山州大山深处师生教育热情的火种。

第一天下午到达学校领到教学任务后我连夜备课，第二天即登上讲台。孩子们已经开学一周了，我无法停下修整，只因那55双眼睛在等待。

## 二、竭尽所能，不负使命

北京潞河中学本次派出的3人支教团队迅速融入宁南中学集体，在各自的岗位上顺利开展工作。我教授初一网班语文课。在自我介绍结束以后，我给学生们向我提问的时间，满足孩子们对我本人的好奇心。当然，我知道我身上的神秘感主要来自那个遥远而熟悉的地方——北京。

### （一）日常教学顺利展开

熟悉之后我开始向所教班级的学生明确语文课的要求，毕竟学生要想在一学期内真正有收获，就必须把教师的要求落实到每一天。我每天会利用课前的几分钟听写，满分的学生会得到一个积分。拿到5个积分就可以找我兑换一个小礼物或者一些随机奖励，甚至可能是免做作业一次，以此来调动初中小朋友的积极性。我鼓励孩子扩大阅读面，让学生每天坚持至少写一篇读书笔记，夯实语文基础。我会在每周四晚上学生去阅览室集中阅读的时候检查他们的读书笔记。每次上课前安排一位学生为大家讲解3个成语，既锻炼孩子在众人面前大方表达的能力，也能让孩子不断积累成语知识。同时要求其他学生做好笔记，轮到自己讲解成语时不得与前面的学生重复。为了培养学生书写规范字的良好习惯，我每周举行一次硬笔书法比赛，每次选出10份优秀作品贴在教室墙上以示鼓励。

### （二）示范课引领教研

2019年10月，在教育部首期名师领航工程名师赴凉山州送教援培活动中，我做了一节初中语文示范课。13日上午8:30，送教援培现场教研活动在宁南县初级中学正式开始，我执教部编教材七年级上册第三单元的《从百草园到三味书屋》，与宁南县初级中学的杨泽贵老师同课异构。我循循善诱地带领学生走近鲁迅先生，走近鲁迅先生的作品《朝花夕拾》。在点评环节，教育部领航工程名师、长沙市雅礼洋湖实验中学正高级教师璩艳霞老师用"准、细、活"3个字概括了本节课课堂教学的亮点。璩艳霞老师的讲座和点评，加上潞河中学特级教师陈礼旺老师的深情叮嘱，对包括我在内的来自普格县、会东县及宁南县的几百位语文教师的专业发展，都起到了非常重要的指导、引领作用。

我深切地感受到此次示范课的成功得益于潞河中学大后方的大力支持。从教学设计到教案修改，徐华名校长工作室都是我强大的后盾支撑。陈礼旺老师在很多细节上都为我做了指导，给出了修改建议，并积极联系三峡白鹤滩学校，为我提供了一次借班磨课的好机会。在磨课之后，我对课堂时间的分配更有把握了。北京潞河中学语文组的张一惊、陈昱等老师也给了我很多中肯的建议。

### （三）以丰富的活动育人

在教学中我发现宁南中学的孩子缺少课外阅读材料，于是与我校同来支教的语文教师陈老师一起筹划、实施了"潞河、宁南同学同读一本书"活动。潞河中学蒋立新老师执教的高一两个实验班的学生与宁南中学高一（12）班的 57 名学生一一结对，潞河中学的学生助学赠书，本学期两校学生共同阅读《乡土中国》；在潞河中学李晨松副校长的大力支持下，郑小兰、姜小梅老师组织潞河中学初一的学生自愿与宁南初一网班的 55 名学生结对，潞河中学初一学生助学赠书，本学期两校初一结对的学生共同阅读一本经典，此次活动得到了潞河中学初中语文组教师的大力支持。"潞河、宁南同学同读一本书"活动不但让宁南的孩子了解到北京的同龄人在读什么、想什么、做什么，也让北京的孩子了解到千里之外的大凉山中，这些宁南的孩子是多么刻苦、多么好学、多么有志气。

宁南中学高一（12）班及初一网班的 4 名学生作为"潞河、宁南同学同读一本书"活动的代表，从潞河中学徐华校长、孟洪峰书记手上接受了赠书。

潞河的高一实验班及初一年级的孩子们每人在书中附上一封信，勉励宁南中学的学生，期待互相交流读书心得，共同进步；宁南中学结对的学生也写了热情洋溢的回信向潞河的学生表示感谢。在一学期内，潞河中学初中学生与宁南中学初一网班学生互通信件 3 次，交流了读书心得体会。

我在任教的初一网班内举办了课本剧表演的素质拓展活动。12 月底，宁南中学初一网班的学生们将教室变作舞台，把自编、自导、自演的两台戏剧表演了一番。简陋的舞台和道具不能遮盖学生们初次表演的兴奋与热情。学生们将本学期语文课本中的《皇帝的新装》改编加工成舞台剧。两位语文课代表李安玥和谢安娜承担起了导演的任务，两人分别负责普通话版和四川话版的演出。

各组角色由初一网班的学生自愿报名选出。学生们高效合作，仅一次合练就将表演基本定型。有的学生表演自信大方，有的风趣幽默，有的突破了自我。从表演中想控制却控制不住的笑容可以看出，学生们很享受这次拓展活动。从孩子们手上写得密密麻麻的台词可以看出他们对此次活动的重视，真正使学生受益的并不在于表演的瞬间，而在于小组为了实现同一个目标而共同努力的过程。

在课堂之外展示自己的综合能力，在合作交流中提升核心素养，正是安排此次课本剧表演的初衷。语文课不仅仅是教某些词句、文章，学会得体交流、耐心倾听、自信表达也是重要的教学内容。学生们在活动的过程中感受到了语文的乐趣，也感受到了语文的魅力，在生活中就会建立起"处处皆语文"的大语文观念，从而为今后的语文学习持续提供动力。

此外，我还在班级内组织读书交流会，要求学生以小组合作的方式完成汇报。学生在教师规定的书目中寻找小组探究的主题，并用PPT展示给全班同学。

**（四）尽其所能，共同成长**

在开学伊始，学校开展了朗诵比赛。对于一个新组建的班级来说，此次活动是提高班级凝聚力的极好机会。虽然我没有担任班主任，但是作为语文教师，指导学生朗诵，为学生选择合适的篇目并组织排练也是我义不容辞的责任。经过近一个月的精心准备，初一网班的学生在30多组参赛选手中脱颖而出，捧得桂冠。学生们激动的心情溢于言表。在教学之余，我还帮助辅导宁南中学参加凉山州朗诵比赛的学生，最后这个学生获得了比赛的二等奖。

2019年9月28日是孔子2570周年诞辰，陈礼旺老师在宁南中学孔子像下举办《论语》诵读活动。我带领初一网班的学生也参与了这次活动。传统文化的种子在孩子们幼小的心灵中生根发芽。

12月25日，我在宁南中学语文组内上了一节"古诗鉴赏复习"的公开课。课堂上以任务驱动为主，学生分组以本学期学过的古诗歌为基础，自己命制题目并给出参考答案，然后再组间交换来答题。因为组间有竞争，学生参与度比较高。小组内部讨论积极充分，初步建立起了合作交流的意识。本次公开课的重点在于将课堂还给学生，让学生发挥主体作用，教师只起点拨与衔接作用。

在宁南中学"党建促教改"教学比赛中，我是文科组的评委之一。在比赛结束后，陈礼旺老师为所有参赛的年轻教师举办了座谈会，并在专业发展、师生关系等方面给年轻教师提出了切实可行的指导意见。

## 三、彼此感动着

宁南中学为我们支教队准备了丰富的生活用品，解除了我们的后顾之忧。食堂的大师傅总来询问我们饭菜是否合胃口，学校领导几乎每顿饭都陪餐。这使我们内心感动着，也在想如何做才能对得起这份"抬爱"。

因为住在学校宿舍，平时活动量比较少，我喜欢用散步来强迫自己锻炼一下，但每次出校门总会遇到一些温暖的"打扰"。"崔老师，你去哪儿？我骑摩托带你去……""崔老师，出去啊，上车吧，我送你……"这时，我只能满怀感激地指一指我的手环，"我还没走到10000步呢！谢谢您！"在这些随时要为我提供帮助的人当中，有我熟悉的教师，也有我见过但叫不出名字的宁南中学的同事，也包括同事的家属。就是这些熟悉的陌生人持续地提醒我：宁南风景美，但远不如人心美。

（一）支教，不是我一个人在战斗

我到宁南中学支教后，我所在的潞河中学国际部的党员教师自发组织了捐款、捐物活动。他们在与我的交流中得知学生开展课余活动如布置板报会需要一些必要的材料，于是他们立刻行动起来，送来了一批画笔、颜料、文具。我也及时将它们转交给了初中的3位班主任。在我来宁南之前听到最多的一句叮嘱就是："到那边看看，需要什么尽管告诉我们。"所有人为欠发达地区尽一分力的愿望着实使我泪目。

国际部的学生会在得知可以捐助后联系我，也要求组织捐款、捐物。我在了解了班级的实际情况后，建议潞河中学国际部的学生为宁南中学初一网班的学生捐助一本练习册。每位学生在练习册中附上一张小卡片，勉励初一小朋友们用心读书，用知识改变命运。宁南中学的学生专门录制了一小段视频感谢潞河中学国际部的学生。爱心与感恩交织，生命原有的律动丰富着所有参与者的内心。

（二）大凉山的学生也是我感动的源泉

不论是那每次交得整整齐齐的作业，还是突然出现在我办公桌上的小零食，都证明我这个支教教师在被学生照顾着。甚至我自己都不记得是否在阅览室咳嗽了几声，第二天办公桌上出现了两包感冒冲剂和一行字——"听见您咳嗽了，老师保重身体！"如此可爱的学生怎么能不让我为之全情付出？

（三）支教团队的温暖

宁南的24人支教团队在一学期中也建立了深厚的情谊。来自五湖四海的陌生人因支教结缘，在宁南相聚，不论共事时间长短，这份友谊将长存心中。借此文记录这24人的名字：北京市潞河中学徐华校长团队陈礼旺、孙航、崔启林；海南省琼山区椰博小学叶丽敏校长团队王大荣、莫开艳、郭小丹；河北正定中学周庆校长团队宋云英、刘维岩；哈尔滨市第十七中学刘艳伟校长团队于灏、原卫娜、刘群；临海哲商小学程誉技校长团队蒋双花、朱海娇、孙优优；山东临淄一中孙正军校长团队崔美凤；银川六中王骋校长团队秦莹、王晓霞、任金涛；湖北襄阳恒大名都小学张德兰校长团队张珺、刘子威、刘雪；南昌一中熊绮校长团队刘钟、聂锋；云南武成小学任慧校长团队唐丽。

在凉山州大团队中也有为大家热情付出的人。来自湖南桃源的陈德伟老师积极联系，忙前忙后，为支教教师争取到了去西昌卫星发射中心观看卫星发射的宝贵机会。我也有幸参与了一次。在发射场地，全体观众合唱《我和我的祖国》，发射过程中声若霹雳，场面之震撼，令人终生难忘，为国骄傲之感油然而生。

支教行动仍在继续，中华民族伟大复兴的梦仍需我辈不懈努力！为彼此加油！

# 教育是最崇高的公益事业

北京市通州区潞河中学　孙　航

宁南县，这个与云南省仅有一江之隔的山城，她归属于全国为数不多的几个集中连片特困地区之———四川省凉山彝族自治州。在 2018 年习近平总书记、2019 年国务院孙春兰副总理先后到访凉山州调研考察的背景下，为响应国家打赢四川省脱贫攻坚战行动，我们在教育部教师工作司的组织下，于 2019 年金秋九月来到了这片土地，开始了我们为期半年的支教之旅。

"大凉山"，本就不是一个陌生的词，当然，对它最初的印象始于中央电视台对"悬崖村"的报道，当时的感觉就是：原来现如今在我们经济发展如此迅速的中国，竟然还有这样艰苦的地方！我们在从西昌乘汽车到宁南的途中（因为宁南县没有火车站），才真正感受到这边的地理环境是多么的险要：汽车几乎绕着盘山公路开了 4 小时，路的两侧一面是山壁，一面是悬崖，而悬崖的一侧并没有护栏。尽管这些路大部分都是修好的公路，不过在快到达宁南之前也经过了一段没有水泥板、只铺有卵石和泥土的极其颠簸的土路。在山路到达最高海拔位置附近，我和此次同行的我们原单位的带队组长陈礼旺老师同时有了高原反应，心脏有明显的压痛感。这还是我人生当中第一次感受到高原反应，尽管当时手机指南针显示出当时的海拔只有 2000 多米。那天还下了小雨，山路上雾气蒙蒙，能见度不高。不过负责接我们去宁南的司机师傅却把车开得非常快，看得我们一阵胆战心惊。我们友情提醒他慢点开，安全第一。他应我们的要求便把速度慢了下来，不过他表示，这条路他开了很多年了，已经熟得很了。不过，在汽车快出盘山路的时候，我们还是目睹了公路旁一起刚发生不久的交通事故，一辆大卡车撞到山壁，车头几乎掉了。救护车和交警同志们忙碌着，我们都祈祷着不要出现人员伤亡。一路上的种种让我深刻体会到，十分不便的交通很可能是造成凉山州贫困的一个根源。

当我们真正到达了宁南，眼前又是一幅新的画面。宁南，正如她的名字一样：宁静的西南小城。站在这里，你能明显感觉到空气是多么的清新，尤其是对于我这种长期生活在北京的人而言，感触十分深刻。景色也是别样的优美，是那种远离大城市喧嚣的自然美。当然，宁南县城本就不大，人口也只有不到 20 万，在县城中都属于特别少的了。这里还有两个特点：一是你站在原地转 360 度，不论你的脸朝向何方，看到的都是山；二是这里几乎没有平路，都是坡路。虽然宁南县并不属于凉山州的11个国家级贫困县之一，不过也只是相较而言，县城中还是能看到不少土房子。

在县里经过2天的会议安排后，我们在9月2日下午便被送往各自的受援学校。在此次支援凉山州的教育行动中，全国共有300余名教师同行前来。被派往宁南县支教的共有24人，分别被分配到宁南的6所中小学。其中，北京潞河中学的陈礼旺老师、崔启林老师和我，河北正定中学的宋云英老师、刘维岩老师，江西南昌一中的聂锋老师、刘钟老师，一共7人被安排到县里唯一的高中——宁南中学支教。

宁南中学作为全县唯一的高中，坐落在县里的一个半山腰上。学生总人数超过3000人。每个年级的班级数都有16个左右，平均班额在60人左右。由于宁南县属于凉山彝族自治州，因此每个班级都有十几名到二十几名的彝族学生。这样大的班额在北京是见不到的。相比庞大的学生人数来讲，教师的人数就相形见绌了，学校包括各级领导在内的教职工也不足200人，加之高中的科目众多，这导致的结果就是：几乎所有老师都在跨年级授课，每个老师都至少承担2个年级及以上的教学任务，当然，每个年级还不只教一个班。这也正是我们来到宁南中学的原因。

由于地处半山腰，宁南中学的布局表现出一种阶梯式分布：教学楼在最上面一个高度，学生食堂在第2个高度，学生宿舍在第2、第3个高度，教师食堂和篮球场在第4个高度，足球场在第5个高度，就好像一个大型梯田一样。这样一来，师生们每天上学、吃饭、放学、回宿舍的运动量都很大。学校的硬件措施还算完整，尽管不算优质：拥有教学楼、实验楼、一个水泥地面的篮球场和一个铺着沙子的足球场。

接下来，我来讲一讲宁南中学的教育模式吧。宁南中学实行住宿制，全体学生都住校。之所以全体学生都住校，是为了更好地适应学校的作息时间。学校每天会用广播铃声来通知所有学生6:20起床，20分钟用来洗漱和叠被子。6:40—6:49在操场跑步9分钟。7:00—7:25进行早读，7:25后才可以去学生食堂吃早餐，7:53就需要回到教室准备上课，学生在食堂的座位都是规定好的。上午共5节课，结束时间为中午12:15。从12:15到下午2:05是吃午饭和午休的时间。下午有4节课，结束时间为下午5:40。晚上6:30开始上晚课，头三节是晚课，最后一节是自习。高一、高二学生上完最后一节自习已经是10:30了，而高三还要再上一节自习到11:35才可以回去。学校每周只在周六下午才休息半天，晚上学生返校。每3周才能有一天完整的假期。了解各地教育模式的朋友是不是觉得这很熟悉呢？没错，宁南中学采用的就是河北衡水中学的教育模式。相较于拥有着双休日的北京师生而言，排得这么满的时间表和如此少的假期，宁南中学的师生无疑是非常辛苦的。正如宁南中学的王校长所言："这些年来，我们一直都在执行着'三苦'模式：学校苦管，老师苦教，学生苦学。"

  学生在我们到来之前就已经开学了，在给他们上第一节物理课之前，我做了很多准备，向他们的原物理老师咨询了学生们的具体进度，从而针对性地准备了课件和教案。由于不知道他们的掌握程度如何，因此我布置了一些先前的知识回顾和问题。不过上完第一节课后，我发现学生们对知识的掌握情况超过了我的预期，他们不仅掌握得很好，而且也很聪明，尤其是课上对老师回应的踊跃程度远超过我的原单位北京潞河中学的学生，没有人犯困，没有人低头，都在尽力地回答老师的问题。我能明显地感受到他们远超北京学生的求知欲，他们在课堂上几乎全都有着神采奕奕的眼睛。相信这样的课堂气氛是每一位老师都喜欢的、都想要的。一节课上完，我心里充满了成就感。

  没过几天，教师节到了，我收到了所教班级高一（10）班的学生送来的礼物——一盒巧克力和一张纸条，纸条上写着："时间流转，岁月如诗。今天又是一个教师节，在这个特殊的日子里，我们为您呈上我们最美好的祝愿。愿您工作顺利，身体健康，万事如意，最重要的是教师节快乐，希望我们在今后的学习、生活中缔结更深厚的友谊。相逢即是一种缘分，不远万里至此的您就如同我们的贵人一般，启迪着我们学习奇妙的物理。"我仍保留着这盒巧克力和这张字条，这是我支教生涯里美好记忆的一部分。不得不提的是，宁南中学的校领导对我们几位支教老师十分好，住宿和饮食都尽可能地使我们满意，在教工食堂吃饭时，总是会过来陪我们一起吃。遇到节日，他们也会叫食堂师傅专门做一些好菜陪我们一起庆祝，使我们感受到家的温暖。

  在接下来的日子里，孩子们仍能保持着高度的学习热情和课堂专注度，这让我十分欣慰。据他们说，我不像他们其他老师那样，总是"凶巴巴"的。因为我比较幽默，所以孩子们十分乐意上我的课。

  我时刻铭记着来这里身上所背负的重大使命：打赢凉山州脱贫攻坚战，扶贫须先扶智。在来宁南前，我们此次赴凉山州支教的300余名同行在西昌开了2天的会议，州教育局有关负责人给我们大体介绍过凉山州的教育情况。早些年，州中很多县的家长文化水平和教育意识不够，孩子大多在小学就辍学了，即使有一些坚持到中学的，其中一部分也辍学了，因为那些家长觉得学会几个庄稼字就够了，赶快帮家里干活才最重要，结果就造成了类似于"放牛、卖钱、娶媳妇、生娃、放牛、卖钱"的恶性循环。因此，凉山州在很长的一段时间里教育口号都是"控辍保学"。经过近几年政府和教育部门的大力扶持，州里已经几乎没有辍学儿童了，但是人们对教育重要性的认识程度并非一朝一夕就能提高。我之后从宁南中学的同事口中得知，原来在宁南中学还有一些留守儿童，其中一对兄弟都在宁南中学，哥哥读高二，弟弟读初一（宁南中学有3个初中班，对应了3个初中年级）。由于父母外出务工，常年都不在家，弟弟还在上小学时，每天哥哥放学后都要以极快的速度赶回家给弟弟做饭，自己吃完饭后再赶回学校，中午几乎没有休息时间。后来弟弟升入初中，也来到了宁南中学，这回兄弟俩都住校，都在食堂吃饭了，哥哥再也不用中午急着赶回去做饭了。另一个故事是，一些普通班有在假期不爱写作业的孩子，问其原因才知道，由于父母常年不在家，家中只有自己一个人，因为孤独，放假只能依靠打游戏找到一点慰藉，甚至一些留守儿童早在初中就染上了吸烟的恶习。当然，还有一些孩子，父母都在家乡，可是长假回来后还是完不成作业，因为很多学生尤其是一些彝族学生放假时还要帮家里干农活，干完后不是没有学习时间了，就是没有力气了。你很难想象这些孩子都在面临着什么样的学习困难。我还清楚地记得我在读书时期，父母对我说："你只要好好学习就行了，家里啥事都不用你操心。"当时还觉得背负了很重的心理负担，可是和这些孩子们相比，当初的我无疑幸福得太多。

所以，我来到宁南中学之后，困扰了我许久的一个问题似乎有了答案。这个问题就是：为何在当下普遍提倡素质教育的大环境下，宁南中学还在如此不遗余力地推行着苦学模式？这种模式在四川也大概只有宁南盛行，有成都的教师朋友告诉我，成都一直在执行着素质教育，双休日是正常的。北京的教育水平众所周知一直在全国处于领先地位，更是在大力推行素质教育，反对苦行僧式的学习模式。我曾咨询过宁南中学的老师，他们说宁南采用衡水模式也是2013年或者2014年才开始的，之前也没有这样辛苦，那时的学生们都还是走读生。可是，正是因为"衡水模式"的实行，宁南中学已经连续4年创本科上线率新高，而且本科上线率在整个凉山州处于领头羊地位，甚至超过了州府西昌！你不得不思考这背后的原因。人们都说，存在即为合理。这种"衡水模式"既然能在短时间内大大提高宁南中学的教学质量，在某种程度上就是合理的。如果深究其原因，你可能会想到，因为很多留守儿童在家缺少父母的照顾与监督，他们的学习自制力较弱，而通过排满他们在校的时间，让他们在老师的监督、在同学的讨论与竞争的大环境下学习，无疑大大提高了他们的学习效率。每个地方都有不同的学情，宁南不同于北京，没有那么多课外教育辅导机构，即使有，宁南能负担起高额辅导费用的家庭也不多。所以，"衡水模式"反而是最合适宁南学生的教育模式。这也侧面印证了教育等上层建筑需要依赖经济基础这个道理。当然，宁南政府层面也十分重视本县的教育，一直倡导"小城市也要搞大教育"的思想。据宁南中学的校长说，前任县委书记经常傍晚散步到宁南中学，一边散心，一边考察孩子们的学习情况。在宁南中学教学楼大厅墙壁上贴着的《宁南县政府给宁南中学全体师生的一封信》里，县委书记这样写道：你们尽管努力学习，县委、县政府以及全县20万乡亲父老就是你们最坚实的后盾！县政府对当地教育的重视可见一斑。孩子们的学习劲头也很足，正如陈礼旺老师所说的那样："因为学习是他们走出大山的唯一出路。"这话没错，知识改变命运，还有什么是比这更公平的吗？

"教育是最崇高的公益事业。"这句话是宁南中学主办公楼——腾飞楼右侧墙壁上的题词。这句话曾引起过我的深思。我们知道，教育同时具备两种属性：公益性和生产性。教育的公益性，用经济学术语来讲，指的就是教育所提供的是公共产品，它不是通过市场买卖的途径进入需求者手里的，而是不收费或者少收费、无偿或半无偿地进入消费领域。而教育的生产性在于，它"生产"有文化的劳动者。教育的这两种属性相互依存又相互制约。但是由于教育的本质及其社会功能，教育不能受市场化理论影响而走上产业化的道路。原因在于：第一，教育是人类生存发展的基本条件之一；第二，教育不仅传授知识，而且塑造健全的人格。因此，充分崇尚教育的公益性，更能发挥教育的社会功能。现阶段，不管是小到针对凉山州的脱贫攻坚战，还是大到实现中华民族的伟大复兴，教育都是我们最根本的手段。因此人们常说，教师是太阳底下最光辉的职业，教师是人民灵魂的工程师。而作为人类灵魂的工程师，我们首先自己要有灵魂。"为谁培养人，培养什么样的人，怎样培养人"应作为自己潜心探讨并努力践行的教育课题，以培养社会主义建设者和接班人为己任，牢记这一使命担当，珍惜这个伟大的时代，做教育第一线的奋斗者。在这次脱贫攻坚战的行动浪潮中，我们无疑具备了双重使命。

　　在学期结束之前，我就下了决心。我告诉我们的带队组长陈礼旺老师，我想再留任一学期，干满一年。他说很好，他自己也有此打算。后来经过和我们校领导以及广东省教育基地的谈心博士商量后，组织批准了我们潞河中学三人想继续留下来的请求。我们很高兴，同时觉得身上的使命更加重大了。我相信，在接下来的一学期里我们还可以做得更多，做得更好。

# 寻 梦

### 江西省南昌市第一中学 聂 锋

这是一个关于"梦"的故事。人们说，有梦想的人生一定不会是枯燥的，因为他一直在奔跑，哪里还有时间顾得上无趣呢。是的，梦想可以让我们在无法预知的人生长河中不断地追逐与发现，最后把梦想收获。现在，我要讲的是关于圆梦与逐梦的故事。

## 一、圆梦的故事

历史学家总是喜欢把时间轴作为记录历史的一种方式，在这里我也试着用这种记录方式来展示我圆梦的过程。

故事开始于 2012 年。相信很多人在小的时候都被大人们或者老师们询问过关于将来想做什么职业的问题，天真无邪的我们，面对几乎还没有开始真正认识的陌生世界，脱口而出的是自己脑海里为数不多的职业名词，如科学家、工程师、医生、教师等等。玩笑的成分大于现实生活的这些答案，也随着我们慢慢长大，或随着越来越忙碌的生活而被淡忘，或成为我们闲暇之余与朋友侃谈时的笑料。

当然，我也不例外。先同大家讲个玩笑话。从小在农村长大的我，没有互联网，没有手机，我对这个世界的认识方式除了偶尔和母亲一起上街，更多的就是通过家里那台早已退休的黑白电视每天定时播放的《新闻联播》。出于小孩子天生的好奇心，《新闻联播》里面的世界让从未外出过的我更加的向往，新闻里领导人出国访问和体察民情的板块能够满足我对外面大千世界的好奇心，并烙刻在了我心底。忙于干活的父母没有对我讲过关于未来职业生涯规划的问题，只是让我好好读书、学习，跃出困住祖辈的这道"农门"。所以，我小时候经常表露这种孩子式的天真梦想，"狂妄"地对一起玩的小伙伴们说：你们知道我长大了想做什么吗？我长大了可是要做国家领导人的，这样我就可以出国访问，看很多很多国家的风景，还可以去祖国各地视察民情！现在，我每每想到自己小时候说过的这种话，都忍不住笑出声。

关于职业生涯规划的问题，我是随着年龄的增长与知识储备的不断增加，并且具备一定的认知水平后，才更加清晰地认识到自己以后真正想做的职业。

爸妈一直对我说的"好好学习"这四个字一直奏效到了高中，因为从小学到初中的这九年里，我要做的只有一件事：中考考上市里最好的高中。到了高中，我们都面临着要考怎样的大学、大学毕业后我们要做一份怎样的工作的问题，这时候我才真正开始审视自己，根据自己的性格发展特点、学习和生活的方式，逐渐明确了自己之后的人生方向：我以后要当一名人民教师！当一名教师的想法，伴随了我大部分的高中生涯。

2013年6月，高考的成绩公布后，我毅然决然地填报了师范大学，最后也顺利地被华中师范大学录取，我成了一名师范生，这也意味着我距离成为一名人民教师又近了一步。大学四年，是我人生中最青春、最有活力的时光，也是我最充实的一段时光，我认识了来自天南海北的拥有共同教师梦的同学们，我继续学习着专业知识以充实、武装自己，我认真地学习着师范生技能，为成为一名合格的人民教师而努力着。最终，我顺利地毕业了，成了一名人民教师。我的教师梦实现了！

2019年9月—2020年1月，这段时间的故事主要是支教梦的实现。关于支教梦，还得从我大学时的遗憾说起。在读大学期间，学院有一个关于暑期支教的活动，当时室友都积极地报名，最后在学校的有序组织下，他们顺利地踏上了支教之路，而我却因为归心似箭，踏上了归乡的列车。暑期结束后，几月未见的兄弟们相谈甚欢，各自分享着自己的暑期经历，参加支教的兄弟们就分享了暑期中的支教故事。他们谈到，短短的暑期支教让他们对山区的孩子们、对我们国家不同地区的经济发展，最重要的是对教师这个职业有了更加深刻的认识。有个室友甚至说，我们都是师范生，将来都是要当老师的，如果这辈子你当了老师，却没有支教的经历，可以说是枉为人师！这里我暂且不去深究这句话的偏颇与否，但是这句话在当时确实刺痛了我。听他们严肃而又认真地讲述着自己支教的故事，我为自己归心似箭的想法和决定感到懊悔不已，这也成为我大学生活中一个永久的遗憾，这个遗憾一直深埋在了我的心中。

2019年是我工作的第三年，学校突然在一次教工大会上宣读了教育部决定面向全国选派教师赴凉山支教、打赢教育脱贫攻坚战的文件。"支教"的字眼让我惊醒，大学时的遗憾又重新显现在了我的眼前。人生不能轻易留下遗憾，现在弥补遗憾的机会出现了，我积极地向学校报名，其间也经历了家人的不理解等诸多不太愉快的事件，但我内心的坚定最终还是得到了家人的支持。最后，我顺利地被学校选派为第一批赴凉山州支教人员，成了一名支教教师，我的支教梦实现了！

## 二、逐梦的故事

上面讲述的是圆梦的故事，接下来我要讲的是和宁南中学的孩子们、老师们还有宁南县的人民一起逐梦的故事。

支教路上从来不会是一帆风顺，就像逐梦路上也从来不会是一马平川。我前往支教的地点为凉山彝族自治州宁南县，它距离凉山州首府西昌一百来千米，一路上都是险坡与盘山公路。但是这并没有打退我的支教热情，因为我清楚地知道，正是因为山区孩子的需要，我们才要奋然前行，这也坚定了我要更加努力地完成我的支教任务的决心。下面我就从三个方面分享逐梦的故事。

### （一）我与宁南中学的孩子们

到达宁南县后，我们就迅速地进入了工作状态。我被分配到了宁南中学，承担高一年级一个班的语文教学。面对一群来自不同的成长环境和有着不同生活方式的孩子们，我并没有直接照搬之前的教学方式马上进行教学活动。我心中秉持着来时想好的相处方式，先和孩子们交朋友。所以，我在开始的几节课中，都是和孩子们做着相同的事：他们读课文，我也跟着读；他们分享成长路上的故事，我也把自己的趣事分享给他们；我让孩子们讲自己身上的一些优缺点以便更好地认识自己，我也讲自己身上的优点并且自省存在的一些缺点。就这样，渐渐地，孩子们愿意接纳这个来自他乡的大哥哥了，他们逐渐放下了对我的警惕与偏见。

在宁南县有这样一个说法，在宁南县考高中比考大学还难，因为宁南县只有宁南中学一所高中，他们的中考竞争异常的激烈，所以在宁南县，能上高中的孩子都是宁南县里的佼佼者。针对这个现象，我就顺势与孩子们谈到了关于梦想的话题。这些孩子们大多来自农村家庭，家庭条件一般，甚至有些孩子从小就是留守儿童。他们的身份远不止学生这么简单，他们是家中的哥哥、姐姐，由于父母长期在外务工，所以他们还担任着小家长的角色，在学习之余还要照顾好自己的弟弟、妹妹。他们只有通过学习，才能摆脱这种困境。在宁南中学，很多孩子的梦想就是要走出大山，到外面的世界去看看。作为一名支教教师，我肩负着重任，不能辜负孩子们的梦想，因此，我要和孩子们一起，逐梦人生！

由于我工作地方的孩子们与宁南县的孩子们成长环境不同，所以在性格养成方面，宁南中学的孩子们相对性格内向，并且在表达交流方面的能力有所欠缺。鉴于这一现象，鼓励孩子们表达观点、交流想法成了作为语文老师的我的一项重要任务。我主要从以下几个方面努力：一是在教学方式上。我鼓励孩子们自主学习和自主思考，多采用提问法，把课堂交给学生，这样孩子们表达想法的机会就大大增加了。这种通过主线和主要问题串课堂的方式让孩子们即使是上新课也有一种意犹未尽的感觉，提高了孩子们的学习积极性，也让孩子们变得更活跃了。二是在课堂活动上。我们学习的课文有诗歌、散文、演讲，所以我们可以在学习诗歌的时候，让孩子们朗读诗歌；在学习演讲的时候，可以仿照演讲稿，出一个话题让孩子们进行写作，然后把自己的观点，向全班同学进行朗读展示；在学习散文的时候，可以让孩子们表达散文中体现的情感。三是在课堂形式上。我经常组织孩子们开展小话题的辩论赛。由于宁南中学孩子们的升学压力比较大，平时学习的节奏也非常快，没有足够的时间开展娱乐活动，所以辩论赛在一定程度上可以缓解孩子们紧张的学习气氛。辩论赛拓宽了孩子们的思维，锻炼了孩子们的语言表达能力，也增进了师生之间的了解与感情。通过这几种方式，一段时间过后，孩子们没有了之前的羞涩与内向，变得更加的活泼开朗。

  与孩子们变亲近之后，我实施教学也有了一定的发展空间。在教学内容的设计上，我也做出了别样的思考，其中很重要的一部分便是爱国主义教育。爱国主义教育不是中小学生守则上第一条简短的十几个字，无论是在前往支教的路上，还是在支教当地甚至是异地，我都深刻地体会到了爱国主义教育的重要性。支教的路是不平坦的，途中既有九曲十八弯的山路，也有连环的崎岖石子路，路旁坐落着具有民族风情的房子。后来我了解到，这些房子之所以坐落在路旁，是因为以前这些居民都住在山上，生活极其不便利，用水、用电都有极大的困难，是政府为他们建起了一栋栋房子，让他们迁新居，享受各种生活便利。到达支教地点后，我们还曾去拜访过稻谷乡中心小学，那所小学让我印象深刻。在我的记忆里，小学生一般都是无忧无虑的，是在父母的宠溺下长大的，每天放学后父母或爷爷奶奶一定会守候在校门口，给放学的孩子们一个大大的拥抱。可我了解到，这所学校里的孩子从幼儿园开始就要住校，因为回家路途遥远。幼儿园的孩子是多么稚嫩啊，不知道那些离开父母一阵子都会啼哭的孩子如何能独自在校园里生活。那一刻我才明白此行的必要性和重要性，国家重视这里的教育，我肩上的担子仿佛又重了几分。有了这些见闻，我在自己的课堂上有意识地给孩子们灌输爱国主义思想。在我们的语文书里有一篇课文叫作《别了，不列颠尼亚》，在给孩子们讲澳门回归和《七子之歌》后，我自然地联系到了香港回归。在我看来，爱国主义应该也必须深深扎根在这一辈、下一辈，以及千千万万辈中华儿女的心中，没有国就没有家，也就没有我们如今一切良好的学习和生活条件。还有一篇课文《飞向太空的航程》，它是关于"神舟五号"的。我借祖国过去的航天成就向孩子们普及了近段时间的航天新闻，那便是我国"长征五号"重型火箭的成功试飞。"长征五号"是我国目前起飞重量最大、运载能力最强、技术跨度最大的一型运载火箭，采用了全新研制的大推力发动机，主发动机均采用无毒、无污染的推进技术，实现液体运载火箭直径的跨越。它被亲切地称为"胖五"，是我国航天史上又一伟大的成就。在向孩子们说到这些内容时，我的心情也跟着澎湃了起来，眼前仿佛有一面五星红旗正冉冉升起。我也坚信，它会成为信仰，点亮这些孩子们的天空，并环绕着他们，跟随他们去往更广阔的天空。

  教学之余，我也重视培养孩子们的阅读习惯。随着部编版教材改版，全国教育改革迎来了翻天覆地的历史性变革。从古诗文的增加，到阅读题量的增加，无一不在提醒我们，提高语文成绩并非一日之功，提高阅读能力万变不离其宗。于是我充分利用阅读课，带领孩子们去图书馆阅读，在宁静的阅读时光里，享受文字带给我们的治愈魔力，增强自己对世间万物的感悟力。平时，我们还会定期举办读书活动，互相赠书等活动进一步增进了我们的友谊，读后感分享又成了我们交流的另一种方式。无论在课内还是在课外，共同阅读培养了我们的默契，让教学变得更有滋有味。作为教师的我，一直督促自己保持终身学习的观念，通过不断阅读来提高自己的教学能力，这也为我的支教生活增添了色彩。

最后，我想对孩子们说一句感谢。短短半年的支教时光，也许我并没有对孩子们有非常深刻的了解，但我深刻感受到了孩子们心怀感恩的优秀品质。支教生活即将结束时，孩子们特意为我准备了一场感谢会，每一个孩子都用自己的方式来表达对我的感谢。当然，印象最深的还是孩子们送我的两本书，一本是《人世间》，另一本是《悬崖村》。对此，我想对孩子们说：人生很美好，但是这种美好需要作为逐梦者的你们慢慢地去发现、去品尝。我也会通过《悬崖村》这本书，了解一个更加真实、更加全面的凉山州，做到心永远和你们同在！

### （二）我与宁南中学的同事们

逐梦的路上我并不孤独，因为与我共赴宁南中学的还有一批优秀的教育同僚。其中，我不得不提到的便是陈礼旺老师。陈礼旺老师是我们同校支教老师中最年长的一位，身为特级教师，他只为一腔热血欣然来到宁南中学支教；同为语文老师，我从他身上学到了很多语文教学的经验和方法；他为人谦和，虽是我的父辈人，却在一同支教的生活中给我一种大哥哥的感觉；身为长辈，他也总是乐此不疲地向我们传授人生道路上的各种经验，让我们受益匪浅。在陈老师主持的教研会上，我还结识了宁南中学本校的优秀语文教师们，他们为人热情好客，关心从千里之外来到宁南的我们的身体状况以及环境适应度，让身在异乡的我不再是"异客"。得知我新婚不久的消息，宁南中学语文组的同事们赠予了我一份新婚大礼，那就是用宁南当地盛产的蚕丝织成的被子。令我倍加感动的是，同事们竟然在织被子的店里一直等候，只为了将刚"出炉"的被子送到我面前。一被子，一辈子，未来我回家时，盖上这冬暖夏凉的蚕丝被，内心一定会暖意翻涌。

和我同龄的支教伙伴有东北小伙儿孙航，人说"隔行如隔山"，但这位物理老师与我这个语文老师却碰撞出了激烈的火花。每一天茶余饭后，我们都要一起讨论共同爱好的篮球，分享社会上的见闻，天南海北侃大山。在日常工作中，我们沟通学生的学习情况，谈论彼此学科的教学难点，共同进步。孙航为人爽朗，有着东北汉子的优秀特点，并且积极向上。他的这种直爽硬汉派的作风深深地打动着我，也让我向优秀的人看齐的信念更加坚定。

在支教的同事中还有一位不得不提的人，他就是和我同校的好哥们刘钟老师。作为数学老师的他，具有理科生的理性认知，但生活中的他又是个情感细腻而丰富的人。犹记得我刚来宁南时，由于水土不服，感冒发烧卧床不起。那天，刘钟刚回宿舍，一如往常喊我一起去吃饭。那时的我昏昏沉沉，连说话的力气也没有。他没听到我的回应，于是敲门进入我的房间。看到昏沉的我，他摸了摸我的头，看到我额头上的汗水，他二话不说，将我背在身上。从宿舍到校医室不过百米，可从顶楼到下坡却要做功不少，特别是我还病着，没办法控制自己的体重，全身死死地压在了刘钟的背上，记忆里这样被人背着还是我小的时候。经过校医的治疗后，我稍微恢复了一点，再次醒来已是傍晚，意识的恢复使我感受到了饥饿。正当我准备拿出妻子给我邮寄的零食时，却看到桌上摆着两个碗，碗里装着的是刘钟从食堂为我带的热饭菜，暖流涌入我心中，感恩他在支教期间对我的深切关怀。

"一方水土养一方人"，在宁南中学支教的这一个学期里，我体会到了学校领导和当地人民的热情好客。支教基地也组织了许多有意义的活动，我们一起去西昌观看卫星发射，亲眼看见、亲身经历并感受到祖国的日益强大，这让作为华夏子孙的我们再一次心潮澎湃，心生自豪之感；一起参加教育部组织的送教援培活动，我们从来都不是孤军奋战，来自全国各地的教育同仁们，交流着教学经验，探讨着教育问题，碰撞出了思想的火花。通过送教援培活动，我们的支教工作变得更加高效！在宁南中学，我们语文组的支教教师也一起参加由陈礼旺老师组织的教学研讨会，陈老师向我们分析高考试卷，传授高考备考经验；老师们在研讨会上各抒己见，每个人都收获满满。宁南中学和教育部及基地组织的这些活动让我们的支教生活变得更加充实，也让我们在平常的支教教学中变得不平凡。在学校里，我们担任学生组织的演讲比赛活动的评委，主动地融入学生群体中。在生活中，我们经常受到学校领导的关心，这让我们在宁南感受到家一般的温暖。在未来的日子里，这些人、这些事都将烙印在我心中，成为我人生路上的宝贵财富。我想，在我抬头望见月亮的时候，我会想到1000多千米外和我一样心怀梦想的老师们，会想到宁静致远的南国天府，会想到澄澈天空中异常明亮的繁星，这些都是我前进的动力。山的那边是海吗？当我们与教科书中的人物拥有同样的好奇心时，我们会翻越一座座高山，最终会见到那片无垠的碧蓝之海。

（三）我与宁南县的人民

勤劳是刻在宁南人民脸上的名片。过去半年的宁南支教生活中，我有幸认识了勤劳质朴、用自己的双手创造出一片新天地的宁南人民，有饱含风情的彝族人家，也有特色鲜明的酿酒老汉。我们去拜访的彝族人家的主人是"感动凉山·2014 年度人物"、2018 年宁南县农村"十佳"道德模范博基力子。他原是一名党员干部，却心怀荒山，放弃了相对优越的城市生活，孤身一人来到荒山，一人徒手挖通了18千米的盘山路，仅是修这条路就花了将近10年的时间！道路修通之后，他就着手改造荒山，在几年的时间里栽种了3000多棵核桃树，让荒山变成了宝山。我对他的钦佩，从"感动凉山·2014年度人物"的颁奖词就足以说明："守着荒山，从未放弃，绿了荒山，白了头发，你志在造福百姓；老骥伏枥，意气风发，你一心想着未来。你吃遍所有的苦，换来群众最多的甜。你想隐姓埋名，可我们都知道你是谁，为了谁，你是凉山的'杨善洲'。"当我们来到他的家，他依然是一副非常热情好客的彝族老乡形象，丝毫没有因为曾经获得的这些荣誉而变得浮躁，对当年被评为"感动凉山"人物的事，他也只字不提。

招待过我们后，离别时他向我们挥挥手。我知道他转身后就将继续投入到他的植树事业中去。

宁南县有属于宁南县人民的"五粮液"——石梨白酒在宁南中学柴老师的邀请下，我们参观了他的亲人位于宁南县石梨镇的农家酒厂，感受山泉孕育出的勤劳的人们，并且详细地观看了他们的整个酿酒过程。酿酒的老叔已年过六十，他的脸上早已刻上被岁月划过的痕迹，从粮食在他手中的铁锹里翻滚，煮熟后的发酵到最后从蒸馏管中流出来的滴滴白酒，每一滴都凝聚了老叔辛勤的汗水。石梨白酒不添加任何香料和防腐剂，入口十分柔顺，不烧喉，与市场上其他品类的白酒相比，泉水酿造出来的石梨白酒独有一番风味。老叔虽然年事已高，却十分好酒，听到我们要来的消息，他早早地准备了可口的饭菜和当地高山产的红薯招待我们，并要求和他小酌一杯。老叔再一次让我们感受到了宁南人民的热情与好客的品质。

宁南人民勤劳、质朴、好客。他们靠着自己的双手逐梦，而我，也和他们一样——他们是用双手创造出自己的一片天地的逐梦人，我是在自己的支教路上奋力前行的逐梦人。

## 三、致谢

时光好似沙漏一般，弹指一挥间，半年的时光已然逝去。回望过去的支教生活，留给我的有刻骨铭心的难忘记忆，依稀记得孩子们在学期末的时候为我举办的感谢会，那些歌声、那些送别的礼物无一不在表达着我与孩子们心中互相的不舍；有潸然泪下的感动，这份感动来自稻谷乡不到半米高就要远行求学的孩子们，求知欲和走出大山的信念种子还不等他们有独立的思考能力，就早已种在了他们内心的最深处；还有弥足珍贵的收获，见识到彝族风情，感受到了彝族同胞的热情似火，受到宁南酿酒老叔的盛情款待，这些经历都已经深深地烙印在我的生命中！感谢支教让宁南县的孩子们、支教同事们、宁南人民与我走进彼此的世界，是宁南中学带给了我生命中一段美好的旅程与记忆。

分别是明天的路，思念是生命的火！短暂的支教时光成了我生命中最宝贵的一段经历，不经意间，我还可以看到孩子们的眼，看到那团火还有星辰。时光，是最柔软的坚毅，它见证着我们所有经历的过往；岁月，依旧是沧桑而又沉静，它沉淀着我们生命中的悲欢与离合。我们的一生必然会有很多次的告别，甚至人生就是一场又一场的告别，虽然每一次的告别可能都会伴随着阵痛，但人生中的每一次告别所带来的这种阵痛，我们称之为成长！最永恒的幸福不是拥有你们，而是拥有与你们有关的记忆！

谢谢宁南中学，让我圆了自己作为一名教师的支教梦。我将继续和你们一起，帮助宁南中学逐梦路上的所有孩子们完成他们的大学梦、人生梦！

祝宁南县所有人所求皆如愿，宁南县所有的孩子们所行皆坦途。

# 一路收获别样的风景

江西省南昌市第一中学 刘 钟

有一种生活，你没有经历过，就不明白其中的艰辛；有一种艰辛，你没有体会过，就不明白其中的快乐；有一种快乐，你没有拥有过，就不明白其中的纯粹。2019年8月中旬，教育部教师工作司的一封函件令我平凡的教师生涯泛起了一丝涟漪。为贯彻中共中央、国务院关于打赢扶贫攻坚战的决策部署，加强对四川省凉山彝族自治州教育扶贫结对帮扶，教育部组织了一批骨干教师，开展面向凉山州的教育帮扶行动。我和好友聂锋有幸被学校领导选中并赴凉山州宁南县宁南中学开展支教工作。

得知要去支教的消息时，我瞬间感觉是晴天霹雳，去支教意味着我要放弃带了一年之久的班级，放弃我一年多付出的心血。我拿起手机打开百度地图，搜索起四川凉山州宁南县，这是一个离南昌大概1700千米远的偏僻县城。我脑海里浮现出了各种画面：一个与世隔绝的小山村，一个破落的教室，一群蓬头垢面但是双目炯炯有神的学生（现在回想当时的想法，真是令人哭笑不得）。我和好友聂锋思绪都处于一个混乱的状态，他可能更加接受不了这样的安排，毕竟新婚宴尔，对家庭的不舍是他的第一反应；而我虽然也难以割舍在南昌的付出，但是一想到我又可以回到西南地区，几分莫名的兴奋浮上心头（我就读于重庆西南大学，对川渝有着莫名的情感）。这种兴奋很快就被离愁别绪给掩盖了。学生得知我要去凉山州支教，他们先是惊疑（以为是愚人节，我在欺骗他们），得知消息千真万确后，他们开始红眼了，几个感情细腻的学生甚至流下了泪水。在这样的气氛下，我也不禁有几分伤感，只得好好安慰他们。得知我要赴凉山州支教的消息时，家里也掀起了轩然大波，外婆和妈妈都极力劝说我不要去。外婆的想法是四川蜀地多发地震（那段时间正好报道了不少四川地区地震的消息），她老人家怕那里不安全；我妈觉得我的终身大事还没有解决，这一去可能又要耽搁一年；我爸却认为这也是一种历练，可以丰富人生阅历，可以一试。安全问题是所有支教老师所担心的问题，基地也考虑到了这方面的问题，早早给我们准备了宁南县的相关地理资料，给我们吃了一颗定心丸。离开南昌之前，我收拾了所有的行李，做好了和原班级接手老师的交接工作，在家里面享受了一段出发前的安逸生活。真到了出发的日子，我又有些不安了，主要还是对未知的恐惧，幸好还有好友的陪伴。

从南昌出发飞至西昌青山机场，下飞机后我和好友的不安情绪达到了巅峰，一路上我们没有过多的语言交流。天气阴沉，大风凛冽（尽管是9月，但是已经有些湿冷了），我开始打量凉山州的州府所在地，这是一个四面环山的小城，山势极高，顶端还被几许云雾拥着。一种风雨欲来的压抑感浮上心头，配合阴沉沉的天空，绝配的"黑云压城城欲摧"。支教老师们下榻邛海湖畔，开始为期3天的岗前培训，我们对凉山州和彝族同胞也有了一定的了解。广东基地对口帮扶县是宁南县，广东基地此行一共20余人，我和聂锋来自江西省会南昌，小伙伴们来自天南地北、五湖四海。宁南县教育局的工作人员领着我们前往宁南县，打开百度地图一看，宁南县离西昌还有120多千米的路程。从邛海出发，在车上我们领略了一把彝地风光。那天天气糟糕极了，雨下得极大，山雨打湿了盘山公路。司机可能已经对路况极为熟悉了，蜿蜒曲折的山道上车子行驶得极快，我的同伴一直拉着我的手臂，车子行至急处，他竟然吓得直掐我的手臂（我至今都没有拿到驾照，对开车没有经验，对这样的路况也不甚了解，同伴是老司机了，对这样的路况他显得十分敏感）。车子是从山下往山上走，随着海拔不断升高，车前的视线也越来越模糊，烟雾缭绕，伴随着的还有轻度的耳鸣和鼓膜震动，车上的老师也开始有些不安起来，没有心思欣赏车外的风景了。车外一处车祸事故映入眼帘，一辆大车惨横于路边，一颗"大脑袋"横躺在路边，车上的老师们开始骚动起来，车上的负责人只得起来告诉我们这是正常现象，安抚我们的情绪，同时吩咐司机师傅把速度降下来。我不知道其他人的想法，只是觉得好奇，反正自己单身一人，一人吃饱全家不饿，之前的不安反而消失，心情越发稳定下来。幸好车子很快驶离高危路段，驶入了螺髻山下的普格县，彝族建筑和服饰也逐渐进入眼帘，彝族人家三三两两聚在路边。早就听说彝族服饰多姿多彩、风格独具，形态有近百种。历史上，由于彝族支系众多，居住分散，因此，各地服饰区别明显，样式各异，带有浓厚的地域色彩。之前通过查阅资料发现，凉山不少地区四季寒凉，气候变化不大，所以彝族服饰季节性不强，察尔瓦（披衫）常年皆着。彝族服饰的色彩较为丰富，款式变化多姿，并且以大量银制品和刺绣装饰，皆为纯手工制作，现在一见果然不假。路上，彝族建筑多以白色的土掌房为主，房子上绘有大量本民族的特色图案。听说彝族人家传统的土掌房是彝族建筑民居中常见的类型，是彝族的先民在过去的生活实践中创造出来的一种具有本土特点的建筑，其所利用的建筑材料都来自自然，对于交通不够便利的彝族人家而言，这减少了交通运输成本，且建筑具有较高的稳定性与抗震性，在使用之后，这些建筑材料也可以回归自然或重复使用。这种建筑材料取之于自然，最后回归于自然的特性，富含了彝族文化中人与自然和谐相处的伦理观念。

下到低海拔地区，车子恢复了正常的行驶速度，开始驶入宁南县内，老师们的心情也逐渐放松了下来，开始打量着即将要生活和工作一年的地方。宁南县是山区农业县，种植业和制造业占了很大的比例。这里又被誉为"中国蚕桑之乡"，因为日照充足、温度适宜，桑叶品质格外好，大且嫩，蚕丝质量高，蚕与桑完美结合，成为富民第一产业。道路两旁到处都是宁南人民种植的桑叶、香蕉和甘蔗，可惜已经过了吃桑葚的季节。到达宁南县后，发现这里的环境和交通并非我们心中想象的那样不堪，而是麻雀虽小，五脏俱全。宁南县毗邻云南巧家县，县城规划井井有条，但县内道路陡峭，上下坡居多，所以这里几乎人手一辆摩托车，摩托车成了这里主流的交通工具，男女老少都是骑摩托车的好手。宁南县夜色优美，难怪有金沙江畔"小明珠"之称。

我和好友一改之前紧张不安的情绪，逐渐开始接受这座川边小城。我的学科是高中数学，果然不出意料被安排到了宁南县唯一的高中宁南中学。此时，我只想尽快开始我的教学工作，因为当时已经是9月4日，按照当地学习日程安排，学生们已经结束了军训，开学近一个星期了。起初，我并不知道自己所任教的班级从开学开始已经整整一周没有上数学课了，我下意识以为有老师代课，由我来接替那位老师的工作。抵达宁南中学之后才知道，我的班级——宁南中学2020级7班没有老师上数学课，就等着我来"下锅"！后来我才了解到，宁南县教师资源极度匮乏，我们这支队伍的到来算是解了燃眉之急。由于对孩子们不了解，我找到了班主任和本年级同学科的老师一起了解情况，以便快速投入到教学工作中。在办公室，我悄悄地透过门缝打量着我的学生们。质朴的外表、纯粹的眼神，看着他们，我心里面突然有了一丝紧张——我能否带好他们？拿到成绩，果然不出所料，他们底子非常薄弱，尤其是当中的彝族学生。尽管我做好了准备，但当真正面对的时候还是有些措手不及。人言万事开头难，我算是体会到了。一夜备课，教研组长把我带到了班级上，我也终于走到了讲台上，我知道我的支教生活从此刻开始了。看着学生们好奇的眼神，此时的我反而平静下来。我打量着讲台下攒动的脑袋，他们皮肤黝黑，甚至有的瘦小稚嫩，看着他们，我略有一些心疼。简单的交流之后，我的个性优势逐渐体现出来，心宽体胖的我，在学生看来十分易亲近（后来和学生"厮混"熟之后，才知道那天他们觉得我太年轻、太胖了，和他们印象里面的"世外高人"的形象谬之千里），一节课在简单轻松的气氛中悄然度过。我从未感到如此舒适，第一次发觉教师责任和意识的重大，这也坚定了我要带好他们的决心。

初到宁南中学，最感动的还是宁南中学领导和老师们对支教老师的关心和热情。在生活上，宁南中学的领导和老师对我们的照顾无微不至，我和聂锋、孙航三位由于年龄相近，被安排到了同一住处，宿舍被重新翻修了一遍，处处都体现了宁南中学对支教老师的用心。食堂大厨陈师傅对我们格外照顾，为我们开了一个"小灶"，宁南中学的领导也经常和我们同桌共餐。师傅得知有从北方来的老师，在烹饪方面特地减少了四川人民钟爱的花椒和辣椒的量，甚至向北方的老师讨教馒头的做法，力求改善我们在饮食上的不适应，让我们有家的感觉。在长期的同化下，我们也逐渐成了半个四川人，吃辣能力在逐级提升。影响是相互的，本地老师也开始尝试我们的饮食，比如北方的蘸酱菜。从刚开始的望而却步、不敢尝试，到后来的大快朵颐，我们美其名曰"文化融合"。教研组的老师也关心我们的生活，嘘寒问暖，经常赠送本地的特产，更有本地老师邀请我们去他家里做客。慢慢地，我觉得宁南成了我们的第二故乡。当然也有不适应的，四川地处盆地，山高湿气重，初到宁南，支教老师们或多或少患上湿疹，严重时身上全是水泡、红疙瘩，北京潞河中学的两位老师和河北正定中学的两位老师常常因为瘙痒难耐而难以入眠。而我因为大学就读于重庆，自身早已经适应了西南地区的气候，从而幸免于难。另外一个小伙伴就没有那么幸运了，由于水土不服，大病了好几场。

在教学教研上，我把一中的优良策略（个性化辅导、培优补差等）推广到宁南中学。同时，主动承担高一数学导学案、周练、复习试题的制作，和宁南中学的老师们交流，共同成长。我也深深被宁南中学的"三苦"精神所感动：学生苦学，教师苦教，领导苦管。初期我还有些不理解这种教学方式，在自己逐渐融入宁南中学体系后才感叹宁中师生的不易。试问哪位老师不想轻松教学？可是限于学生的基础素质，只能采取这种模式。宁南县教育系统曾经向外界多次取经，但实践是检验真理的唯一标准，"三苦"精神符合这里的教育情况。最令我动容的是宁南中学老师的无私奉献精神。宁南中学的作息安排相对于外界来说无疑是苛刻的，但他们中的多数老师都严格执行着这份安排，毫无怨言。

宁南中学学子大多数是留守儿童，家中父母为了孩子的前途出外务工，大多数学生努力上进。他们希望通过学习走出大山，为美好的生活而奋斗。不过，年纪尚小的他们长期缺乏关爱和管教，甚至一部分学生德育缺失。在宁南，中学生甚至小学生酗酒、抽烟的情况屡见不鲜，尽管学校已经出台了严格的惩罚制度，但是这些情况的改善效果微乎其微。中学的洗手间里经常冒出"炊烟"，班主任突击检查寝室总可以查出违禁物品。发生在我所带班的课代表身上的一件事情值得我深刻反思，课代表和某同学被班主任带到了办公室训诫，原因是抽烟被其他老师当场捉住。班主任极其气愤，在盘问过程中，我才知道这两个学生在初中时就已经开始吸烟，现在已经是"老烟客"了，烟龄久远（我本人从不抽烟）。究其原因还是家庭教育的缺失，父母长期在外务工，对他们缺乏关心和管教，以至于他们一时不慎而犯了大错。班主任的话也让两位学生愧疚，两个半大小伙子在办公室里抱头痛哭，哭诉自己的苦楚，听之令人心酸。我本人一直在父母膝下长大，如果没有父母的悉心管教，就没有今日的自己，可见父母教育的重要性。这些学生看似人高马大，但内心还是个孩子，对父母之爱的渴望是他们内心原始的追求。对这些孩子，作为老师，唯有付出更多的爱来关心和感化他们。每一个孩子都值得我们宠爱，哪怕他犯了错误，所幸这一切都不算晚。

支教路上，有荆棘，有风雨。但所幸一路走来，一路采撷，一路收获别样的风景，收获爱、感动与思考。收获的同时，我们也在逐渐思考新学期的成长和学习。

首先，相比较同年龄的教师，支教教师应该学习当地的"三苦"精神，在自己的专业素质成长方面多下苦功夫，多交流，帮助其他教师共同成长。

其次，在大环境下，支教教师多学习借鉴本地老师的思路，在现有的教学环境下完善自己执教的方法。

再次，敢于尝试新思路，打造新的课堂模式，提高自己的专业技能。

最后，"授人以鱼，不如授人以渔；授人以渔，不如授人以欲"，不奢求做学生们的"救世主"，不奢求学生们有多大的改变，只要能够激发孩子们对梦想的信仰，对知识的渴望，对生命的敬畏，对美好事物的认同、欣赏与追求，只要学生们能看到更宽广、更多彩、更值得为之努力奋斗的未来，哪怕只有一点点，也足矣。

支教的经历是丰富且充满意义的，时光很短暂，我们与宁南中学的老师和学生之间已经有了割不断、舍弃不了的情谊。当初的犹豫不决都变成了现在的坚定。在新的一年里，我坚信自己能够更好地在宁南中学奉献自己的光和热，让有限的能量发挥到无限的为宁南学生们逐梦助力之中去。

# 丹心不改育桃李　蜡烛犹热吐深情

河北正定中学　宋云英

## 一、满园桃李都是春

"为别人照亮道路，自己必须放出光芒——这就是人的最大幸福。"苏联教育家捷尔任斯基这样说。我认为这句话的真正意味有两点：一是教师要发光发热，二是教师要以发光发热而感到幸福。作为一名即将退出职业生涯的教师，我现在才真正理解自己：这份职业就是我的生活，这个身份已经深入我的灵魂。

难以想象在三尺讲台之上，用自己的知识和人生感悟影响着一代代人直到今天，但你要问我，如果重新选择一次职业的话，你还会选择教师吗？我会毫不犹豫地说，"会的"。我释放了自己的光芒，痛却幸福着。也许这就是一名老教师的独特感受。李商隐在他的诗里说："春蚕到死丝方尽，蜡炬成灰泪始干。"这恐怕就是难以放下的结果吧，尽管如此，我却甘之如饴。

我看到许许多多的人为了教育事业，或者是梦想，选择了支援边远教育落后的地区。我也有这样的梦想，每当耳边响起"长大后，我就成了你……"那熟悉的旋律时，我的内心马上就会涌起一股莫名的冲动，想象着那些地方，那里千山起伏，万木苍翠；那里民风淳朴，桃花幽香，隐溪潺潺；那里还有一双双如泉水般清澈的求知的眼睛。

当有这样一个机会摆在我面前的时候，我是多么的幸运和幸福啊！似乎霎时间进入梦境又霎时间出来一般。于是，内心平静了，也许长久的等待原本就一定会来。

我要去的地方是四川凉山宁南。

宁南县隶属凉山彝族自治州，位于四川凉山彝族自治州东南部，东临金沙江，与云南省巧家县隔江相望，是一个以汉族为主，彝族、布依族、回族、藏族、蒙古族等多民族杂居的山区农业县。宁南系历史上一条连接川、滇的古通道，不知道茶马古道是否也从这里经过，也不知道这条路上留下过多少骡马漂泊的蹄印，有多少藏族的、白族的、彝族的汉子在这条路上洒下过汗水，总之，历史和文化的气息在这里氤氲升腾，一缕缕飘向天府，飘向滇池。

这里历史悠久，源远流长。

西汉前，宁南属古邛都国；唐时曾一度为南诏国属地；宋时属云南大理国；元为云南罗罗斯宣慰司都元帅府建昌路……

我在西昌培训的时候就不停地解读着宁南，也为即将到来的支教生活做好了充分的准备。从 8 月 30 日开始，培训四天之后，我们就奔赴宁南了，开启了支教一个学期的全新生活。

## 二、春风化雨皆是情

和想象中的一样，无须铺垫，这个县城宁静、悠闲，散发着自然淳朴的气息。人们安逸地行走在大街小巷，穿行在别人的风光中，也留在了我的风景里。

宁南中学占地不大，面积 140 余亩①，红绿相簇，树木长青。校区布局合理、动静相宜，是个学习的好地方。在树林的荫翳下徜徉也好，读书也好，最自在不过了，再看到孩子们花儿一般的笑脸，这是一件多么幸福的事情啊。

如今，要在这里开始一段全新的旅程，内心满怀兴奋的同时，也满是忐忑。自己能否胜任？这里的同事们个个都是教学能手，我该怎样向他们学习？万一我搞砸了，岂不是丢人……内心惶恐不安，好在校领导给予了及时的关怀和指导，再加上同事们的问候，我惴惴的心终于安定下来了。

宁南中学给我的任务是：完成高一（13）班的教学任务，担任科研处副主任，带两个徒弟。但考虑到此行的目的，我主动提出多带一个徒弟。这副担子确实不轻，作为一名老教师，我深知其中的分量，最后咬咬牙，干吧！别给正定中学丢脸，别给自己丢人！

凉山州的中小学教育水平相对于河北来说，确实较差。我刚到宁南中学，就得知高三的学生英语成绩很差，每次考试平均分不到 70 分。老师们也头大——不论怎样努力，成绩就是上不去。

怎么办？面对这种情况，我也有些发怵，但是转念一想，自己不是满腹情怀吗？又何曾在工作上认过输？俗话说得好：办法总比困难多。只要自己多琢磨，问题肯定可以解决的。经过多次思考和论证后，我决定进行教学方式的探索和改变。

作为科研副主任，我大胆地向他们提出建议：从复习初中课程开始，高中课本只讲第一册到第四册。先打好基础，把学生的信心调动起来，再进行高中知识的复习。这个建议起到了很好的作用，事实也证明它是很有效的。

我在逐步熟悉学校教学工作的同时，也积极发挥教研处副主任的调控作用。坚持多听任课老师们的课，跟授课老师们积极沟通，帮助他们提高教学基

---

① 一亩约为 666.667 平方米。

本技能；充分发挥自己的示范作用，直接提高教师们的教学能力；竭尽全力打造高效课堂。我用我任课的三分之一课时做示范，以点带面，不断辐射，为老师们树立了标准，收到了良好的效果。

我还给对子班老师展示教案，以我的教案为蓝本，推广经验；给高一教师介绍高效课堂的绝招；在忙碌中，我抽出时间专门给高三学生开讲座，传授提高英语学习效率的方法。

忙碌中收获的是充实。作为党员，即便年龄大些，也要老当益壮，不辞辛苦，在自己的位置上发出光芒。

在班级教学中，我摒弃先前简单粗暴的背诵任务，大胆改变授课方式。我在课堂上和学生一起理解、翻译段落，然后一句一句地让学生用英语表述。在表述中，他们按照我讲解的短语、句型，套用主系表、主谓状的模式；同时，我还提醒他们注意主谓一致的原则。学生们很快就接受这套方法，并对其产生了浓厚的兴趣，所以效果也特别好。由最初的发怵、不敢张嘴，到后来的独立表达，孩子们的学习发生了质的变化。我的英语课也成了最受他们欢迎的课，为此，我感到无比欣慰。

就这样，我以这种授课方式，从兴趣入手，带领着高三（1）班全体学生从初二英语课程学起，不断表扬鼓励他们，一个月就结束了初中的课程。我也受到了学生的盛赞。

我依据高三（1）班成功的经验积极调整，又探索出一套适合高一的学习方法。经过我一个月的努力，高一（13）班的英语成绩成为全年级同类班级的第三名；两个月以后成为全年级同类班级的第一名，英语平均分超过最后一名10分。

这大大地鼓舞了当地教师英语教学的信心，也鼓舞了学生学习英语的信心。我的成绩受到了当地学校、教育局领导的高度赞扬，给了我不断尝试、不断努力的信心，也更加坚定了我要在支教期内做出点儿成绩来的决心。

子曰："知之者不如好之者，好之者不如乐之者。"爱因斯坦说："我认为对于一切情况，只有'热爱'才是最好的老师。"我觉得学习要从兴趣入手才能真正提高成绩。这是一条贯穿我整个教学生涯始终并不断实践的真理。回顾一个学期的教学，我思绪万千。不同的学生，不同层次，真正考验了教师的素质，也考验了教师在工作中不断思考、不断进取的信念。学无止境，教也无止境，在教学面前每一名教师都是小学生，每一天都在成长，每一天都在进步。

此外，我还带着三个徒弟。

我喜欢勤学好问的人，三个徒弟都很勤奋，他们年轻，有朝气，宛若当年的自己。我和他们开玩笑，我是师父，你们是徒弟，咱们师徒四人正在教育的路上求取真经呢。他们几个就笑着说，"师父，你不是唐僧，你该是孙悟空，你的本事大着呢！"我就笑，我最多是那个刚刚到达斜月三星洞的小猴子，还得多学习呀。虚心该是每个人都有的，不论是师父还是徒弟。

他们几个除去上课外，就是不断地听我的课，向我问各种问题，有时候问得我都回答不了。正是这样才能有真正的收获，几个徒弟成长快速，进步巨大。当然，成绩也是喜人的。

我带的徒弟汪斌在宁南中学文科教师技能大比拼中脱颖而出，勇夺第一；在大连举行的全国英语教师素质大赛中斩获了特等奖！

成绩永远属于奋斗在路上的智者，属于行进在路上的奋斗者。一个学期下来，不论是教学还是教研，我都持着一颗真诚奉献的心，尽自己最大的努力切实提高宁南中学的英语教学成绩，也因此，我的付出得到了宁南中学老师们和领导们的肯定，受到了凉山州教育局的肯定，期末，我被评为"优秀支教教师"。

多少次夜晚在校园徜徉，环顾周围的山峦，凝望群星璀璨的穹顶，内心总是想起孟子那句"虽千万人吾往矣"的话来。凡是做事业的人，必然要有这样的勇气，每一名教师不可能都会有"得天下英才而教育之"的机遇，不都会遇到上帝之子。故此，在职业生涯中，每一位教师所要做的就是鼓足勇气，坚守职业道德，为了理想的教育事业奋斗不息。

## 三、惜别依依全是爱

时光总是在流失殆尽的时候才凸显出它的珍贵，可惜人们总是不知珍惜。短短的支教生活即将结束，我却很珍惜，珍惜遇见的每一个人，珍惜在这里度过的每一天，可这不能阻挡早已注定的离别，尽管我们是那样不舍。

我不愿在离别之际打扰孩子们的学习，徐志摩说"悄悄是别离的笙箫"，我就悄悄地离开吧，悄悄地"挥一挥衣袖，作别西天的云彩"。可是始料未及的是，孩子们早就知晓了我的打算，他们开始了告别。

他们给了我一个大大的惊喜，将一个大大的蛋糕送到我面前。那一刻的感动我无以言表。教师工作的真正意义在于用知识充实学生，更在于用爱和品德去教化学生。教师就是将爱的种子放在学生的心里，然后让它们悄悄生根发芽。现在，这些种子开始发芽了。

一个孩子这样写道："您给予我的帮助太大了……希望您能回来一起唠唠，宋妈……"

一个孩子这样写道："您对我的惩罚和对我说的鼓励的话，我都懂……妈咪宋……"

还有的孩子这样写道："遇到您后，我才知道英语也可以这样有趣！"

"宋妈……以前总是盼你早点儿离开，现在你要走了，还真有些不舍！"

"老师，谢谢您这一段时间教给我们的知识和道理，感谢您的陪伴。"

一个学期的相处竟有了如此深厚的情谊。看着孩子们送给我的围巾和帽子，我的心被融化了，变得柔软起来，一丝丝伤感缠绕在心头。我年龄不小了，已经过了容易激动的时候了，但是，这次的我感慨无限。也许这种情谊就是这个职业最让教师们感到快乐的原因，也是激发教师们无私奉献的动力吧。

千言万语说不尽的不舍和祝福，千山万水阻不断的深厚情谊。离别的钟声已经响起，远行的步伐已经迈开，即便是不舍，却也只能告别：别了，宁南的山水；别了，川西的同行；别了，可爱的孩子们；别了，我的支教生活；别了，我的教师生涯！

# 助推梦想起航　实现桃李人生

河北正定中学　刘维岩

我是一名奋战在教学一线的高中化学教师，来自一所拥有深厚历史积淀的百年名校——河北正定中学。

2019年8月，学校转发了教育部的通知，要求各基地校长领航班成员教师到全国深度贫困地区之一——四川凉山彝族自治州进行教育帮扶。我一直都有一份支教情怀，于是毫不犹豫地报名了，并有幸作为首批支教教师在凉山州西昌市宁南县宁南高级中学支教了一个学期。在这短短的一个学期当中，我经历了很多，也收获了很多，这些点滴将会成为我一生中最难忘、最深情的回忆。

本次支教我们学校共派出了两位老师——宋云英老师和我。宋老师还有半年多就要退休，她不顾山高路远，也毅然踏上了支教征程。

动身前，周庆校长殷切嘱托我们，此去不仅是支持教学，还承担着传递教学情怀的重任。在周校长的安排下，正定中学的语文、数学、外语、物理、化学、生物、历史、政治、地理各个学科的带头人都分别与宁南中学相应学科的带头人取得联系，以方便对宁南中学开展教育帮扶。

## 初识大凉山——惊讶又欣慰

根据上级要求，2019年8月31日，我到达西昌青山机场。这个时候的石家庄还比较炎热，可是西昌却像初秋一般有了凉意，天上飘着丝丝细雨。一走出机场，我就看到了西昌这边的接待人员，他们举着条幅欢迎我们，微笑着和我们交谈，让我瞬间觉得凉山人不凉，还很热情。

在食宿上，我们受到了州领导热情而无微不至的照顾。我们入住的是西昌市的邛海宾馆，邛海宾馆建在邛海边上，像花园一样美丽。邛海虽然被称作海，但其实是个湖。饭后我和一块支教的同事漫步湖边，看丝丝细雨悬在湖面上方，宛若飘起了一层仙雾，湖的对面是袅袅清云环绕的远山，我们仿佛置身仙境。我对凉山州又多了一个认识：景很美。

9月1日全天、2日上午，我们参加了四川凉山彝族自治州教育帮扶行动首批支教教师动员会暨培训会。会上有教育部领导的深情嘱托，有教育界大咖的精彩培训，有州领导对当地教育情况的深刻剖析，让我看到了大凉山的另一面——贫困。

大凉山1956年实行民主改革，从奴隶社会"一步跨千年"直接进入社会主义社会。即使到了21世纪20年代，大凉山深处的很多人家还处于非常贫困的状态。大凉山有些地区的人们都不知道要坐在板凳上吃饭，而是蹲着或坐到地上，政府领导要挨家挨户送板凳，教他们坐着吃饭；有些地区甚至要进行"五洗"教育，即"洗手、洗脚、洗头发、洗澡、洗衣服"，因为他们经济贫困，生活条件很差，到了冬天水管就裂了，没有水可以洗；有些地区小孩的辍学情况时有发生，因为他们不会说普通话，也听不懂普通话，上课如同听"天书"。为期一天半的培训会，让我见闻很多，思想认识提升更多，同时也感到自己肩上的责任更重了。

西昌的培训结束后，我们出发去宁南。其实来大凉山支教之前，我也上网了解了这里的一些情况。凉山彝族自治州，是全国最大的彝族聚集区，位于四川南部，是以金沙江为界一直到云南的交界处的一片山区，这里也是四川盆地与云贵高原的交界地带，群山耸峙，水流湍急。我知道这里地势复杂，交通不便。但百闻不如一见，真到了这里，还是很震惊。

宁南距西昌只有124千米，却走了3个多小时，给我们开车的还是当地的老司机。这里都是曲折的山路，而且下着雨。路边只有树木或小小的护栏，路的另一边就是悬崖。我们同行的支教老师中大部分都没有走过这样的山路，几乎所有人都怕了，不去随意地交谈，只看着山路，有个男同事跟司机大哥说："师傅开慢点吧，我们都不急着赶路。"

我第一次见识到蜀道，就体会到李白的古诗中所描述的蜀道之难了，不过，随后的路再次颠覆了我的认知，没有最难，只有更难。后来又走过一次蜀道，那真是山路十八弯啊，一会儿一个急转弯。路窄到只容一辆车通过，路边没有护栏，路下就是悬崖，在急转弯的地方如果司机大哥打方向盘稍有不及，我们的车就冲下悬崖了。看来《山路十八弯》这首歌是真实的，果然艺术源于现实。

9月3日下午，我们来到了支教学校——宁南高级中学（以下简称宁南中学），正式开启了我的支教生活。我们去宁南支教的教师一共24位，分别来自黑龙江、云南、海南、浙江、山东、北京、湖北、宁夏、江西、河北十个省、市、自治区。我们的校长都是教育部广东基地校长领航班成员。谈心博士是广东基地校长领航班的班主任，也是我们的领队，感谢他给了我实现支教梦想的机会。北京潞河中学的陈礼旺老师是我们24人的班长，既认真督促我们的工作，也悉心关照我们的生活。和我来自同一个学校的宋大姐是我们这个团队中年龄最大的，也是最亲切的。

在这里，我担任高一（12）班的化学教师。来宁南中学支教的老师一共有 7 位：北京的语文科陈老师、崔老师和物理科孙老师，江西南昌的语文科聂老师和数学科刘老师，还有我们正定中学的宋老师和我。陈老师和我都教高一（12）班。我们 7 个人努力工作，获得了宁南中学领导、同事和学生的一致认可。

高一（12）班共有 57 名学生，其中有 17 名少数民族学生。我精心设计，创造愉快和谐的课堂环境，把微笑带进课堂。用自己的眼神、表情、语调，表达我对学生的关爱和期望，让学生在轻松愉快的环境中学习。在教学中，我挖掘教材的趣味性，注意应用各种生动的化学实验及现代教育技术，使学生在学习中充满乐趣。学生们学习化学的积极性、主动性被调动起来了，他们的成绩从入学时的最后一名上升到了年级前三名。

我还利用课余时间给学生讲化学史上的名人逸事，引导学生关注化学与生活、社会的联系，落实立德树人的要求。文后我附录了三个备课资料片段，这些资料的介入不仅传授了知识，更使学生开阔了眼界，产生了兴趣，树立了正确的科学价值观。

我也一直积极参加宁南中学的化学教研活动，并为学校的教育教学提出自己中肯的意见。我还参与宁南中学化学必修二学案的编写，并积极主动地提供素材和建议。

9 月中旬，应宁南中学化学组同事的要求，我上了示范课"胶体的性质"。9 月底，同事们又让我讲一讲我们学校的一轮复习方略。在接下来的十一国庆假期，我哪里也没有去，一直待在宿舍里准备这个讲座的课件。国庆开学第一周，我就在录播室里为大家讲了"正定中学一轮复习备考方略"。在讲座的末尾，我以反应热、活化能、催化剂、速率、平衡在高考中的考查，结合高考题，上了一节一轮复习示范课。同事们都反映说，原来一轮复习课还可以这样上，看到他们脸上的惊讶和赞赏，我也小有成就感。

我还不止一次地帮助同事们代课。有一段时间，高一（7）班和高一（10）班的化学老师出差了，我就帮她代了一段时间课。整个高一年级的学生按成绩分成了三个层次，高一（7）班的学生是属于第三个层次的。他们上课时纪律非常不好，很多时候都让我很恼火。有一个男生不知道犯了什么事，被班主任罚站了。即使被罚站，他也不老实，和左右一块被罚站的学生说话，和前面座上没被罚站的学生说话。每次上课我都要费很大的心力来管理这个学生，免得他引起全班的混乱。

不过，孩子们对知识的渴望还是在我意料之中的。在我代课期间，高一年级正好进行了第二次月考。让我没有想到的是，高一（7）班整个班的学生都很在意成绩，月考完我第一次去班里上课，他们先问我："老师，我们班考得怎么样？"还不错，他们班考了 9 个平行班中的第二。下课了，我在讲台桌上收拾东西准备走，那个调皮到极点的男生站在讲台桌旁，脸对着我，眼睛却看着别处说："老师,我这次化学考得很差,感觉对不起你,以后一定好好学习。"我原来以为他调皮,不在意成绩,不是的,他其实也是追求上进的好孩子。从他身上,我也学了很多东西。对于成绩差的学生,我会从多方面去了解他们,我相信每个孩子都有着对知识的渴望。

后来我不教这些学生了,他们对我仍然是热情至极。每次在楼道里碰到,他们都会很热情地跟我打招呼。

宁南中学的学生,是那样真诚而淳朴,追求上进。

## 母校的慰问——惊喜又硬核

转眼到了 10 月底,支教生活过去了将近一半。10 月 31 日至 11 月 2 日,是正定中学难得的月假。我本以为这个月假跟我没有关系。然而周庆校长、焦志诚校长带领一行人来看望我们。人群中还有地理科李巧娥老师、历史科董志伟老师、政治科安海虎老师、化学科陈胜老师。他们不顾旅途劳顿,在短暂的时间里忙碌地工作。各位正中的优秀教师分别为相应学科的同仁做了报告,为宁南中学的班级管理、教师教学、尖子生培养等各个方面都提出了宝贵意见。宁南中学王超校长说,这些精神力量比物质支援更加珍贵。

周校长和焦校长还抽时间到宿舍深入了解宋老师和我在这里的食宿情况,将母校的问候带给我们,并鼓励我们认真工作,让我们再次积蓄了力量,以更加饱满的状态投入到工作当中。

## 宁南中学的领导——温暖又贴心

我们来学校的时候王超校长刚刚上任,他百忙之中委托科研处王勇主任全权负责我们支教老师的所有事情,大到电视、手提电脑、Wi-Fi 入户、厨房餐具的购买,小到毛巾、肥皂盒,等等,宁南中学的领导尽他们所能为我们提供舒适的居住环境。王勇主任成了我们在宁南中学的管家,平常家里有点什么事,有什么东西坏了要修理,出门拿个快递,只要给王主任发个微信,立马就能解决。

俗话说,民以食为天。去支教之前,我最怕吃不惯南方的饭菜,但是在宁南中学,这完全不是问题。他们本地人无辣不欢,主食以米饭为主,王校长让教师食堂的陈师傅特意为我们做不辣的饭菜,每顿饭还为我们准备馒头。陈师傅还按我们北方人的口味为我们包饺子。我们住在学校里,买菜不方便,王校长让食堂买好菜之后让我们去拿,甚至还可以点菜,工作人员帮我们买回来并送到家里。还有人每周两次为我们买水果,这次的还没吃完,下次的就又送来了。在这里支教,有如此贴心温暖的领导照顾,在生活上真的是没有一点点的后顾之忧，我们都感受到了家的温暖。

## 离开大凉山——不舍又难忘

多情自古伤离别，到了离开的时候，我一直在想怎样跟我的学生告别，他们却给了我一个大大的惊喜。我是 2020 年 1 月 10 日早上离开宁南的，学生们 9 日晚上给陈老师和我开了欢送会。好简单的欢送会，只有几张幻灯片；却又是好隆重的欢送会，一个七层大蛋糕，我们师生之间的情感尽情释放，我们交换的是世界上最纯真的师生情谊，包子作（我的一个学生）真情主持，主持着主持着就哭了，周浩和肖建华为陈老师和我朗诵诗歌，朗诵着朗诵着也哭了。他们尽情地说着我的趣事、糗事，他们说："我们记得上化学课时最害怕老师点名去黑板上写方程式了，每次都把头埋得好低，没叫到自己的名字就觉得万分庆幸。"说着说着，我们也都哭了。普提秀在送别晚会上唱了好听的歌。学生们集体为我们唱了彝族歌曲，我从来没有听过那样旋律优美的歌曲。

我的学生是这样一群纯真而灿烂的大孩子。他们调皮但是努力，他们淳朴而且真诚。

他们送给我一个相册，相册里有每个人的照片，照片背面是他们的祝福语。被我批评过的吉次子才写了我千里支教的不易，我原以为会讨厌我的学生也都给我写了祝福的话。这是我收到的最美的礼物，我会珍藏一生。

欢送会结束，班主任郝老师又给我发了一段视频，仍然是全体学生的祝福。郝老师在微信里说："他们没有多才多艺，但是他们很质朴，祝刘老师您一切都好。"我瞬间泪目。2020 年 1 月 9 日的夜晚，是我永生难忘的夜晚。

## 宁南的小孩——懂事又纯真

最后，我还是想说一说宁南的孩子。州领导当初给我们介绍情况时就说，这个地区的计划生育政策还在推行阶段，人们的生育观念普遍落后，偏远农村地区一个家庭至少有四个孩子。走在宁南县城的街道上，印象最深的就是这里的小孩好多啊。带孩子的人手里拉一个，背上背一个，有的甚至肚子里还有一个。

宁南的小孩多，但是特别懂事。宁南小孩的懂事不仅仅体现在他们在公交车上给人让座，我还经常见到帮父母做生意的小孩，在路边一边等公交车一边看书的小孩，幼儿园门口穿着校服来接小孩子的大小孩。这里是县城，小孩的生活、学习条件相对来说还好一些。听州领导说，有些山里的小孩上学特别艰难，有的村里没有小学，小孩子要起很早，走很远的山路来上学。尽管如此，他们依然有着纯真的眼神、灿烂的笑容。他们理应接受最好的教育，他们为此而努力，我们每一个人也都要为此而努力。

　　短短一学期的支教生涯真是有苦又有累。刚到宁南时，我因为身体较弱，适应不了南方的潮湿气候，浑身起了奇痒难耐的疙瘩，服药、抹药都不管用，唯有抓破才可以缓解痒的感觉。入冬之后，宁南早晚温差大，我又经历了几次严重感冒，有一段时间晚上还剧烈咳嗽。在宁南的每一天几乎都要吃药。但是，我没有因为生病耽误一节课，甚至在病中为同事代课。通过这次支教，我深深爱上了支教。这是我第一次支教，但这不会是最后一次，如果国家、教育部、广东基地或学校需要我再次支教，我一定会义不容辞地再次踏上征程。

　　在支教过程中，我深深感受到了付出的快乐。我相信一个志愿者只是小小的一把泥土，虽然一个支教者的作用有限，但是把千千万万的泥土汇集在一起，就能在这片古老的土地上培育出希望的小苗，开出美丽的花朵，收获金秋的果实。宁南的明天一定会更加美丽，凉山的未来一定会更加辉煌！

　　支教归来，我更加热爱我的教育事业！

# 疾风知劲草

宁夏银川市第六中学 秦 莹

2019年9月1日,按照"不忘初心、牢记使命"主题教育活动统一部署,为充分发挥教育部卓越校长领航及所在学校的师资优势,依托名校长培养基地和领航项目学校,325名支教教师以结对帮扶的方式,为凉山州学校补充一批教育教学和学校管理骨干,示范带动凉山州教师专业素质的提升,以实现全民族的共同繁荣,完成好打赢脱贫攻坚战的决策部署。

我和其他23名帮扶老师于9月3日到达了四川凉山州宁南县各自的支教学校。下午,学校派车把我们送到了我们住的地方。打开屋子,一股霉味、烟味扑面而来。洗衣机散发着霉味,到处都是霉点。厨房没有锅灶,只有几只蟑螂在惊慌地逃窜。卫生间又破又旧,臭气烘烘的,里面悬挂着一个好像是20世纪80年代才有的拖把。沙发又小又旧,坐下去,整个人就陷进去了。屋内光线昏暗,虽然是下午4点,但是不开灯就什么都看不清楚,因为外面的两棵树挡住了大部分的阳光,房间采光很差。打开灯,却发现没有一个灯是好的,都无精打采,勉强照着亮。有三个窗户但都没有窗纱,窗户就那样打开着,任由各种蚊虫爬进爬出。水龙头一直在漏水,我们打开洗了个手就漏了半地水。放下行李,我和王老师就开始大扫除,因为这个屋子以前是三个男老师住的,门和门框上都有很厚的烟油,我们找来抹布,撸起袖子就打扫开了。经过三小时的大扫除,房间的打扫才基本完成。我们汗流浃背,本来想冲个澡,结果发现,洗澡的花洒也坏了,还好我做了充分的准备,带了一个小花洒。看到其他老师在群里晒的照片,有的学校不但配齐了冰箱、空调、洗衣机,租的房子看起来也很干净明亮,还给老师买了日用品,我们不禁心生羡慕。因为来的时候我已经做好了要吃苦的心理准备,所以也就不觉得有什么。安顿下来,铺好了床,我们又出去买了很多日用品,还好超市的工作人员都负责送到家。因为白天的劳顿,我很快睡着了。

谁知第二天早晨起来嗓子很不舒服,我去医院看病,大夫给开了些药,吃药后也未见好转。9月5日开始正式上课,我的嗓子越发难受。因为吃医院开的药也不起什么作用,所以我就在药店买了各种药,都是当时吃完会起些作用,但是第二天又会更严重。就这样过了好几天,我的嗓子肿了,腮帮子也肿了,尤其是周二晚上连上三节课后,我几乎要失声了,从腮帮子到脖子肿一大片。没办法,只好晚上9点再去这里唯一的一所医院,从外科转到五官科,最后我被推到了传染科。传染科的大夫怀疑我是腮腺炎,让我立刻住院输液,因为害怕病情耽误了会转成胰腺炎,我不敢耽搁,立刻办理了住院手续,等输上液体的时候已经11点了。我睡意沉沉,头昏脑涨,幸好一个工作室的任金涛老师一直守着我,让我安心睡觉,他帮我看着液体,我实在是困极了,就睡着了。半夜3点半的时候,液体终于输完了,这时任老师才离开,我也继续睡了过去。第二天早晨大夫来查房,他们竟然不会说普通话,让我把腿弯起来,我只听到了"晚期"两个字,还以为自己得了什么治不了的病,吓了一大跳,后来他们找了一个会说普通话的大夫来和我沟通。当时正好学校也放中秋节的假了,我就安心在医院治疗。在医院治疗期间,因为大夫叮嘱不能吃辛辣的食物,所以王老师天天给我做病号饭送来医院。输液基本要从早晨10点一直输到下午5点,我一整天都要躺在床上,不过晚上可以回去睡,但是我只要回去睡,第二天病情就会加重。有一次我低头捡东西的时候,忽然闻到我的床垫子散发出一种刺鼻的味道,难道让我生病的罪魁祸首就是这个床垫子吗?上网搜了一下,原来我是甲醛中毒了,我赶快和王老师一起把这个床垫子挪到别的地方,又清洗了所有的床上用品。果然第二天经过治疗后,病情没有再加重。中秋节就这样过去了,其他老师都出去玩了,我和王老师参加了"医院四日游"。

　　假期结束了,可是我还没有办出院。学校本来打电话说让我请一天假,他们可以找人帮我代课,但是我想着只有一个早读,一节课上完回来也不影响输液,所以我就坚持去上课了。上完课以后,我又把听写本都带回来,一边输液一边批改,这一幕被王老师拍了下来。我之所以要坚持上课,主要还是觉得不好意思,这里的老师都很辛苦,一个语数英老师带两个班的课,每周要上30节课,或者带一个班的课,还要当班主任,班主任要从早晨6点半从跟操、跟早读到晚上查寝,一直要跟一天到晚上11点半学生睡觉,自己才能休息,我怎么好意思再让别人给我上课呢?

　　办理出院手续的时候才发现,我们的医保在这里根本用不了,需要在来之前在银川的社保局备案才可以用,但是我们并不知道,所以没有报备。而我又没有买任何的商业保险,住院的2700元只能自己承担。我这次住院,也给本次活动的组织者提了个醒,就是遇到这种情况该怎么办。后来,凉山州教育和体育局给所有的支教老师都购买了保险,这2700块钱也顺利地全额报销了。

　　中秋节后上班的星期二下午,他们的教研组开会,邀请我参加,还让我准备发言。我想着刚来,也不了解情况,就简单介绍一下银川这边的教研情况。结果我刚说我们的评课标准第一条就是一节好课,一个老师不能从头讲到尾,老师讲的时间不能超过20分钟……话音未落,一个30多岁的女教务处主任立刻非常不满意地说:"我觉得那样上课最没意思了,一节课看着热闹,上完课学生什么也不会，我们还是要踏踏实实地去给学生讲知识点，我也是英语老师，我们要托起凉山每个贫困家庭的希望，我们只看升学率。"校长和副校长看着我什么也没说，还赞许地看了她一眼。我没想到会这样，但是也不好妄议人家的情况，因为确实太特殊了。不过后来通过我的公开课、讲座、成绩，以及平常工作中的相处，这个女主任发自内心地对我说："我特别喜欢听你讲话，我认为我自己就是一个很有办法的人，可是没想到和你比起来，我还是有很多欠缺，你有很多能让我学习的东西，真希望你们能在这里多待一些时间。"

在上了一个星期的课之后，我深深地感觉到了这里的学生和我们那里的学生确实非常不一样。他们对老师的态度都很敌视，眼里充满了怀疑和叛逆。我第一天去上课的时候，学生看我的眼神就是很敌视的，我提的问题他们也不回答，让张口读书也不读，让看书也不看。看到这种情况，我先给他们讲了点别的，聊一聊外面的世界是怎么样的，外面的孩子是怎么样的，还给他们讲了几个笑话，学生们觉得很有趣，都开始笑了起来，课堂轻松多了。在后面上课的过程中，我发现他们对课堂纪律基本上没有什么概念，想吃就吃，想喝就喝，想下座位就下座位，想说话就说话。不管我说什么，总有人在下面接话，而且他们说话的时候都说的是彝族语，我根本听不懂，反正他们说完就在那里哄笑。不过我也好歹是做了十几年班主任的人，"对付"他们还是有办法的，经过不断的摸索尝试，终于取得了学生们的信任。有一整节课，我只教了两句话，但是全班学生都知道，如果不张嘴说英语是不能下课的。在取得学生的信任之后，我就慢慢地引导他们遵守课堂纪律。我又通过放映图片，动手做教具，增加上课的趣味性，慢慢地把学生都吸引到课堂上来。学生们的学习热情不断高涨，对学习英语的兴趣也越来越浓厚，学生们上英语课的时候非常快乐，都很踊跃，做对话、表演对话都很积极热情！他们对我的感情也越来越深，我也越来越喜欢他们了。

为了能和学生们更好地交流，我买了64个笔记本发给他们，让他们把想对我说的话写在本子上面。刚开始很多学生都交空本子，我也不介意，在本子里写上鼓励他们的话发给他们，渐渐地，学生们越来越信任我，开始把自己的心情、烦恼、对生活的疑惑、青春期的迷茫都说给我听，我也耐心地一一回复。

我们来了以后，校长说一日三餐可以在食堂免费吃，老师有单独的食堂，就餐环境还是不错的。但是毕竟是从北方到了南方，在饮食方面有诸多的不习惯，只能自己慢慢地调整适应。

整个县城建在半山坡上，所以走哪儿都是上下坡。来之前还想着可以扫个共享单车骑骑，后来发现这里根本没有共享单车，就算有也没法骑，因为坡度太大。这里的人基本都是以摩托车作为交通工具。每天上下坡，刚来的时候我每天只走了半截，就要歇一歇，每次站到班里讲台的时候都满头大汗。现在总算是适应了,但是非常费鞋,来了以后都已经穿坏三双鞋了。如果想去其他地方,需要先从宁南坐大巴车到西昌,沿途都是山路,120千米要走4小时,特别慢。后来,我们找到了当地人去西昌的办法,除了坐班车,还可以拼出租车,一个人70块钱到西昌,非常方便。

我没课的时候会去听其他老师的课,听了大概有十几个老师的课,基本上都是传统的教学方式,老师从头讲到尾,所以听课记录学生活动那一栏基本上没有什么可写的,就是老师领读,学生跟读,学生再没有任何其他活动;而且老师们都很强势,在讲公开课的时候也会训斥学生。因为学生的参与度低,所以课堂效率也比较低。老师虽然很辛苦地上课,但是成绩不理想,学生没有从"要我学"变成"我要学",老师也没有发挥学生的主观能动性,一切学习活动都是在老师的压制下完成的。老师和学生都体会不到上课的乐趣,整节课死气沉沉,老师面无表情。而且一个学生一天只有两节自习课,根本没有自主学习的时间。宿舍里没有桌子,也没有自主学习的场所。老师大部分看起来都很憔悴、疲惫。听完了课,组织评课时问他们的英语教研组长按什么标准来评课。她说不知道什么课程标准,都是按照自己的感觉,觉得怎么好就怎么说。

针对这样的情况,我上了三节公开课,是按照国家的关于核心素养的课程标准上的,其中一节是在10月17日下午第二节课,在我所任教的初一(13)班上的。他们这边的班级分三个档次,最好的是网班,第二层次都是重点班,剩下的班级就是普通班,我这个班是普通班。在上课之前,我认真地反复推敲所有的细节和流程。这一节课讲的是七年级"Unit 2  My sister!",主要是让学生学会家庭成员的名称,并辨认家庭成员。课前我设计了一个热身活动,以一首歌开始课程,然后让四大组学生表演了我们学过的不同的对话,每个人都表演了,而且落落大方,声音洪亮。当时很多老师都惊呆了,因为他们一直都在说民族中学的彝族学生非常差,小学没有学过英语,是不可能讲英语的,所以他们对学生也不提要求,但是看到我们全班的学生都可以讲英语时,他们都非常吃惊。接下来我就复习了上一节课的内容,又引入了新的内容,分别让学生表演,后来又做了听力练习。最后就是这节课的第一个亮点:我自己动手做了很多教具,做了皱纹、白胡子、白眉毛,让学生装扮爷爷和奶奶,做了领带让学生扮演爸爸和叔叔,又拿了自己的两条围巾让学生扮演妈妈和阿姨。然后大家分别上台做自我介绍,再由家庭成员逐个介绍,通过这样有效地创设了学习情境。学生们都很兴奋,积极主动地参与,有一个学生上台表演爷爷的时候还拄了一根棍子,然后还弯腰咳嗽并自己捶背,样子非常形象,学生们都笑得非常开心。因为时间有限,只有两个组上台表演,表演的学生一共有18个。其实还有很多学生可以表演,但是时间有限,所以就没有继续进行。表演完这个对话,留了作业(作业是画自己的家谱),我又推出了本节课的第二个亮点:给他们看了公益短片《爱的礼物》,很多学生都看哭了,后面的老师也看哭了，因为这边的学生亲子关系普遍比较淡漠，没有从小在父母怀里撒娇的记忆，所以对什么都很冷漠。通过这种方式又把情感教育融入日常教学中，这样能很好地激发他们对家庭的热爱。下课后，学生们久久不愿离去，一直围着我，好像是想说什么，又不知道说什么，就一直在帮我收拾东西。第二天交作业时，学生们都非常用心。

接着，我又用2019年银川六中的青师赛的课程打分标准来评价我的课，等我把课程打分标准展示出来的时候，老师们的嘴张得很大，他们没有想到现在已经这样来评课了：满分100分，其中老师授课只占12分，其余的88分全都是考核学生的活动情况，是根据老师把学生调动的情况如何来打分。这三节公开课在老师中引起了很大的反响，大家褒贬不一，有的人很喜欢这样的课堂模式，有的人却不以为然，觉得也没有什么了不起的，不过能有这样的思考，对老师们来说就是很大的进步。我又举办了一次"打造快乐课堂，提升课堂效率"的主题讲座，这个讲座主要是针对老师的，不是让学生上课有多快乐，而是让老师如何才能快乐地教学。听完讲座后老师们和我进行了很多交流，认为这个讲座启迪了他们的思想，让他们感觉心情更加轻松，以后能让自己更加愉快地投入到工作中去。我想这次公开课和讲座也会引起老师们对课程标准、核心素养的思考吧！

所有的报告上都说凉山非常缺老师，就拿民族中学来说，一共有42个教学班，有31位英语老师，从配置上看，教师是不缺的，如果每个老师都能按照《中华人民共和国教师法》上面的规定每周上12到14节课，就算是担任班主任也是够用的。但是，学校让老师上的课太多了，如果一个老师每周上30节课，还要当班主任，那他就是从早忙到晚也干不完工作。这边都是主课老师带一个班的课，然后再任一个班的班主任，这当然就需要更多的老师了。因为工作量太大，而收入又没有增加，所以这边的师资流失非常严重，造成了青黄不接的情况。这两天他们在评职称，因为他们这边有规定，一级教师到50岁就可以退休，有两位老师，其实评高级的条件都够了，但是为了能早点退休，他们都放弃了评高级的机会，让人看着真是很心酸呀。老师们确实是太辛苦了。记得有位初三老师讲了一节公开课，居然讲的是试卷评讲课，自己讲了一节课的知识点，还讲偏了，讲了不考的内容，证明她对课标是完全不清楚的。在她讲课的时候，很多学生在打瞌睡，还有一部分学生在说话，后面的老师也都在说话。从这些情况来看，他们的课堂效率是很低的，只有提高课堂效率，才能把老师从繁重的、低效率的、高强度的教学工作中解放出来。10月13日，教育部领导来宁南开了支教教师座谈会，我把我看到的、想到的都说了，培训部的负责人李方握着我的手激动地说："谢谢你，你是一个好老师，谢谢你能说真话！"我说的话好像也起了一些作用，因为我看到在后来宁南县招聘老师的告示中，有招聘职业学校幼儿教育和汽车维修方面的老师的信息。我在培训会上的发言得到了大家热烈的掌声，很多人都对我竖起了大拇指，我知道在别人看来可能是我太傻了，为什么要说真话？其实大家都看出来了，可是他们没有说出来。但是我作为一个教育工作者，要有自己的社会责任感和历史使命感，别人要怎样做，是别人的事，我只做我该做的事。如果做什么都畏首畏尾，怕得罪领导，只想着自己的利益，那这场脱贫攻坚战什么时候才能打赢呢？再说，我从来没觉得说真话就是傻的表现，每个人看到的角度不一样，我不是一个精致的利己主义者，所以我做不到别人说的那种精明世故和圆滑。每当这个时候，我总会想起"我以我血荐轩辕"的鲁迅。

教育部的领导走了以后，我们又开了一个宁南教师座谈会，由谈心博士主持，每个教师都要发言。大家的情绪都很低落，觉得来到这里，完全和自己想的不一样，而且有劲儿也使不上。从上到下落后的观念，让他们觉得无所适从，我们所碰到的所有困难，他们也都碰到了。我想这个时候需要给大家一点正能量，激励一下大家。轮到我发言时，我就说："我在这里很开心，很快乐，大家不用再抱怨什么，这是一场全国的战役，是对我们全民奔小康非常重要的一场战役，若干年后，大家想想自己还参加了这场战役，那该是多么光荣和自豪的事情。关于工作，大家不必有任何的压力，你们尽量去做就好了。如果可以，请做一条大河；如果你做不了一条大河，请做一条小溪；如果你也不能做一条小溪，那就做一朵浪花吧；如果你也不能做一朵浪花，那就做一滴水吧！不管你做什么，你在这里，你就会对这个地方产生影响。"我的发言又获得了支教团队教师们的热烈掌声，大家都纷纷表示要学习我积极乐观的精神。事实证明，当时的支教老师需要这样一个声音。对我来说，抱怨和消极从来就不能解决任何问题，是没有用处的，我在上初三的时候就写了自己的座右铭："聪明的人应该永远积极向上，不做无用的傻事！"这么多年来，我也一直都是这么做的。有的人通过调整自己去适应环境，而有的人则会通过改变环境去适应自己，但是只有后一种人才能推动社会前进，我希望自己是这样的人。

月考成绩出来了，我们班的平均分是72.6分，在全年级八个平行班中排第三，第一名平均分77分，第二名75分，最后一名60分。我带的这个班及格率是84%，是全年级最高的。期中考试，我们班的平均分排名第二，及格率是第一，还有一个最高分在全年级排第六。期末考试，我们班的成绩平均排第一，及格率第一，最高分在全年级排第六。我们这个普通班能有一个学生在全年级排第六，是非常不容易的。

在这里的生活很艰苦，除了要克服饮食、生活习惯、身体健康、气候等方面的困难，对家无边的思念会随着时间的推移越来越难熬，还有"独在异乡为异客"的各种孤独寂寞冷。但日子总要一天天地过去，看着这些在图书馆里如饥似渴地阅读书籍的孩子们，我们还有什么可抱怨的呢？希望自己能在这有限的一学期时间内更多地去影响周围的老师和学生，让他们更多地了解外面的生活，为打赢这场脱贫攻坚战贡献自己的一份力量。

当然，这次的大凉山支教之行带给我的不仅仅是这些，在节假日工作之余，我还游览了美丽的泸沽湖、幽静的贵州小七孔以及西昌螺髻山九十九里温泉。我理想中的生活就是这样，总能遇到不同的人、不同的事，看到不同的风景，多体验、多探索，不管遇到什么，都会让生命变得更厚实、更温润，而我们自己也在这种厚实中慢慢地成长。

这次大凉山之行还认识了很多好朋友，有民族中学的老师，也有在宁南一起战斗的战友，他们的善良、友好给了我莫大的鼓励和感动。离别时的聚会更是依依不舍！

只争朝夕，不负韶华，待疫情结束，春暖花开，让我们一起相约在大凉山，共同让大凉山的孩子们快乐地在知识的海洋中徜徉，在索玛花丛中遇见更好的自己。

## 相互成就　彼此温暖

宁夏银川市第十六中学　王晓霞

2019年8月31日，记忆犹新的一天，我来到了美丽的邛海边，开始了梦想中的支教生活。9月1日，首批325名来自全国各地的老师，聚集在西昌市邛海宾馆的会议厅内，举行首批凉山支教教师研修班开班仪式及集体培训，了解凉山当地的教育情况以及风俗习惯。凉山是我国深度贫困的三区三州之一，是脱贫攻坚的难中之难，教育扶贫对这里有着特殊的意义。我也暗下决心，一定要为凉山的教育事业尽一己之力。

培训两天后，我们就要去到自己所在的县城，正式开始支教生活。离开美丽的西昌市，离开梦幻般的邛海，一路颠簸，一路险峻。经过将近三小时的车程后，我到达了我所在的支教县城——宁南县，这是一个让我惊喜的县城，颠覆了我以前听来的关于凉山州脏乱差的传闻。进入县城时眼前一亮，道路虽不宽阔但干净整洁，高楼虽少但井然有序，街道上的行人虽然不多但都精神抖擞。整座县城四面环山，青山绿水，空气清新，是一座美丽的西南小城，在这样的环境中一定能够安心工作。

我被分到了宁南县民族初级中学，学校领导已经为我们租好了居住的地方，是一座老小区的居民楼，小区虽然老旧，但小区治安有序，小区居民热情、有礼貌。居室内学校领导为我们配备了基本的生活必需品，网络也已开通，周末我们可以自己做饭，也能利用网络备课工作，生活比较便利。简单地收拾好行李，休息了一夜之后，我便迫不及待地来到了学校。清晨的民中校园，沐浴在阳光之中，温暖而美好，真的是党的光辉照耀着神州大地的每一寸土地。民中校园内三幢教学楼、一幢行政楼、两幢宿舍楼拔地而起。宽敞明亮的室内篮球场、卫生整洁的学生食堂、标准的操场跑道、碧波盈盈的游泳池，一切都很难跟深度贫困地区联系起来，不由得让人感叹祖国的强大以及党和国家对少数民族地区的扶持与关怀。

宁南县民族初级中学的在校学生大部分为彝族，有一小部分为其他民族，这些学生来自全县的各个乡镇。因为凉山地区山大沟深的特殊地理环境，大部分学生一学期都回不了一次家，家长也出于各种原因较少来学校看望孩子，即使孩子生病或遇到其他困难，家长都很难在第一时间赶到孩子身边，因此，学校老师就担负起了照顾学生们生活和学习的重任。班主任老师更是辛苦，从早晨7点跑操开始就陪在学生身边，一直到晚上11点学生熄灯就寝后才披星戴月地回家。因为是封闭式住校管理，课程安排是每天有12节课，晚上最后一节课结束已是10点10分，晚上安排的看似是自习课，其实都是老师们在上正课。因为周末大多数孩子不能回家，所以当我们大城市的老师在享受周末双休日的时候，这里的老师周六的早晨、周日的晚上还在呕心沥血地上课，老师们也从来没有叫苦叫累，每节课都兢兢业业。因为师资力量的缺乏，老师们的课时量严重超标，尤其是主科老师们的课时量。主科老师一般都是双班教学，一个班一周12节课，两个班就是24节课，语文和英语老师如果加上早读的话一周就是30节课，超量工作，十分辛苦！宁南县成为凉山州的教育强县，真的是全体教师苦干、实干干出来的，是这些老师数十年如一日的坚守和拼搏奋斗出来的，在这里扎根工作的每一位教师都是值得我去学习和敬佩的，向这些老师致敬！

在学校领导的关怀和同事们的热情帮助之下，我很快进入了工作状态，我带七年级4个班的道德与法治课，每周12节课时量，外加2节自习课，同时承担青年教师的培养和小组教研任务。直到今天，我第一次走进民中课堂时的情景仍历历在目，难以忘怀。民中教研室的陈江主任带我来到班里，简单地向学生介绍了我，当学生们用热情的目光和热烈的掌声真诚地欢迎我时，我从心底爱上了这些纯朴的孩子们，也决心要以我的热情与真诚去回报他们，尽可能地走进他们的心里，打开他们的视野。正式上了一节课后，很多的不适应迎面而来，虽然之前预设过很多课堂情景，但真正开始上课，面临的困难还是让我非常苦恼。课堂上孩子们几乎没有举手发言的习惯，面对老师提出的问题都是乱哄哄地喊成一团，看似很热闹，但当要求单独站起来回答时，没有一个学生愿意回答，被迫起来回答的学生也是低着头，问什么都不说话，让他们坐下时，他们就又开始抢着回答。在他们讲得并不标准而我又听起来十分吃力的普通话中，也能听到正确的答案，但更多的是我根本听不懂的本地方言。这是我遇到的第一个棘手的问题，学生不能积极主动地回答问题。后期我在旁听其他老师上课的过程中发现，课堂上都是老师在讲，很少有学生参与进来，即使有师生互动的环节，也几乎没有什么效果，学生们已经习惯听课，做笔记，不知道如何参与到课堂讨论与互动的环节中去。另外，普通话不标准也是影响学生回答问题的一个因素。为了解决这个问题，为了鼓励学生在课堂上能够积极、主动、有序地配合老师，我买了很多的小礼品（糖、笔、尺子、笔记本等）作为奖励。刚开始只要能够站起来回答问题的都予以小小的奖励，到后来必须经过思考并能说出理由的再给予奖励。经过一个月的训练和鼓励，我所带4个班的学生在课堂上已经能够很好地跟我互动，来听我课的老师也感受到了学生的变化，学生愿意思考了，可以主动举手回答问题了，同时师生关系也更加密切了。随着课程教学的深入，问题又出现了。道德与法治课，是与生活实践紧密相连的一门课，是一门与学生的实际学习、生活具有密切联系的学科,同时也是以学生的生活为基础、以引导和促进学生形成良好的思想道德品质为目标的一门学科。但在教学过程中,因为凉山州的封闭式教学管理,学生从四年级就开始住校,早早离开家庭,加上父母的粗暴教育,孩子们对家庭温暖的感受不深,与家人之间很少有沟通,更多的是被动地接受家人的安排,或感受到的是家人的冷漠。因此在讲到家庭关系时,学生们很难感同身受,课本上的例子对他们来说过于遥远。于是,我从他们身上挖掘例子,引导他们感受不同的家庭对爱的不同的表达方式,引导他们感受爱、体会爱,引导他学会表达爱。在彝族年放假时,我布置了一项作业"勇敢说出我的爱",让他们放假期间回到家里,主动向父母表达感恩之情,主动帮助父母做家务,用实际行动融入家庭中,做到和谐幸福家庭"我"出力。除此之外,当大城市的孩子们已经对网络没有什么新鲜感时,这里的孩子却对网络十分渴望,这种渴望包含好奇、新奇与自由。学校为了便于管理不允许学生带手机,学生长期住校也难以接触到网络,这样虽然减少了网络带给学生的负面影响,但同时也深深制约了学生的发展。他们对国内国际发展形势的了解几乎为零,课堂教学无法让学生与实际生活相联系,导致学生学习兴趣普遍较低。所以,我希望学校也能重视这个问题,能在学校安排课时让学生在绿色网络环境下浏览网上信息,了解世界,开阔视野。同时,能坚持让学生在每天晚上七点到七点半的时间段内收看《新闻联播》了解时事动态。

  学校里刚毕业的年轻教师经常会来到我的课堂上听课,我也会去他们的课堂听课,大家互相学习,取长补短。为了青年教师的快速成长,学校召开师徒结队大会,制定师徒结队方案,意在让我们在有限的支教时间里,能把更多宝贵的教学经验留给这些刚刚走上教师岗位的青年教师们,为学校培养更多能留得住的人才。我的两位年轻的徒弟都是本科毕业一年的专业人才,她们在课堂上朝气蓬勃,活力四射,激情满满,是非常优秀的年轻教师,但是往往因为经验不足,在讲课的过程中,只注重自己的讲,而忽略了学生的学。于是,我们一起探讨如何让学生主动地参与到课堂学习中来。两位年轻教师都是本地人才,更加了解当地学生的学情,同时结合她们当学生时的经验,通过摸索找出更适合当地学生的学习方法,提高学生课堂参与度,提高学生课堂主动思考和质疑的能力,取得了不错的效果。

  虽然我没有担任班主任工作,但在课下,我会主动去关心学生,因为我在平时上课的时候,从学生的眼神里看得出他们渴望靠近我,希望了解我,也希望通过我了解凉山州以外的世界。我会在课下的时候找他们聊天,主动走进他们的世界,跟他们学习彝族语言,教他们说普通话,给他们讲我和我儿子之间的亲子故事。在与他们嬉笑聊天的过程中,我更加了解了他们,他们也更加地接纳了我。周末有学生主动来我的宿舍,跟我一起做饭吃。我了解到这个孩子从四年级开始就一个人生活在县城的家里,父母外出去浙江打工,平日周末或放假,她也只能给父母打电话报个平安,忙碌的父母有时甚至没有时间听完她的电话,她觉得自己非常孤独。看到这个才13岁的小女孩,我一阵阵心疼,也明白了为什么在学校里她总是沉默寡言,看上去有些忧郁。在她的成长过程中,家庭教育的缺失,父爱母爱的缺席可能会给她带来一辈子的遗憾。跟她情况类似的孩子还有很多,家长外出打工,孩子就托付给学校和老师。天气突然变冷的那几天里,我发现很多孩子还穿着单薄的衣衫,就是因为父母外出打工,家中无人能给他们送来衣物,感冒发烧也只能是班主任带去医院。最冷的那段时间,我去女生宿舍看了看,宿舍内物品摆放整齐有序,被褥干净卫生,让我为这些十三四岁的孩子叫好,表扬她们生活自理能力太棒了;但是,也有好多孩子的被褥还是单薄的,就是因为家里没人给她们送厚被褥,她们只能等到放月假的时候回家去拿。跟这些孩子比起来,我的孩子,还有很多在父母的庇护下成长的孩子是多么的幸福啊!我一定要把这些孩子的故事讲给我的孩子、我的学生听!

从小在西北长大的我在西南的这座县城里让自己的人生有了不一样的经历:突然就出现在床头的蝎子,从窗户缝里爬进来的小蜥蜴,还有时不时就出现在眼前的比北方天牛还大的蟑螂……但这些小小的生活困难与我在这里的收获相比不值得一提。

这一学期里的支教也在不断促进我成长,这次支教让自己有了太多的收获。来自全国各地的优秀教师汇聚在一起,讲公开课、开讲座,在他们的课堂上我受益匪浅,收获颇丰。看到他们为凉山教育扶贫做出的贡献,我感到了自己的渺小和微弱,与他们相比,我做得太少,他们都是我学习的榜样,也是我今后工作道路上的引路人。很感谢这次支教,让我有幸认识了这么多的优秀教师。还有很多专家学者,为我们这些支教老师带来精彩的专业学习讲座,帮助提升我们的业务水平,也有心理学专家来为我们疏导心理压力,让我们更好、更安心地在凉山支教、生活。

学期末,学生们知道了我要离开的消息,课下总会有学生来找我,有偷偷塞给我苹果的,有给我折好的许愿星的,有给我留下他自己舍不得吃的糖果的,有给我留下情真意切的小纸条的,全班学生还送了我一条围巾。看着这些纯朴善良的孩子们,我总觉得自己为他们做得太少,他们给我的太多,太多的惊喜、太多的感动!在每个班的最后一节课上,孩子们都出奇的安静,我知道孩子们在用他们的方式表达对我的感情。下课时,他们整齐而又洪亮地喊出:"老师,再见!"泪水在我眼里打转,"同学们,再见!"你们将永远地留在我的记忆里,美好而又温暖!

感谢教育部教师工作司、教育部中小学名校长领航班广东省中小学校长培训中心、银川市西夏区教育局、银川王骋名校长工作室、银川市第十六中学,在这次支教中对我在工作、生活上的关心和支持,为我搭建平台,使我不断成长。

# 异乡耕耘报国情

宁夏固原市原州七中　任金涛

扛过一杆旗，不只是为了让它不倒，还要让它继续飘扬。

## 身未动　心已远

报名参加教育部凉山教育帮扶行动，前往过去从未涉足的四川省凉山彝族自治州。在我的人生经历中，凉山一直有着神秘的色彩；在网上查阅、浏览了大量的新闻纪实，才撩起了她神秘面纱的一角，脑海中渐渐有了些许轮廓。

工作闲暇之余，经常对在凉山的生活产生顾虑：从教三年，第一次担负起国家级的任务，担心自己会掉链子，辜负学校对自己的重托；作为土生土长的西北人，改变自己的生活、工作环境，担心不能尽快地适应新环境、熟悉新同事……校长也经常对我耳提面命，叮嘱我注意安全，安心工作。

怀着憧憬与担忧，踏上征程的日子也渐渐迫近……

## 身已至　心未静

飞机盘旋于群山之上，我却被窗外的壮丽山河吸引：绵延不绝的群山苍郁葱翠，洁白的云环绕在半山腰，高空俯瞰玉带状的金沙江蜿蜒向东；山势绵延不绝、一望无际是谓"大"，植被高大茂盛、苍郁葱翠是谓"凉"。这就是我对大凉山的初印象。

舱门打开，我满怀好奇地四处张望，像个贪婪的小孩，想把看到的一切都装进脑海里；走下阶梯，踏在异乡的土地上，感受到这片深沉的土地传来的强劲的互动。与四川省凉山彝族自治州教育体育和科学技术局接机的工作人员顺利接洽，开车的是一位壮实的汉子，感觉很酷的是，他的左耳佩戴着耳环。怀着小小的疑惑，与他们一行离开了青山机场。午餐的时候见到了王骋名校长工作室派出的骨干教师秦莹老师，碗筷间的谈笑风生，减轻了我心中的焦虑感。茶余饭后，工作人员也解开了我的疑惑：左耳戴耳环的男子是彝族同胞，彝族相信"万物有灵"，穿左耳洞，表示以后在死的时候能找到自己的祖先，死后依然能与祖先相聚。

前往报到地点的途中，眼睛浏览着路途的绿色，耳畔时不时传来同乘者的欢声笑语……

到达下榻的酒店，放置好行李，告别了凉山彝族自治州教育体育和科学技术局接机的工作人员，洗去旅途的疲惫，为避免开会时变成路痴，我开始去熟悉周边的街巷。所在的山海宾馆位于月色风情小镇，多么富有诗意的地名，与凉山州州府所在地西昌市的美称——月亮城相得益彰，市区的街道洁净井然，公交车会有双语报站，第一次听到彝语，感到很新鲜。在西昌开会培训期间，见到了广东省中小学校长培训中心的谈心博士，也算是找到了组织，有了归属感；听了很多教育界名人的讲座，受益匪浅；还与结对帮扶的宁南县教育局李局长和宁南县朝阳小学的校长进行了会谈交流。

结束培训的当天中午，天空下着微凉的雨滴，但同行的伙伴们依旧热情高涨：我们要去结对帮扶的宁南县啦！大巴车行驶在蜿蜒的县道，胸腔里的心脏跟随着大巴车的摇晃，怦怦地跳动着，难以抑制的激动溢于脸面。上山，下山，过了隧道，驶过金沙大桥，浓浓的山雾笼罩着这座神秘的小城，令人不得观其颜。晚上，县领导和教育局的领导代表招待我们用餐，一言一语表达他们的热烈欢迎之情。按捺不住激动的心情，晚上我与王骋名校长工作室的秦莹老师、王晓霞老师一同去实地考察各自支教的学校，隔着围栏，看到灯火通明的教室，我感到深深的压力。次日早晨，在当地的南丝路大厦进行教育部"凉山教育帮扶行动"教育专家赴宁南支教见面会，感受到宁南县对此次教育帮扶的重视。会议结束后，宁南县三峡白鹤滩学校校长和我握手致意，表达了欢迎之情。中午，黄兴高副校长、办公室主任龚友东主任、总务处主任鲁肃主任驱车送我去学校安排的宿舍。下午的时候，黄兴高校长打电话邀请我去学校用餐，鲁肃主任作为向导，介绍了学校的一草一木。在学校，我见到了主管领导教科室主任——徐先亮主任，得知我毕业于重庆的西南大学，他就用川普和我交流，让我感觉到这个学校开始接纳我了，尽管沟通过程有些磕磕绊绊。鲁主任还说学校食堂的饮食由他亲自把关，他是名副其实的学校大管家。同行时还遇到张德勋老师，他带着我游览金钟山。以上这些学校领导和老师在我后期的支教帮扶工作中无私地给予我经验指导，让我很快地适应了在异乡的工作生活。晚上，学校领导准备了当地特色小吃招待我们，并安排了我们接下来的工作：先进行为期两周的听课活动，熟悉当地的教育实际，第三周进行授课。

随着时间的推移，我慢慢地对三峡白鹤滩学校和宁南县的教育现状有了一定的了解。学校每日课程13节，教师工作量和工作强度都很大，学生也很辛苦：学习时间从早晨7:30到晚上10:15，中午一小时午休时间；晚上并不是学生进行自习，而是还要上3节晚课。高中的学生和教师更辛苦，每周只有星期天下午半天的休息时间，晚上要归校上课。刚开始我有些不适应，所教习的七年级道德与法治科目一周早上、下午和晚上都有分布；在与一起共事的同事的交流中，发现教师职业疾病严重，有的甚至有了癌变的迹象，这种现象在年龄大的女性教师中更普遍；教师待遇不高，工作付出与劳动报酬不匹配……

来到凉山州之前，我认为自己完全可以胜任支教帮扶工作，并且一直保持着这种自信；直到在西昌邛海宾馆会议厅听取了中国科学院心理研究所教授龙迪博士的主题培训"支教路上——困难与压力应对"，她以自己在汶川地震后进行灾后重建中对当地学生和教师进行心理疏导的经历为例，讲述如何转换自己的身份，如何更好地融入当地的重建生活中，在日常的生活中对受助者进行润物细无声的帮助，以便更好地完成心理疏导的任务，让他们可以尽快回归正常人的生活，重建家园。这让我对支教帮扶工作有了新的认识：支教帮扶中的双方存在施助者与受助者两个不对等身份，在社会学中，两个陌生的人，甚至两个陌生的群体，从隔阂到熟悉直至知心相交，是一件非常困难的事情，如履薄冰，一步都不容出现差错。

回顾一个学期的支教生活，我想圆满地完成支教帮扶任务，首先要做的就是尽快和当地一线教师打成一片，与他们同甘共苦，学校的日常工作与重大群体性工作，不能置身事外；在宁南县三峡白鹤滩学校支教的这段时间，我把自己的定位放在学校新聘教师这样的位置上，为人处世谦恭谨慎，待人接物有礼有节；和老师们一起上课、开会、吃饭。随着时间的磨合，他们也渐渐地接受了我这个外来者。

支教帮扶不是纸上谈兵，是十年树木，百年树人；支教帮扶不是照搬照用，是因地制宜，因材施教。

在与本校教师交流中，我才了解到，之前有很多的教育专家和学科带头人来学校进行支教，像我这样工作才满三年的青年教师是头一次见到。所以，学校的每一位教职工对我都很是关照，他们像大哥哥、大姐姐一样，让我感受到家的温暖，也让我对成为三峡人感到非常自豪。

## 身已归　心未回

来到凉山州宁南县三峡白鹤滩学校进行支教帮扶，我在工作空闲之余，经常反省思考自己为这个学校做了什么，还能做些什么。除了完成了一名一线教师应该做的教育教学工作，我深深地感觉到为这个学校付出的太少；倒是自己来到宁南县三峡白鹤滩学校，在与本校教师学习交流的过程中，成长了一大截。

在凉山州宁南县三峡白鹤滩学校支教帮扶的日子，每天都过得很充实：与可爱的孩子们教学相长；与坚守初心的川人教师、和雄鹰为伍的彝族同胞一起交流成长；与广东基地中小学校长培训中心的支教教师奋战于教育帮扶的一线，感到自己的人生价值和社会价值极大地得到了实现。非常感谢教育部教师工作司、广东基地中小学校长培训中心和学校给予我的宝贵的机会和充分的信任以及支持，使像我这样的青年教师在教育帮扶支教活动中得到了成长和锻炼；非常感恩在凉山州遇到的每个人、经历的每件事，所有的一切都让我成长。

# 宁南的足迹

山东省淄博市临淄区第一中学　崔美凤

为贯彻中共中央、国务院关于打赢脱贫攻坚战的决策部署，落实国务院关于加强对四川省凉山彝族自治州教育扶贫结对帮扶的指示精神，325 名来自五湖四海的支教老师们以名校长领航工作室为依托，以结对帮扶的方式，到对口帮扶学校担任教学、教研和管理工作，引领带动凉山州教师提升教育教学能力。彝海结盟叙新篇，帮扶彝乡献真情。我非常有幸能加入这一次支教的集体行动中来。

2019 年 8 月 30 日，经过整整一天的路程，我到达了四川省凉山州西昌青山机场。下了飞机，脚下已是远在千里之外的天府之国、巴蜀之地。我深深地感受到这片厚重的土地传来的不一样的气息。我暗暗下定决心，一定不能辜负教育部教师工作司、四川省凉山州人民政府、山东省教育厅及临行前临淄区教育局各位领导及我校孙正军校长对我的殷切希望与谆谆教诲。

2019 年 9 月 1 日上午七点半，来自全国各地的支教专家、培养基地成员、名校长在邛海宾馆邛海厅前合影留念，相机"咔嚓"一声，留下了珍贵的永恒记忆。一天半的紧张的会议，让全体成员感受到了党中央、国务院对凉山州教育脱贫的殷切期盼，让参会的全体人员对凉山州教育脱贫有了全新的国家战略性认识。9 月 2 日下午，325 名支教教师要奔赴各县，天上洒落绵绵细雨，似乎也在述说着不舍的情怀。教育部教师工作司黄伟副司长在雨中为大家送行，我们带着黄伟副司长的祝福在一辆辆大巴中奔赴各县。

满山花儿在等待，彝族人民在等待，学校孩子在等待。老师们，你们将要奔赴教育帮扶一线了。身体是革命的本钱，你们要干好工作，张弛有度，劳逸结合，保重身体。我们期待着你们建功立业，我们期待着你们胜利归来。

带着满满的祝福和殷殷的嘱托来到这里，目之所见，亲身体验，我对凉山也有了更丰富、更直观的认识和了解。

## 一、宁南的情

宁南县城坐落在县境中部黑水河东岸的披砂坝子上，是一个温暖的小城，很似老舍笔下的济南，不过宁南县城是一个更小的摇篮，而且四面环山，被包得严严实实，山的那边还是山。

秋天这里是雨的风姿和爱恋。

清晨醒来之后，听到窗外"啪嗒"一声响，一会儿"啪嗒"又一声响，那是什么？我感到非常惊异。拉开窗帘，打开窗，扑面而来的是凉爽湿润的空气，带着花草的清香。天色还没有大亮起来，远山在雾霭中朦朦胧胧，近处的草丛里是各种虫鸣，嗓音粗细不一，歌调高低不同，或长或短，或急或缓，热情奔放、不知疲倦地在欢庆生命。

在这样寂静又热闹的早晨，只见一大滴一大滴的雨珠分散地落下来。大颗大颗地砸在窗前白兰树宽大的绿叶子上，密密实实向下垂的叶子承受不住雨珠的重量，倾斜着，雨水洒落下来，流到地上的草丛里。白兰树顶端大些的叶子呢，刚长出来还带了些鹅黄，是娇嫩的浅绿色，被雨珠一撞，晃晃悠悠，我似乎能听到叶和雨的吵闹欢笑。白兰花羞羞地躲在绿叶间，不仔细看还发现不了呢，只有浓郁的幽香藏也藏不住，轻轻地飘过来。

只一会儿，大滴的雨就没有了，转而是绵绵的细雨来了。轻轻柔柔，飘飘洒洒，在天地间，在树木间，在花草间，在行人间。树木花草吸收了水分，显得特别饱满、特别青翠，尤其是路旁盛放的三角梅，那一片红艳艳的繁花在一片青葱之中显得那么明媚动人。

宁南的雨细腻、湿润、温柔，在缠缠绵绵的秋雨中，一个别样的中秋到来了。

昨天晚上，我谢过了金天敏和徐先亮主任的盛情邀请，与宁南县支教的广东基地的老师们齐聚一堂，共同品尝龚孝华教授、谈心博士和钟丝苓老师从广东快递过来的月饼。甜甜的月饼吃在嘴里，暖暖的情义留在心间。

餐桌上来自五湖四海的家人们共同举杯，共庆佳节，欢声笑语，其乐融融。倒也没感受到远离家乡"每逢佳节倍思亲"的凄苦之情。

餐后，于灏、原卫娜和刘群三位老师坚持要先送我回宾馆，内心是满满的感激之情！在静谧的夜里，蛐蛐们的交响曲响亮地奏着，伴着这奏乐，我们也在轻松地交谈着，虽认识不久，却恍惚间如多年的老友，也仿佛不是在异地而是在故乡。如果不是川话飘入耳中，不觉得是走在他乡的小路上。

偶一抬头，层层的云间是一轮如此华美的圆月！此时正值雨季，太阳和月亮都很羞涩。这是第一次见到明月，它是如此莹莹清华！"哇！月亮好圆好亮啊！"于老师说："明天晚上才圆呢，明天是中秋节！""噢，对呀！"忙乱得都忘记这佳节了！

回想中秋佳节，这该是第二次没有跟家人在一起度过吧。记得那时青春年少，刚刚到大学，那是新鲜的目光，是好奇的探索。中秋节就没有回家，和要好的同学，坐在校园里大树下的长椅上，赏着空中的明月，诉着年少的情怀，微风拂过，树影婆娑，那是天真烂漫的时光，那是悠然自得的惬意。

今天又值佳节！一早黄兴高校长、鲁肃主任就热情地邀请我和他们两家一块儿过节。我再次谢过他们的盛情邀请。趁着假期有空，收拾一下新家，拎着我的东西到宿舍。在校园里遇到了两位眼睛那么闪亮、笑容又那么羞涩的小姑娘。"小姑娘，可以给我帮忙吗？""好啊，老师！""太谢谢你们了！""你们是八年级的吧？"三峡白鹤滩学校里的学生，每个年级的校服不同，我认得这浅绿的颜色是八年级。"是的，老师。""你们是几班的呀？""我们是十班的学生，我叫包尔歪。""我叫黄绍翠。"边说边聊，到了宿舍。两位小姑娘又细心又勤快，帮我一块儿再次整理了卫生，铺好了床品。两个小姑娘和我一块忙碌着，我们交谈着，气氛融融，一块收拾好了我的新家，新家里是满满的温暖和爱！

这个佳节，我一点都没有感到孤独，而是好温暖也好喜悦！虽然对她俩已表达了多次的感谢，在这里请让我再次郑重地说一声：谢谢！

谢谢广东基地领导的牵挂，谢谢三峡白鹤滩学校领导的关怀，谢谢冰城哈尔滨老师们的热心肠，谢谢彝汉小朋友的无私相助，也谢谢教了这么善良、热心的小朋友的老师！

感激之情正盈满心间，"咚咚咚"响起了敲门声。

"崔老师，去吃晚饭了。今天晚上有排骨呢！"两个小姑娘竟然来喊我一起吃饭，真是我的两个小天使！

今年的中秋不一样！

第二天出去转转，宁南县三峡白鹤滩学校的旁边是金钟山。周末到山上赏景，刚进入景区，就看到三个男孩儿，每人手里一大杯奶茶，边喝边聊，脸上是稚嫩的笑容。穿着的校服上边，赫然印着三峡白鹤滩学校。

我跟他们打招呼："小朋友，你们是三峡白鹤滩学校的吗？"

"对呀对呀！"

"你是外地到这里来游玩的吗？"他们对我很好奇也很热情。

"呵呵，我是你们学校的老师呀！"

"啊，没见过你嘛。"

"我刚来的，我是从山东过来支教的。"我亲切地笑着说。

聊了几句就熟了起来。看得出来，他们很开心认识我。我们就一块边走边聊。

"周末了，你们不回家吗？"

一个男孩说，他家隔得很远，不回去，就住在姑姑家。

一个男孩说，他住在他哥哥租的房子里。他哥哥在一家卡拉OK上班，晚上上班，白天睡觉。这样他就可以晚上去他哥哥租的房子休息了。

最后，一个瘦瘦的男孩儿告诉我，他的家也离得很远。家里只有爷爷奶奶，爸爸妈妈都去外地打工了。我问："那他们多长时间回来一次呢？"男孩的表情变得凝重起来,眼睛也一下子就红了,泪水瞬间盈满了眼眶。他说:"我是一个留守儿童,我一年见我爸爸妈妈一次。"悲伤之情随着话语流淌出来。望着男孩眼眶里的泪水,看着男孩凄惶的神情,我不知该说些什么,我不知该如何安慰。

我人生第一次从一个孩子的嘴里听到"我是一个留守儿童";我第一次看到他们的眼睛瞬间浸满了泪水;我第一次感受到纯真的笑容里隐藏的悲伤,那瘦弱的肩膀上,有不该属于这个年龄的沉重。

留守儿童,之前从来没有出现在我的生活和生命体验中。偶尔会从电视中听到这个词,从没切身地感受过。我们那里有的是爸爸妈妈、爷爷奶奶、姥姥姥爷,围着一个小宝贝儿,含在嘴里怕化了,捧在手里怕摔了,无尽的爱都给了他。早上吃面条,中午吃水饺,晚上吃米饭,各种蔬菜蛋奶肉讲究色香味俱全,果汁、蔬菜汁换着花样儿地榨,生怕宝贝儿们营养跟不上。我之前也是这样忙碌又慈爱的一个妈妈。

呼吁关爱留守儿童,从今天起,不再离我遥远而有距离。我的孩子和我面前的孩子,我们的孩子和这里的孩子,同样都是孩子呀,我能为你做些什么呢?

亲爱的宝贝儿,我能为你做些什么?

可能我能做的就是给这些孩子们好好备课、上课吧。

## 二、宁南的足迹之《散步》公开课

王国维的《人间词话》讲人生有三重之境界,第一重境界是昨夜西风凋碧树,独上高楼,望尽天涯路;第二重境界是衣带渐宽终不悔,为伊消得人憔悴;第三重境界是众里寻他千百度,蓦然回首,那人却在灯火阑珊处。"众里寻他千百度",当我们拿到一篇文章来备课的时候,也应广泛地查阅各种资料,就像在千百人群之中去寻找难觅的芳容。找到这位"佳人",并仔细观看她的容颜,感受她的性格,了解她的精神世界。现就以《散步》为例,研备教材。

### (一)重视文体意识的培养

《义务教育课程标准案例式解读》中说:"何谓文体?文体就是文章的体裁,是文章作品在结构形式和语言表达上所呈现的具体样式或类别。作者撰文是为了准确地表情达意,总要选择恰当的文章样式,这样就形成了不同个性的文章体裁。"

教育专家周一贯认为:文体就是文章的基本类型,文体特点是许多篇同类型文章中概括出来的规律性,它对正确理解把握同类型文章具有指导性作用。新《语文课程标准》也分别对阅读教学的各种文体教学提出了标准,认为在语文课堂教学特别是阅读教学中要重视并强化文体意识。

《散步》是人民教育出版社的部编教材语文七年级上册第二单元的第二篇课文。回顾第一单元的文章，朱自清的《春》、老舍的《济南的冬天》，还有刘湛秋的《雨的四季》，都是写景抒情散文。写景抒情的散文是指作者带着强烈的主观感情去描写客观景物，把自身所要抒发的感情、表达的心情寄寓在此景此物中，通过描写此景此物表现作者的思想感受，抒发作者的感情的散文。它的特点是景生情，情生景，情景交融，浑然一体。语言准确、简练、形象、生动、音律优美，常常是诗一样的语言。

第二单元第一课史铁生的《秋天的怀念》，是一篇偏重于写人的叙事散文，第二篇《散步》是偏重于记事的叙事散文。散文是一种抒发作者真情实感、写作方式灵活的记叙类文学体裁，是四大文学体裁小说、诗歌、散文、戏剧之一。有关散文的概念，需要学生清楚明了。再具体到叙事散文也要和学生学习一下。叙事散文指以记人叙事为主，又洋溢着浓厚抒情气氛的散文，以对人和事物的具体叙述和描绘为其突出特色，同时表现作者的认识和感受。它侧重于从叙述人物和事件的发展变化过程中反映事物的本质，具有时间、地点、人物、事件等因素。它在表现手法上与小说相似，但不像小说那样用典型化的手法塑造人物形象。《散步》写于1985年，写了"我们"一家祖孙三代在初春的田野上散步时发生了分歧，后来融洽解决的故事，表现了一家人互敬互爱的亲情，颂扬了中华民族尊老爱幼的优良传统。总之，散文的特点、散文的分类、散文的鉴赏技法，也应该在教学过程中结合具体的文章慢慢地传授给学生，让学生有一个文体意识，那么学生在读了这篇文章之后，就会对文章有一个高层次的感受和理解。

### （二）重视文本细读能力的提升

语文教学实践中要强化文本意识，文本意识是语文教学过程中对语言文字等文本内容自觉关注的心理倾向。师生的一切感悟都应当从文本阅读开始，课堂上一定要加强阅读，深入细读，熟悉文本，了解文本，有自己独特的感受和领悟。教学活动也应一切从文本出发，这是衡量语文教学是否具有"语文味"的重要依据之一。只有立足文本，深入细读，才能领略到文本的结构美、语言美、感情美、文学美与主题美，以及它独特的个性美，才能更好地培养学生良好的阅读习惯与自主学习能力。

《散步》一文语言清新优美，意蕴深厚，耐人寻味，读起来朗朗上口。既要让学生默默地读，静静地感受文中作者对母亲的深情以及母亲对孙儿的柔情，也要让学生美美地朗读，在朗读中感受春天来了，万物复苏所展现的蓬勃的生命力，以及在这样的氛围中一家人散步的美好。

一件小事却如此吸引人，离不开语言的美。语言的美是本文要特别细细品读的一个重要部分。具体到语言美，一个是美在意境。"这南方的初春的田野!大块儿小块儿的新绿随意地铺着,有的浓,有的淡;树枝上的嫩芽儿也密了;田里的冬水也咕咕地起着水泡儿……这一切都使人想着一样东西——生命。"这一段景物描写语言精练、观察细致,既有远与近、点与面、动与静的观察,又有色彩、形态、声音,展现了春天的勃勃生机,从侧面衬托了一家人散步时祥和欢乐的气氛。"她的眼睛顺小路望过去:那里有金色的菜花、两行整齐的桑树,尽头一口水波粼粼的鱼塘。"小路、菜花、桑树、鱼塘,作者点明了走小路的原因,又充分展现了母亲对孙儿内心世界的理解,同时渲染了一种和谐美好的氛围。语言美,还美在对称。"有的浓,有的淡。""我和母亲走在前面,我的妻子和儿子走在后面。""前面也是妈妈和儿子,后面也是妈妈和儿子!""我的母亲要走大路,大路平顺;我的儿子要走小路,小路有意思。""我的母亲老了,她早已习惯听从她强壮的儿子;我的儿子还小,他还习惯听从他高大的父亲。""我蹲下来,背起了我的母亲,妻子也蹲下来,背起了我们的儿子。""我的母亲虽然高大,然而很瘦,自然不算重;儿子虽然很胖,毕竟幼小,自然也很轻。"这些语句中事物都是成双成对的,把两个方面集中在一起说,力求把句子写得整齐一点,就可以构成这样对称的句子。对称的句子有对称美,互相映衬,很有情趣。这些语句可以用多种方式读,最好能背诵积累下来,不但可以更好地深入理解文本,也能更好地提升个人的文学素养。

**(三)重视文本中写作技法的挖掘**

叶圣陶先生曾说:"教材无非是个例子,凭这个例子要使学生能够举一反三,练成阅读和作文的熟练技能;因此,教师就要朝着促使学生'反三'这个标的精要地'讲',务必启发学生的能动性,引导他们尽可能自己去探索。"由此可看出,阅读能力与写作能力是相辅相成的,因此,我们在语文教学中可以把对两者的训练结合在一起,共同提高。教材所选的都是些文质兼美的文章,老师在教学中要根据不同的文体特征,因材施教,正确把握阅读与写作的联系,做到阅读中有写作,写作中贯穿阅读,只有这样才能有效地提高学生的学习效率与质量。

《散步》一文,最大的特点就是采用了以小见大的写作方法。以小见大法,亦称小中见大法,或称"小题大做"法。即文章作品中,通过小题材、小事件和细节来揭示重大主题、反映深广内容的写作方法。以小见大法的特点就在于抓住一事一物、一情一景,从大处着眼、小处落笔,深入发掘,展开联想,为读者创造一个比现实生活更为广阔、更为深远的艺术境界。

面对一篇文章,在备课的时候,首先要有文体意识,从文体上去看文本的特点,再立足于文本展开初读、细读、精读,深入感悟作者的思想或情感,同时结合文本的写作技法训练学生的写作能力,让阅读和写作在课堂上更好地结合起来,相辅相成,共同提升。苏霍姆林斯基曾在书中写过,一位有30年教龄的历史老师上了一节公开课,课上得非常出色,听课的教师听得入了迷,竟连记录也忘记做了。课后,一位教师询问:"我想请教您,您花了多长时间来备这节课?不止一小时吧?"那位历史老师说:"对这节课,我准备了一辈子,而且,总的来说,对每一节课我都是用终生的时间来备课的。"如果每个人都用一辈子的时间去备一节课,那么又怎么会有不成功的课呢?

### 三、宁南的足迹之系列心理健康教育专题讲座采撷

来到宁南支教,我结合我的心理健康教育特长为白鹤滩学校师生先后做了多场心理健康专题讲座,如"赠人玫瑰,手留余香——浅谈寄宿制学校的宿舍人际关系""自信阳光,扬帆远航——学会进行多维度自我评价""目视远方,立足脚下——浅谈初中生人生职业思考和规划"以及"关注心理健康,提升生命质量""如何拥有一夜好眠"等。

### 四、宁南的爱

一个学期在忙碌中结束了,回首时光,宁南的爱让我难忘。

#### (一)难忘雷芳老师的桑叶茶

9月2日下午,在黄伟副司长和廖虎局长的欢送中,在绵绵细雨的不舍下,我们325名支教老师坐上大巴奔赴各县。这里的山路十八弯,弯弯环环,环环弯弯,历经两三个小时,来到了宁南县。晚餐时,见到了玻璃杯中那青绿澄亮汤汁的茶,茶水中是一片大的心形嫩叶,闻起来有一股特殊的、淡淡的清香,有些熟悉的感觉,却不知道是什么。

我好奇地寻问旁边的雷芳老师:"这是什么茶呢?"雷老师热情地介绍:"这是我们这里特有的桑叶茶!我们宁南县的蚕桑叶非常发达,也充分利用桑叶,我开发了这一款桑叶茶。你尝一尝,味道怎么样?"轻抿一口,幽幽的清香,绵绵的甘甜,鲜醇爽口,令人难忘!"嗯,非常好!"

看着杯中漂浮的嫩桑叶,我想起了我家小区的院子里不知谁插了一根桑枝,竟长成了一棵细细的小桑树,吃过这树上结的紫红的桑葚,软糯甘甜,味道是市场上所卖的无法比的。也了解到《本草纲目》中对桑叶的记载:"桑箕星之精神也,蝉食之称文章,人食之老翁为小童。"这桑叶又名"神仙草",日本人称桑叶茶为长寿茶。有"人参热补,桑叶清补"之美誉,富含人体17种氨基酸、粗蛋白、粗脂肪,是国家卫生部确认的"药食同源"植物,被国际食品卫生组织列入"人类21世纪十大保健食品之一",成为人类绿色新食品源。

"这个茶叶真不错啊!在哪里可以买到呢?""改天我给你带两包!""哎

呀，谢谢！你太客气了！"晚餐后互相道别。

一周后的一个下午，在食堂吃饭，看到雷芳老师笑盈盈地走来了，一见我，热情地说："我给你带了两包桑叶茶，你尝尝。"看到这大凉山的金桑碧玉，一股暖流涌入心中！刚刚来到一个陌生的地方，就感受到了如此的情谊，感谢美丽的雷芳老师！

### （二）难忘钟华瑶校长的鸡枞油

刚到学校时，钟校长亲切地和我交流饮食的情况，我说："我吃辣还可以的，这边的饭菜挺好吃！在我们那边比较喜欢吃面条、水饺。"钟校长一听，立马说："我们这里有一种鸡枞油，我母亲会做，每年有鸡枞菌的时候，她都亲自做一些。鸡枞菌用猪油加一些麻椒、花椒、辣椒，然后爆炒，特别鲜美！煮面条的时候放一点特别好吃！我很爱吃！改天我给你拿一桶，你尝尝！""哇！我口水都流出来了，太感谢了！"

我来到南方的时间虽然很短，但对鸡枞菌还是非常熟悉的。我对这菌子的熟悉，来自汪曾祺的《昆明的雨》："菌中之王是鸡枞，味道鲜浓，无可方比。鸡枞是名贵的山珍，但并不真的贵得惊人。一盘红烧鸡枞的价钱和一碗黄焖鸡不相上下，因为这东西在云南并不难得。有一个笑话：有人从昆明坐火车到呈贡，在车上看到地上有一棵鸡枞，他跳下去把鸡枞捡了，紧赶两步，还能爬上火车。这笑话用意在说明昆明到呈贡的火车之慢，但也说明鸡枞随处可见。"看到汪曾祺对这菌子的介绍，我一直忘不了这笑话中采菌人的机敏活泼、对这鸡枞的珍爱，还有这带着浓浓地方特色的生活之趣味，也一直向往着这难得的美味！古人赵翼曾说鸡枞："无骨乃有皮，无血乃有肉，鲜于锦雉膏，腴于锦雀腹。"这个形容一点也不夸张。鸡枞对生长的环境要求极高，保鲜时间极短，味道极其鲜美，所以现在是很难品尝到了。

忙忙碌碌地过了几天，金主任来到我办公室，带了一个金黄色的圆桶，高兴地说："这是我们钟校长送给你的，我们这里特别珍贵的鸡枞油！""哇！""我问钟校长'是不是送给我的'，钟校长说'你没有，这是送给客人的'。"金主任爽朗的个性、甜美的嗓音，还有这珍贵的鸡枞油，活跃了、幸福了我的办公室！"一定要放到冰箱里哦！""好好！感谢感谢！"心里是甜蜜的感觉。

此后，每当自己做清汤面的时候，就挖一勺鸡枞油放进去，瞬间油也有了，鸡枞菌也有了，红色的辣椒丝，褐绿色的小香叶，圆圆的小花椒、小麻椒都有了，清汤面瞬间丰富了起来，要是再有随便什么青菜的叶子，那就更妙了，红红绿绿，色香味俱全！面条吃起来，麻辣鲜香，一边吃一边心里就涌起了深深的感激之情。感谢热情的钟校长，感谢钟校长心灵手巧的母亲做出了如此美味的鸡枞油，温暖了、甜蜜了远方人的心！

### （三）难忘杜学萍老师载我去凯地里拉

10月份的傍晚6点多钟，天还亮得很，我站在学校门口等车。跟哈尔滨的两位老师约好了去凯地里拉看看，她们已经到了，我心里有些着急！这时，杜老师骑着摩托车从学校里出来，停下车，"崔老师，你要去哪里？""我去凯地里拉。""你有车吗？""没有呢。""这里很难叫车的，我送你过去吧！""好啊好啊，太好了！"我忙不迭地回应。

坐在杜老师的摩托车上，吹着南方柔和的风，看着路旁美丽的景，跟杜老师聊着天，不一会儿就到了。下车后，杜老师又细心地嘱咐我："等会儿，你要是叫不到车就给我打电话，我来接你。"等到了晚上9点多，我正在洗漱，准备休息，接到了杜老师的电话，"崔老师，你回来了吗？"这一刻啊，温暖溢上心间。感谢善良的杜老师！

感谢学校每一位领导和老师对我的关照和支持！难忘宁南的雨、宁南的太阳、宁南的风、宁南的雾、宁南的云、宁南的山、宁南的树、宁南的花、宁南的草、宁南的虫鸣鸟叫，更难忘宁南的人、宁南的情！

满怀感激与不舍，让我再看你一眼，也让我轻轻道一声：再见，宁南！

# 国之远方 教育为本

哈尔滨市第十七中学 于 灏

我们刚刚接到支教动员通知的时候,大家都以为要去的是一个背靠大山、面向金沙江,有着一位校长、几位老师、几十个学生、一面国旗的山区学校;没有手机信号,没有网络,没有电脑和必备的生活物品。我们都做了充分的思想准备,打算来这里进行一场标准的山区教师拼命、拼搏教书的"战斗"。

到了这里以后,我们惊呆了⋯⋯当地民风淳朴,自然风景宜人,气候温和。由于这里是三个地震带交界处,也是汶川地震的波及区域之一,在全国支援建设的大背景下,这里的学校硬件设备标准非常高,基本上是近三年的高标准配置,电子黑板、体育馆、图书馆、电脑机房、各类实验室、音乐教室、心理咨询室、活动室等一应俱全。用当地领导的话来说,现在当地最好的房子就是学校,最美的风景也在学校。于是,我在心里打了一个大大的问号:这样的硬件条件,需要我们这些支教老师做什么呢?

## 一、我眼中的宁南县初级中学

我们所对口支教的学校是宁南县初级中学。这是一所占地 128 亩,有三栋教学楼、三栋学生宿舍、两个实验室、两个篮球场、一栋办公楼、一个室内篮球场、两层食堂、一个标准室外田径场,有 160 多位教职工和近 3000 名学生的三年制初级中学。学校环境优美,设施齐全。学校响应当地教育管理政策,实行的是全员住宿管理制度。

当我们走进学校,近距离接触老师和学生们之后,我们发现了很多现有环境下的困难和无奈。由于我被任命为校长助理,所以既要为学校发展找出困难的症结,又要提出可行化建议。为此,我们在与学校领导层进行了多次交流和征求意见后,首先结合学校的实际情况进行了两轮全校教师的意见征集、调查和整理,整理出了许多长时间被忽略和经常提出却难以解决的问题。

## 二、没有调查就没有发言权

为做好精准帮扶,我们宁南县初级中学支教小分队结合派出学校哈尔滨市第十七中学阳光教育特色经验，设计了《宁南县初级中学教师调查问卷》和《宁南县初级中学学生调查问卷》，以了解师生对学校设计阳光教育发展方向的意见与建议。

通过调研了解到，老师们的意见集中在以下几个方面：
（1）对学校现有教师评价标准及考核制度进行修改的需求。
（2）对教师工资和工作量调整的需求。
（3）对学生德育教育的思考。
（4）对学生学习动力问题的思考。
（5）对教师进行心理疏导的必要性。
（6）对学生进行心理疏导的迫切性。
（7）对学生开展社团活动的可行性。

通过调研了解到，学生们的意见集中在以下几个方面：
（1）学生统一进行住校管理，学习时间呈现饱和状态。
（2）学生缺乏学习内动力和学习方法。
（3）学生家长外出务工比例大，心理疏导需求迫切。

## 三、改进措施

通过问卷调查和访谈，我们了解了教育帮扶的任务，其中一些是政策和地方经济发展水平决定的，比如工资待遇、教师培训频率等，我们只有建议权而没有决定权，这部分问题我们如实进行了上报。有些问题是我们可以共同努力解决的，如学校的教师工作量评价和考勤考核制度，需要调整和完善的地方，教代会后对制度进行讨论和修改即可完成。有一些是需要调动资源的，比如学生和老师的心理疏导问题。因为学校是住宿管理，所以课程量更大，教师在完成正常课时后没有精力和能力对学生进行专门的心理疏导，需要我们借助外部力量。有一些问题是长期存在于教育之中的，只是地区发展不同、比例大小不同而已，如学生学习动力、学习方法等，这些方面由于家长在外务工比例很大，所以需要制订长期的计划逐步推进，因为提高教师教学和学生学习的积极性，是很难一蹴而就、立竿见影的。

为此，一个学期以来，我们针对以下几个方面开展帮扶支教工作。

（一）政策问题

如实通过组织程序上报教育部国培项目办。

（二）制度修订问题

经过学校领导商议，由于学校领导班子在本学期刚刚迎来区域内调整，需要新一届领导班子到位后协商完善。

### (三) 针对老师和学生心理疏导的问题

我们设法联系了四所有心理学专业院系的高校的共青团委员会。其中，共青团东北林业大学委员会的领导对我们的求助进行了积极的反馈。收到求助信（求助信见附录1）后，共青团东北林业大学委员会的领导立即指派负责志愿服务的教师与我们开始积极对接，了解具体情况，研究详细的帮扶计划，第一时间对帮扶工作进行了安排。东北林业大学文法学院社会工作专业教师平爱红老师组织大批学生志愿者以及研究生团队和社会心理学团队，开始以回信的方式对我们的孩子进行心理上的帮助，由于来回邮寄路程曲折，所以写回信一次、邮寄新年明信片一次。孩子们收到回信和明信片后很是欣喜。这也为后续开展类似的更有针对性和实效性的心理学对口支援活动开启了一扇大门。

### (四) 针对学生学习方法和学习习惯的不足问题

我们在宁南县初级中学教学楼之间的公共区域建立了"学科学习方法墙"，组织学生梳理自己的学习方法和习惯并展示在墙上给班级和全校的同学们学习。同时，我与李学刚校长经常深入班级班会课为学生们解答疑惑，提供学习方法指导，学校领导班子的主任们也都适时地深入课堂参加研讨，学年组长、教研室主任、学科组长都积极带头引导学生养成自主学习的习惯，确立自己的学习方法并培养自信心。

### (五) 针对课程改革缺少专家引领的问题

我们联系了新课程改革的领军者——北京市十一学校的领导，北京市十一学校的章巍副校长凌晨两点半赶赴机场为老师们带来了一场关于变革的讲座。最后他说，走在前进的路上才会遇到越来越多志同道合的同伴，共同走得更远。后续，北京市十一学校会与宁南县初级中学陆续展开更进一步的合作。在整个过程中，学校初三（9）班的孩子们还进行了为期两周的深入讨论，附录2是学生们的问题及我对问题回答的讨论稿。

## 四、任重而道远

整个支教期间，我利用心理学专长，为初级中学的老师们提供了两次研讨式的讲座，为老师们提供了一些教育孩子的小方法和心理学原则；为全校女学生开展了一次三场的青春期教育专题讲座；为当地幼儿园进行了一次家庭教育讲座。在此期间，我还与很多有困惑的老师和学生谈话，帮助他们梳理自身矛盾，找到希望和方向。

虽然我们做的不一定能够起到立竿见影的效果，但是在这一个学期的朝夕相处中，我深深地感觉到了这里老师和孩子们的好以及他们的苦。教育是百年大计，从人类社会形成之初，教育更伴随其在历史长河之中共同前进。我们饱经风霜的新中国在成立之初，一穷二白，百废待兴，教育面临着更大的考验，在经历了几次大方向教育改革的尝试后,在新一代领导集体的带领下,教育正在朝着更加人性化的发展方向挺进。学校是那个能让学生找到更好的自己的地方,是人生起航的训练营,是作为人才关键要素"人"的培养场所。就像哈尔滨市第十七中学刘艳伟校长、北京十一学校章巍校长和宁南县初级中学李学刚校长常对我说的,在这里除了高楼大厦,还要有更多幸福、健康的老师才会培养出快乐、有自信的学生。在这里,教育大有作为。教育的路就是不断改革的路,时代在变,人在变,教育也在与时俱进。作为老师的我们,右手捂心,时刻谨记教师和共产党员的誓言,不忘初心,满怀坚定地做新中国教育改革的先行者、践行者。国之远方,教育为本。

# 附录1:来自凉山彝族自治州宁南县初级中学的一封求助信

尊敬的共青团东北林业大学委员会的领导、老师们:

你们好!

我们是凉山彝族自治州宁南县初级中学心语室的老师。2002年起,我们的心语室一直致力于解决学生们的心理问题。我们为孩子们建立了心理信箱,创办了《心语》报。这份手抄报由心语室教师选定主题,版面、内容全由学生自己设计和编辑,并定期评比和向全体师生展出。我们以每天固定时间开放心语室等方式来解决学生们的心理问题。但现在我们的辅导方式进入了瓶颈和停滞。原因首先是碍于教师们并非专业心理学出身,能够疏导和解决的实际问题有限,慢慢地导致书信量逐渐减少。其次,虽然现在的书信量减少了,但我们几个心语室辅导老师每天还是承担学科教学工作,课时量平均达到每周26节,导致没有足够的时间及时回复学生的信件。我们的心语室解决了一部分学生在日常住宿和学习中出现的问题,但依然面临大批学生心理疏导不及时甚至被忽略的情况。我们的问题主要来自全校2800名左右的学生集中住宿、学业压力大等方面。

我们写这封求助信,是希望能够通过你们共青团东北林业大学委员会的领导老师们的平台,恳请你们专业的领导和老师们为我们提供一些解决思路和方案,同时想办法与专业院校的心理学系或共青团的领导们建成定点共建学校。希望借此机会分流一部分学生信件,借助专业老师及专业学生们的回复,使我们大凉山贫困地区的学生学习到更多的心理学知识,拓宽学生的视野,提高心理健康水平。我们的教师也可从中学习到更多心理学知识和方法原则。为此,我们冒昧地给共青团东北林业大学委员会的领导和老师们写了这封求助信,给专家们带来的不便我们深表歉意,期待你们的回复。我们万分感激!

　　敬祝

　　身体健康,万事如意!

凉山彝族自治州宁南县初级中学<br>2019 年 9 月 16 日

## 附录 2:宁南县初级中学初三(9)班课程改革试行方案解答(讨论稿)

1. 数学、物理、化学需要分成两个等级进行。

　　答:分等级从根本上讲是需要学生更好地掌握自学能力的,用自习课适度刷题,发现问题,学生之间共同梳理和解决能够解决的问题,带着问题进课堂,从而形成高效课堂。这一点老师们会帮忙,但是不能替代学生,还是要学生自己下决心努力。

2. 部分学生害怕进度跟不上。

　　答:从根本上讲,按进度教学是因为学生的学习处于被动中,如果解决好第一个问题,进度并不会拖累大家。

3. 部分学生不知道晚上如何安排(晚上犯困)。

　　答:这部分学生可能确实是生长发育和生物钟没有调整好,也有可能还没有找到自己的学习动力,没有契合实际的短期目标,所以在这两个方面老师可以帮助,但依然无法替代这部分学生自身的努力。建议晚上按时就寝,中午适当休息。

4. 有些科目的课已经很少,如何分层减半?

　　答:分层次并不是目的,而是为了让学生们的学习方法和短期目标更好地结合起来,所以学习内容较多的科目在适当分层后有助于学生分阶段找到自己的学习动力和成就感。同学们在尝试过程中不断梳理,会找到更多、更适合的解决方案。

5. 想开办的社团:篮球社、乒乓球社、足球社、羽毛球社、滑板社、棋类社团。

　　答:社团活动是非常有利于学生身心发展的。对此,学校大力支持,反过来也存在担忧。不加限制的给予发展社团的自由并不适用于我们学校的实际情况,所以社团可以开,但是要每个学科老师签字后才能批准参与,并且形成章程和规则,促进社团自我管理和健康发展。尤其是学习自觉能力弱的学生,要调整好自己的内心,老师会帮助学生找到更好的自己,这样就一定会支持社团发展，我们学校的社团才能运作得更健康和更长久。

6. 体育课之类的课程怎么安排？

答：体育课本来就是大家最喜欢的课程之一，如果学生们有更好的建议，可以与班主任和体育老师协商，用自身的努力和诚信换取老师的信任和配合。

7. 晚上听不进去课，自习课也容易打瞌睡怎么办？

答：这个问题与第三个问题基本一致，需要调整作息时间、学习动力以及方法方式。

8. 普通话需要多练习（很多人不达标）。

答：可以尝试戏剧课，把适合的语文课文改编成剧本，或者直接搜索经典，如《雷雨》或者1955年《周恩来总理的万隆会议发言》。这个过程一样可以提高语文和英语的学习能力，后续可以拓展至英文戏剧课。

9. 缺乏自信（上课不敢回答问题）。

答：17个问题中，问题3、问题7和问题9，这么大比例的问题，恰恰说明了自信和自我规划对人生发展的重要性。其实老师和校长有时候也会不够自信，即便在确定正确的方向后也会犯错误，但是我们认真反省和调整之后，从错误和教训中所学习到的会更多。所以我们认为，自信来源于对自己人生方向的坚韧不拔的点滴努力。幸福，是要通过努力得来的。

10. 如何培养自身的人际交往能力？

答：人际交往其实是不能一概而论的，如果非要说一点建议的话，校长和老师建议大家多帮助他人。提高自己，帮助他人，才有机会更好地认识彼此，从而促进团队共同发展。一个团队互相扶持着一起走，会比一个人走得更远。

11. 初三学习虽然紧张，但各种活动，例如（书画类的）摄影、写生可以去校外吗？

答：应该问题不大，美术社团和摄影年鉴社团可以适当地邀聘请老师参与，先在校园中活动，等逐步成熟后再走出去，毕竟第一步迈得太大很容易摔倒的。

12. 怎么解决问题（培养应变能力）？

答：解决问题的能力来源于动力和毅力，认为是对的就不断尝试，互相帮助，这样逐渐就能够培养起来了。从根源上讲，解决学习问题的方法与解决问题的方法是相同的。

13. 对社会、性教育知识等教育缺乏认知。

答：这方面的知识确实是缺乏的，学校会积极向东北林业大学的心理学专家寻求意见和帮助。同学们能提出这样的问题就已经说明你们成长了。老师为你们感到自豪。

14. 目前，部分学生还有许多不良习惯，万一做不到"出淤泥而不染"怎么办？

答：学生阶段确实很容易受到其他人不良习惯的影响，可能觉得别人做的更有趣、更拉风,但是大家提出这个问题就说明你们已经是经过思考的,所以老师们相信大家知道什么是对的,什么是错的,也一定能学会承担责任与担当,这份担当为的是大家自己的未来。

15. 孩子与父母之间缺乏了解(不知道赚钱的不容易)。

答:碍于地区经济等原因,很多家长不得不付出更多的时间和更艰苦的劳动来换取学生们的生活保障,而孩子们往往要在成年后亲身体会了才悔不当初,从而更严厉地要求自己的孩子,甚至形成恶性循环。所以从根源上讲,改变与否、顺应与否都需要首先进行自己人生的深入思考。可以倒叙,你现在已经40岁了,你拥有什么?35岁时,为了40岁想拥有的幸福你需要具备什么?以此类推到现在,校长和老师都相信你们可以找到更好的自己。

16. 我们很多问题(以上问题)不能自己解决。

答:不能解决的问题确实很多,即便是校长和老师也有很多问题是不能随着意志而转移的,所以设定适合自己的短期目标,做好自己能做的事情,逐步培养自信心,是校长和老师给大家的建议。

17. 目前至期末考试只剩下4个星期,该如何做计划?

答:虽然时间短,但是大家思考了,努力了,失败后又思考了,选择了,校长和老师相信大家的这次成长和尝试会成为未来的一个开端。至于结果,我们能提供帮助,但不能替代你们去努力。加油!加油!加油!

到最后,虽然我们初三(9)班没能全面试行这个方案,但是以数学学科为例,他们的数学老师罗明杨老师对学生的诉求给予了充分的配合和肯定。在学期末的几周里,他们利用数学课进行了各种尝试和改变。

# 行走在山与城之间

哈尔滨市第十七中学　原卫娜

毕淑敏说：人生终要有一场触及灵魂的旅行。凉山之行对于我来说，就是触及灵魂的一段经历。从来没有想过，从教16年，作为一名美术教师，我还有机会走出家乡，远赴3000千米之外，来到四川省凉山彝族自治州支教。见惯了东北平原的一望无际，现在所见的却是四面环绕巍峨大山；见惯了繁华都市的车水马龙，现在所见的却是整洁县城的宁静悠远，还有所在受援学校得到的校长和老师们的关怀、帮助。这一切都让我觉得3000千米近16小时的旅途的艰辛都是值得的。

凉山是典型的深度贫困地区。2018年，习近平总书记亲临凉山视察工作，做出一系列重要指示，对凉山寄予厚望。此次活动就是教育部举办的首期名师领航工程凉山州送教帮扶行动。凉山一共16个县，我与另外两名同事被分配到宁南县初级中学。

初次踏入宁南县初级中学的校园，学校领导亲切地接待我们，带着我们熟悉校园环境，参观教学楼，介绍学校的情况。通过与校领导的交谈，我了解到学校是寄宿制学校，目前在校学生有2800多人，教职工有160多人。学生每天包括晚课一共要上11节课，平均每位老师每周的工作量达到25～35节课。可以说，老师的工作量大，学生的学习任务重。面对这种情况，作为来学校支教的老师，我希望用我的经验和资源，为学校做点贡献。

经过深入教研组与老师们的沟通交流，与校领导的协商，我们首先开展调研工作。我与同事对老师和学生们展开问卷调查，发现存在的问题，协商出解决的办法，比如开设阳光讲坛、给老师们开展主题讲座、班主任的培训讲座，提升教师的职业幸福感。

其次，协助学校建立"阳光学习方法墙"。"阳光学习方法墙"的建立意义非常深刻，让各班的好学生和各学科成绩优秀的学生将自己的学习方法总结出来张贴在学科展板上，全校学生都可以看到并学习，帮助那些想要学习而方法不得当的学生找到适合自己的学习方法。老师也将成功的学习方法推荐到学习方法墙上，学生们可以根据自己的需求选择适合自己的学习方法。这个活动不仅是阳光校园文化的展示，也为提高学生学习成绩搭建平台，为老师教学工作减轻压力，促进学生自主学习的能力。

宁南县初级中学只有两位美术教师，周课时量都达到 25 节左右。县教育局艺体办每学期对艺体工作考核要求是学生每学期完成 10 张 8 开绘画作业，这个工作量对美术学科来说也是很艰巨的任务。了解到这些情况后，我深深感受到在这边作为一名美术老师的不容易。

美术学科作为素质教育学科，要提高学生的综合素质，不仅仅是绘画能力、审美能力、动手制作能力等各方面的培养。作为一名来支教的美术学科教师，我希望既能帮助老师减轻工作负担，又能够让学生接触到更多的学习机会。我想到在我们哈尔滨，学生每年都会参加一项世界性公益活动——和平海报评选活动。这是一个非常有意义的活动。

我与世界公益组织狮子会四川省凉山州飞鹰服务队搭建平台，以社团活动的形式，协助组内美术教师辅导学生参加世界和平海报的比赛活动。我为学生做赛前培训辅导，让学生了解这个活动的目的和意义，欣赏历年全国不同地区获奖的优秀作品，甚至获得国际奖项的优秀作品。学生很积极地参与活动，完成了很多优秀作品。

这是一项国际性的公益活动，通过这项活动让学生开阔眼界，对世界有更清晰的认识：我们从未生活在和平的年代，只是生活在一个和平的国家，而这一切都是因为我们有一个强大的祖国。以此活动对学生进行德育教育的渗透，培养学生的爱国主义情怀和反对战争、维护世界和平的使命感。

这项活动是第一次在宁南县开展，甚至以前凉山州也没有开展过这项活动，只在成都等城市开展。飞鹰服务队的许队长表示，有了这次的活动经验，明年将跟县教育局联系对接，在全县中小学推广开展这项活动。

鲁迅先生曾指出："美术可以辅翼道德，美术之目的，虽与道德不尽符，然其力足以渊邃之性情，崇高人之好上，亦可辅道德以为治。"在课堂中，我们通过教学，潜移默化地影响学生，可谓以美感人，以美益德。美术可以涵养人的性情，抵制一些不良习惯，自然会产生一种无形的力量。我希望通过我的努力，能够让学生在学习中不仅仅学会美术技巧，更能够在课堂中渗透德育教育，帮助他们树立正确的人生观、价值观，对他们今后的人生有所帮助！

我还与李校长走访在山上的竹寿镇中心校、俱乐乡中心校两所学校，开展"城乡党建结对共建"活动，资助贫困学生并捐赠学习用品和体育运动器材。这两所学校是与宁南县初级中学对口的小学，其中俱乐乡中心校，包括学前教育班在内，学生人数 300 多人，彝族学生占 200 多人，都住在山上。看着学生们一张张质朴的小脸，对比我所在城市里的那些孩子，我就在想，原生家庭对孩子的成长也许很重要。即便这些孩子没有富裕的家庭，没有高端的玩具，没有各种各样的才艺培训班，可孩子们的快乐——亲近大自然的快乐、自己动手做事情的快乐是真的。学生从小学四年级就开始住校，每周回家一次，这样的成长环境或许会让他们比城里孩子的独立性更强，自主性更强。环境确实会使这些孩子更快地成长。

为配合学校的工作，我还给九年级的7个班代教体育课，每周14课时，代课4周。走近学生，才会发现学生存在的问题，也会发现学生的可爱之处。

作为支教教师，学校的工作我都会积极参与其中。不论是艺术节、运动会等大型活动，还是平时与中层主任陪餐学生食堂，巡查学生晚自习、归寝情况，我都会认真对待。虽然经常会在晚上11点才到家，但是在这忙碌中我体验到了不一样的快乐。这次支教经历给我感触最深的，莫过于本地老师们对教育工作的奉献与热爱。每周35节课的工作量，即使是年龄大一些的老师也有20多节，这么重的工作负担，老师们依然为了提高教学质量而努力，从不懈怠。老师在当地是受人尊敬的，和当地的同事走在街上，总会遇到有人微笑着主动打招呼，那一刻我为做一名受人尊敬的教师而自豪。

我很珍惜这次支教的经历，人总要走出家门，看看外面的世界。四川凉山的支教经历让我开阔了眼界，看到大山里的孩子是如何成长的，看到不同地区的老师是如何为了教育事业辛苦付出。人们常说，工作久了会有职业倦怠感，这一次支教经历仿佛是一剂强心针，深深地扎在我的心里，让我重新点燃了对教育的热情。作为一名美术教师，我不仅希望通过传道授业的方式去分享我的知识，还希望通过画笔去描绘我目之所见的美好。人生总要有一段经历能够触动灵魂，很庆幸，我拥有这段凉山支教的经历！

# 遇到美丽的风景

哈尔滨市第十七中学  刘 群

　　非常感谢学校领导能够给我这次支教的机会，也感谢领导让我有幸参与教育部组织的帮扶活动。通过半年的支教生活，从陌生到熟悉，不断认识更多优秀的人——我们最优秀的宁南县支教团队的每一位教师、房东大哥大姐及其家人、支教学校的领导和老师，还有一些相见恨晚、对我非常照顾的可爱的人。而在工作上，逐步了解支教学校的点点滴滴，从最初的调研到艺体组的工作再到后续的每一项工作，我们都尽职尽责地去做、去完成。

　　在学校支教期间，我协助学校大课间活动的编排及教授，每天下午与李媛婧老师对所有班级所派选的学生进行教学，并为师生艺术节表演节目编排队形，每天集体练习后也会针对个别学生进行多次的练习。在此期间，宁南县初级中学的李校长也参与其中，和学生们一起参加训练，一起感受课间操所带来的魅力。

　　协助学校心理室的建设，帮助学生、教师以及教师子女进行心理疏导，通过交谈了解原因并提出合理的解决方法。并与哈尔滨东北林业大学对接，师生通过邮件的方式与东北林业大学的老师进行沟通，解决工作、学习甚至是生活上的困惑和难题。

　　协助学校建立"阳光学习方法墙"，目的在于培养学生养成良好的学习方法和学习习惯，帮助那些想学习而又存在学习困难的学生找到适合自己的学习方法，从而搭建学校与学生之间沟通的桥梁和纽带。"阳光学习方法墙"的建立意义非常深刻，各班好学生和各学科成绩优秀的学生将自己的学习方法总结出来张贴在学科展板上，让全校学生都可以看到。老师也将成功的学习方法推荐在学习方法墙上，学生们可以根据自己的需求选择适合自己的学习方法。这个活动不仅是阳光校园文化的展示，也为提高学生的学习成绩搭建平台，为老师教学工作减轻压力，促进提高学生自主学习的能力。同时，约谈不同层面的学生，解决学生在学习方法上的困惑，帮助学生分析自己在学习上的问题，尤其是学困生。从心理疏导与找到适合自己的学习方法上双管齐下，师生共同努力。

　　协助学校体育组举行篮球比赛裁判工作。在每天第八节课和晚餐时段近2小时的时间，进行2场篮球比赛，4个场地同时进行。也就是说，每天8场比赛，16个班级参与，对于体育组来说，任务很艰巨。在韩主任和体育组各位老师的带领下，我们不管是阳光暴晒还是阴雨绵绵，都尽心尽力完成此次篮球比赛，丰富了学校的体育活动。

协助学校开展艺术节，担任主持人并参与了两个节目的表演：参加排练以及主持人的配合工作，参与学校艺术节教师舞蹈排练。与音乐老师等部分教师利用每天上午及晚课近5小时的时间学习排练舞蹈，为12月份的校园艺术节做准备。在排练期间，感受到学校老师的活力，也感受到当地人的热情。

协助体育组对新建好的体育场地设施进行检查，从场地标准程度到各个场地设施设备，再到场地的宣传标语都进行一一检查。在此期间，我不断接触新的知识，也不断向韩主任学习。

协助学校开展运动会。我常常编排秩序册到后半夜，负责布置运动会场地、搬运器材并担任裁判员。仓促而又令人激动的运动会即将到来，体育组的各位老师都在忙着秩序册的编排和场地布置，为了能让运动会如期进行，体育组的各位老师工作到凌晨，将秩序册编排好，并将运动会所需要的各个设施设备都准备齐全。

随同学校带队参加宁南县2019年校园篮球联赛，在三所学校中，宁南县初级中学男女队都赢得了第一名的好成绩。随后我又带领女队到西昌市参加凉山州第37届中小学篮球运动会。与学生相处了一周的时间，孩子们都非常单纯、善良，对待学习也非常认真。在去往西昌的途中，就看到好几个学生在车上看书学习，学累了就唱唱歌，气氛非常活跃。同行的老师和孩子们都非常细心，对我也非常照顾，知道我是外地过来支教的老师，怕我吃不了辣，怕我不习惯，在食宿方面也很注意。这些细节一直都温暖着我。

在2019年12月9—24日，我被宁南县抽调担任四川省乡村文化旅游节的工作人员，负责此项活动的接待和礼仪工作。在这段日子里，每天八点半到十二点以及下午两点半到六点，有时候直到晚上八九点，我都在南丝路大厦进行培训，背诵有关宁南县和各个景点的详细情况。虽然过程非常煎熬，很多次都想放弃，但最后的结果还是非常顺利，也都坚持下来了。并在12月20—22日赴西昌机场接待领导和嘉宾，23日凌晨三点到南丝路大厦为最后的工作进行充足的准备，圆满完成各项任务。

在行政方面，针对全校学生的现状开展调研并进行材料梳理，学生参与人数达1085人。辅助学校进行两次调研，调整学校作息时间，增加学生的晚自习时间，让学生可以自主学习，复习消化所学的知识。我也参与行政值班，进行晚自习巡查和学生回寝后巡查。晚自习下课为十点半，学生回寝十一点熄灯。学生寝室熄灯之后，我们的值班工作才算结束，到家已基本十一点半，但从没有感觉到累，而是感到无比充实。

一开始我以为在支教的这个学期，可能会感觉漫长而又艰苦，现在回头来看，我认为这半年一定会成为我人生中浓墨重彩的一笔，我也永远不会忘记这半年所经历的事情。在这支教的半年中，我感受到了支教学校的校领导及老师、寄宿的房东无微不至的关爱和照顾，以及支教同仁们的互帮互助；也积极地融入学校老师群体中，与他们进行交流，受益颇多；认真地完成学校领导交给我的各项行政工作，让我对学校发展及学生身心健康发展有了更加深刻的了解，也让我认识到做好一个教育人需要更博大的视野，要做到不惧挑战。匆匆一个学期的支教，可能我所做的这些工作是微不足道的，但是我相信，在"领航工程"名校长带领的所有支教教师和凉山州人民的共同努力下，我们一定可以打赢这场教育的脱贫攻坚战，全面建成小康社会指日可待！

聚，是一团火；散，是满天星。生命，是一场又一场的相遇。遇到不同的人，遇到不同的事，还会遇到美丽的风景。这些经历丰富了我的感受，在我的生命中留下最美的印记。支教已然结束，而我会在今后的工作、生活中更加努力，不忘初心，砥砺前行。

# 一双双不舍的眼睛

海口市琼山第三小学　王大荣

## 一句期待的叮咛

一开始报名支教的原因，是想换个工作环境，体会一下不一样的人生经历，看看平时自己不曾看到的别样世界。没有读懂这次支教的特殊性，只知道是由教育部发起的，目的地是四川的凉山。凉山在我们这边的许多人眼里，是偏远、落后、贫困的代名词。我心想，到山区去做一名普通的老师，教一教山里质朴而渴望知识的孩子，也不是件坏事，在心里面悄然升腾起一幅自己在低矮的瓦房下烧火做饭的画面，默默做好吃苦的准备。

临别时刻，叶丽敏校长工作室趁着清晨星光来到机场为我们举行隆重的欢送仪式，叮咛再叮咛，握手再握手。望着领导们期待的眼神，心中暖流涌动，平生出许多的牵挂、不舍。

金秋九月，踏上凉山彝族自治州这片神秘的土地，325名来自全国各地的专家、老师开启了教育部帮扶凉山教育活动的序幕。我们汇集在西昌最美丽的邛海之畔，聆听国家顶级教育专家支教指导，领会教育部此次支教的意义，明白此次支教乃国家扶贫攻坚战组成部分之一，本次支教与国家发展战略紧密联系。这使我们增添了欣喜，同时也倍感压力。我们的知识储备能支撑我们胜任工作吗？我们能为凉山教育带来什么？我们应往哪个方向努力？……

没容我们多想，热情的接待一阵阵袭来。受援学校的校长及其他领导来到120多千米山路之外的西昌迎接我们，亲切的微笑、淳朴的话语、紧紧地拥抱，透着满满的期待……

第一次迈进宁南县民族小学是2019年9月4日，穿过简朴的校门，爬上一段斜坡，一个平坦的小操场出现在眼前，水泥板球场、煤渣跑道、老旧的篮球架，操场四周树木葱郁、高大。东面再上四五十级台阶，一幢5层高的教学楼掩映在绿树丛中。校长包三且告诉我们到此支教的4位老师，宁南县位于四川凉山彝族自治州南部东侧，东临金沙江，与云南省巧家县隔江相望。宁南县总面积1667平方千米，总人口约20万，是一个以汉族为主，彝族、布依族、回族、藏族等多民族杂居的山区农业县。县城四面环山，城区依山而建，往东面逐渐上坡，往西面则顺坡而下，是建在山坡上的一座小城。民族小学也分三层，教学楼后面还要上四五十级台阶才到我们的食堂。走一圈下来，学校环境优雅，花草丛生，错落有致，布局合理，我一下子喜欢上了这里。"老师好！"一声声稚嫩童声的问候，一张张虽然有点黝黑，但绽放得如花朵一样的小脸，随着飘浮着白云的青山融入我的心，我们深深地爱上这里的花、这里的树、这里的人……

## 一位有教育情怀的民族校长

"我是民族小学的包三且校长，非常欢迎您！"握住的是一双厚厚的、暖暖的手掌，略微有点颤抖。憨憨的笑容、简朴的装扮，包裹着有些发福的身体。"我们学校是一所以彝族学生为主的民族小学。"刚一落座，包校长就如数家珍般向我们介绍起学校的情况，"学校共有20个小学教学班，4个学前班，共1210名学生。教师42名，有相当部分也是彝族老师。"包校长42岁，皮肤黝黑，头发有些苍白，看上去比实际年龄大了约10岁，他的普通话带有浓重的四川口音。"我们学校刚创立不久，原先是利用废弃的蚕丝厂房办学，去年朝阳小学搬进了新校区，我们才迁了过来，条件比原来的好多了。在这里，我们一定会把彝族小孩子教好……"

从包校长的介绍中我们知道，他原来在离县城40多千米的山上的一所小学里教书，他深深知道，读书对少数民族孩子的重要性。在担任民族小学校长后，由于得到教育局支持，将一些在山区里教书出色的老师调入民族小学，从而增添了民族小学的师资力量。他带领民族小学的老师，上山发动孩子下山到县城民族小学读书，民族小学领导老师的真情让众多的山上彝族孩子，随着爷爷奶奶或外公外婆来到县城，租房居住，开始接受较为前沿的教育。常常听包校长说："我也是彝族人，我要为彝族孩子做实实在在的事。"

刚开学不久，从四川资阳来支教的一名五年级数学老师，由于家里老人身体不好，赶回资阳后无法再继续返回支教。宁南县地处山区，几乎没有外来人口，除了在当地一些机关单位就业的年轻人，大部分的青年人都选择外出打工，想短时间内要找到一个临聘教师可以说是无法实现的事情。包校长毅然承担起五年级一个班的数学教学任务。一开始，大家都质疑，校长能行吗？就算校长有能力教好，校长有时间吗？一段时间后，质疑的声音消失了，大家看到的是包校长出现在校园里的身影多了，在办公室改作业、在食堂和学生谈心、在走廊辅导习题、在晚修课后沉重的背影……我对他说，您是我知道的为数不多的上主科的正校长。他呵呵一笑，说："如果给我充足的时间，我也是一名不错的老师！"包校长的教育热情感染了我，也感染了所有的民小人。

## 一张值得研读的功课表

来到民族小学，接到教导处周主任递过来的功课表，只见表头上记着："××老师，×年级语文13节"字样，我心里想，虽然比课程设置要求多了一些，也不打紧，可能在这里专业老师较少，语文课、数学课上得就会多一些吧。回到年级办公室，与同年级老师闲聊时说起，隔壁办公桌的老师对我说："还不多吗？我们可是从早上6点多忙到下午6点多才能回家的，有晚修的还要到晚上8点以后呢！"在这位老师的指点下，我终于读懂了这张功课表：每天共有10节课，上午4节正课，下午3节正课，中午的2节值守课和下午最后1节课外辅导课都没列入功课表中，语文科的老师还要加上每天早上上正课之前1节20分钟的"日有所诵"阅读指导课，每周4节。这样算下来，我一周的工作量最起码有20～22节。这怎么能受得了呢？我必须找校长谈谈！

杨副校长明白我的来意后告诉我："我们学校与别的学校不同在于，我们的学生90%以上是彝族家庭的留守儿童，基础薄弱，家庭教育缺失，甚至可以说几乎没有。对于学生的教育、辅导，包括对高年级学生的生理指导，都全部落在我们老师身上。我们教学目标要抓好'基础过关，生生过关'，老师就必须付出更多的精力和时间，整天要全程跟踪学生，陪伴在学生身边。中午稍作休息，就得对学生进行辅导，下午别的学校放学后，我们还加了一节辅导课。"我质疑道："那学生的素质教育呢？我们老师的校本研训呢？"杨副校长望了望窗外那艳丽的叶子花，缓缓地说："老师们的再提升，我们也毫不放松，我们是利用不同科目错开的时间来进行校本研训的。对于学生，我们是这样想的，把孩子的基础打牢了，其他兴趣爱好要培养起来也方便，以后也有大把机会。再说，学生的家庭状况也很难支持比如像一些乐器、美术等的课外培养。我们这样抓了以后，民族小学的学生在学业成绩上完全可以与县城其他直属小学相媲美，甚至超越他们。"讲到这里，杨副校长的眼中满是自信和自豪。

从杨副校长办公室出来，我陷入沉思：是啊，教育本身是多元化的，教育的目的是培养多样化人才，地域不同、学生背景不同，我所采用的教育方法也应不同。刻板地一味追求新颖、特色，人云亦云，教育不也变成千篇一律了吗？芬芳绚丽的牡丹固然好看，娇小的茉莉不也同样清香迷人吗？

## 一次特殊的家访

10月中旬，趁着开展"万师进万家"活动的机会，我也随着当地老师一起走进个别学生的家庭。

晚上6点多，在赵××同学的带领下，七拐八拐才来到位于小巷深处的一家民宅，顺着狭小的楼梯来到二楼一间不足30平方米的单间。刚迈进门口，一股呛鼻的辣味扑面而来，不能吃辣的我一下子缩了回来，连连打了好几个喷嚏才缓过来。稍稍适应后，与同来的韩老师一起走进屋内。屋内两张上下铺的陆架床，床上凌乱地堆着棉被和衣服，破旧的墙壁上也挂满了衣服。两张小板凳靠着床边放着，我们只好顺手将床上的衣服挪了挪，坐在了床上。昏暗的灯光下，一锅正沸腾的充满辣味的菜在翻滚。赵爸爸用不太流利的普通话和我们交流了起来，原来他身体不好，干不了重活，孩子妈妈只好随着孩子的叔叔去山东打工了，他留下来带着自家和叔叔家共6个孩子居住在这里，陪孩子读书，偶尔出去打点散工贴补家用。孩子们很懂事，有时爸爸不在家，大的会照顾小的。看着房中耀眼的满墙的奖状，我心里不禁想到："条件这么艰苦，孩子们却取得这么好的成绩，真难得！"

来到第二家，住的房间稍微宽些，是个小套间，约70平方米，同样地，墙上贴满了奖状。接待我们的是学生的爷爷和奶奶。爷爷、奶奶不会讲普通话和四川话，只会彝语，幸好同行的韩老师是彝族人，他们用彝语交谈起来，我在旁边静静地聆听。老人不时转过头来对我点头微笑，我也赶紧报以微笑。而后，韩老师告诉我，老人有两个儿子、一个女儿，共有9个孙子、外孙，都由他们二老从山上带下县城照顾读书，大人们都到外地打工去了。60岁在大城市还不算老，可他们两位老人看起来显得很是苍老，可见艰苦的岁月给他们留下的是何等沉重的烙印。

临走时，老人紧紧握着我的手，嚷嚷地说着什么，我明白，那是表示感谢，他们把更多的希望寄托在孩子身上，寄托在我们老师身上。此刻，我深深感觉到"老师"这个称呼的分量，其意义可谓深远！

后来，我们还陆续家访了几次，每一次的接触，都会深深触动我的心灵。山区彝族的改变，更多的是需要像这次教育部组织的帮扶活动一样，让更多的人才走进来，需要的是国家层面为山区打开连接外界的快速道路，让更多的外出打工的当地彝族青年从外面回来，开发当地资源产业，发展当地经济，让父母之爱陪伴彝族孩子成长，让山区教育更丰满、更完整。

## 一堂激发成长新动力的教研课

来到宁南支教，我不得不重新拾起落下已久的语文教学。在原单位，由于行政管理任务繁重，我已经三年没有参与语文的一线教学。原以为来到边远山区支教，只要把书教好即可，哪想在帮扶活动启动大会上，教育部明确，此次支教帮扶，不仅要填补边远山区教师的不足，还要担负"改变凉山教育现状，带动凉山教育发展"的重任。得知这一消息，我有点手足无措了。到了宁南县民族小学，校长又殷切提出让我引领学校教研，并上一节部编版新教材四年级第二单元提的策略阅读示范课,指导一下校内老师。

我知道自己的实力。虽有二十几年的教学经验,但自己的教学研究十分粗浅,所持有的教育教学理论也都是碎片式的,毫无深度可言。如何"改变""带动""指导"所支教的学校?拿什么引领教师专业提升?真后悔自己平时不多阅读教育书籍,多学习了解教育教学理论知识。真是书到用时方恨少啊!如今,箭在弦上,推是推不掉了,但也不能丢叶校长工作室的脸呀,更不能丢广东培训基地的脸呀。怎么办呢?看来只好硬着头皮往前冲了。我想起叶校长给我们送行时的叮咛:有困难,我们是你坚实的后盾。我当即与工作室联系,工作室专家团队经过研判,给我厘清思路,要求我必须先弄清以下问题:这节课的训练重点是什么?你想通过这节课告诉老师什么?有什么理论支撑?也就是要弄清楚"从哪里来,到哪里去"的问题。之后,他们通过网络视频指导我完成了备课、试讲。不断反复调整修改,终于在9月29日于民族小学和其他兄弟学校老师面前成功展示了这堂《蝙蝠与雷达》的示范课。不但引导学生学会从不同角度理解文本,同时启发老师们就如何上好新教材中阅读策略单元展开探究,达到了预期效果。

我乘胜追击,结合民族小学的教师实际,与教导处一起,在工作室专家团队的指导下,修订了本校校本研训计划,根据科组特点开展既新颖又实在的教学研究活动。我充分发挥纽带作用,利用工作室资源,和校长一起带领学校教学骨干奔赴海南海口,学习优质学校教研活动的开展经验;又邀请工作室专家团队不辞劳苦,跋山涉水于12月8—11日来到宁南,来到民族小学,点对点地传经送宝,既带来了优秀的课堂展示,又对学校开展了全面翔实的诊断,提出学校发展定位、方向、规划。根据学校老师专业成长的需要,叶丽敏校长和李学慧校长还举行了有针对性的讲座,给民族小学送来实用的"教育文化大餐"。

这是一次由一节普通的教研课引发的两地教育智慧的碰撞,犹如冬天里的一片暖阳,激发了我和民族小学老师们新的成长动力,在寒风中火光四溅,点燃民族小学久违的教育热情。

## 一番前所未有的教育洗礼

10月11—14日,由教育部教师工作司主办,全国中小学幼儿园教师培训专家工作组秘书处、国培计划——中小学骨干教师培训项目执行办公室承办的"教育部首期名师领航工程名师凉山州送教援培活动"同时在凉山的西昌市、德昌县、昭觉县、宁南县、越西县五地拉开帷幕。我们的支教团队教师有幸参加宁南县分区活动,备感荣幸。这次活动级别极高,由教育部教师工作司主办,来的可都是国内顶级教育专家,这将成为我们支教生活中难以忘怀的一段学习之旅、反思之旅、提升之旅，是一次难得的教育洗礼。

12日上午七点半，我们来到宁南县初级中学报告厅准备参加该区域的活动启动仪式。宁南县初级中学是一所布局合理、环境优美、底蕴深厚、文化气息浓郁的学校，"忆往昔""今观之""惟愿之"三段校赋是由学校老师自己设计并完成的。从其内容上可以看出这里老师们对教育工作的无比热爱、对教育怀有的美好愿景。进入活动报告厅，会场主席台两边悬挂着一副巨型对联："有教无类，育才是急，德志双兼，科文并重，铸魂育人应怀子美千间厦；三尺讲台，诲人不倦，明德博学，求是致远，秉烛丹心当承孔孟翰墨青。"充分彰显了学校全体教职工深深的教育情怀。

上午八点半，启动仪式正式拉开帷幕。宁南县委领导在致辞中首先对莅临的专家表示感谢和欢迎，在讲话中表达了希望将教育部的帮扶活动与宁南的教育发展结合起来，获得更多、更宝贵的教育改革前沿信息，协助宁南实现"明天美好"的教育蓝图。北京教育学院教授、原院长，教育部全国中小学幼儿园教师培训专家工作组组长李方在讲话中对参加凉山州教育帮扶的支教教师表示了感谢与敬意，并对支教教师和凉山州参加活动的教师提出了希望和要求，对送教援培活动的开展进行了部署，并强调所有与会人员一定要读好凉山教育发展的这本书，以此来鞭策和鼓励更多的教育工作者关注凉山、心系凉山、情注凉山。而后，李方教授从凉山州教育帮扶行动的任务、意义等方面做了一场题为"大凉山，大教育，大有作为"的精彩报告，使我明白了教育是人民之大计，是国家之大计，再一次激发了我对教育事业的激情。接着，南宁师范大学教育学院副院长、课程教学理论硕士生导师王文蓉教授的"以学习为中心的课堂教学质量保障体系建设"报告用歌曲《苔》精彩开讲了，她以动听的歌声一下子抓住了现场的每一位听者的心，让我们都领悟到每一位儿童少年，虽是一颗颗小小的"苔米"，但也有"白日不到处，青春恰自来。苔花如米小，也学牡丹开"的憧憬和自豪。王教授的讲座以交流、互动为主，借助课堂教学中的实际案例，以幽默风趣、抑扬顿挫的语调，深入浅出地诠释了建设课堂教学质量保障体系的有效方法和途径。这使我们顿悟，老师不仅是学生知识的示范者，更是学生生活的示范者。启动仪式圆满结束后，大家都说，这样的培训学习使人受益匪浅，希望能有更多机会参加这样有益的培训学习。

12日下午两点，根据活动的安排部署，所有与会人员兵分三路（小学、初中、高中）走进各自培训学习活动的报告厅，我兴致勃勃地走进送教援培活动小学语文专场。来自福建省福州教育学院附属第一小学的专家林珊老师，在宁南县朝阳小学报告厅做了"追求有'韵'的语文课"名师报告。林珊老师指点迷津，字字珠玑，在她的有效引领下，大家对小学语文"课韵"展开了热烈的讨论和交流，各抒己见，收获颇丰。

通过专家的报告讲座，我们的教学理念再次得到了洗礼，我们的教学观念再次得到了转变，我们的教学行为再次得到了引领。

  13日上午的同课异构、专家点评分别为我们呈现了支教教师和凉山州教师异样的教学风采与风格。分别由来自湖北省襄阳市迴龙小学的支教老师刘雪和宁南县民族小学周娣梅老师执教三年级上册第21课《大自然的声音》。这样的同课异构，既可以互相学习，取长补短，又可以引发我们对教学的思考。

  随后，林珊老师和县小学语文教研员对这两节观摩课进行了互动点评。与会老师都真切感悟到了如何将课上得丰厚，上出韵味，如何让学生的思维得到有效的提升，真是一石激起千层浪！活动虽已圆满结束，但大家的学习探究精神永无止境！活动中学到的评课、上课的途径与方法，为所有的与会人员更好地进行课堂教学起到了积极、有效的指导作用。

  当天下午的支教教师座谈会，我们感受到了国家教育部门对我们支教老师的关怀，我们也就支教感受、支教过程中遇到的问题、支教建议等方面做了发言并提交书面材料。

  历时两天的送教援培活动形式灵活、途径多样，为所有与会者提供了教学理念上的"盛宴"、教学观念上的"大餐"，我们的教学模式进一步得到了洗礼与滋养……

  四周群山云雾缥缈，星星点点散落在群山之中的彝家小屋，仿佛也在倾听着来自大山以外的教育之声。国家的扶贫扶智在以最快的速度进行，大凉山的教育有我、有你，大凉山的明天会迎来七色彩虹。

## 一双双不舍的眼睛

  进入支教生涯的最后一个星期，心里莫名感到难受。听说北京、湖北等省市的支教老师只要愿意，即可再支教半年，内心不由腾起羡慕。可是我却不能继续了，因为家人，也因为我们领航工作室主持人叶丽敏校长已调离我所在学校，我们学校不再是叶丽敏校长工作室的成员校了。天下没有不散之筵席，我知道离开宁南民小的日子快到了，我为它留下了什么？我也许不曾为它留下什么，但我不能让自己将它忘记，我要将它铭记在心中。于是，我拍下了校园的操场，拍下了群山掩映中的教学楼，拍下了风云变幻下的群山，拍下了居住了一个学期的宿舍和通往宿舍的绿荫小道，拍下了我在宁南看到的角角落落……我还要拍下最美的宁南风景——彝族孩子们的笑脸。我把名字写在黑板上，让孩子们一一对应站着，镜头留下他们羞涩的脸庞，留下他们再也擦不掉的名字，我要让这些名字刻在我的脑里。

  "老师，你要走了吗？""老师，你还会回来教我们吗？""老师，我会很想你的……""老师也会想你们的！老师最想看到你们穿着彝族盛装美丽的样子！""我们明天一起穿彝族服装来，怎么样？"于是第二天，在操场上、花圃边到处旋转起色彩鲜艳的彝家舞裙，跳跃着彝家男孩奔放的舞步，伴随着律动的彝音充斥了整个校园，如同冬日的暖阳，温馨、活力。我不停地按着快门，生怕错过了哪个瞬间。孩子们很快转换方式，我转眼间被包围，他们都希望在有老师的镜头里也有自己的笑脸，我立即成了焦点，孩子们百拍不倦，我又怎么舍得拒绝呢？夕阳西下，校园上空依然洋溢着孩子们的笑声！

2020年1月10日，我上完最后一节语文课，转身正准备离去，班长陈超和几个学生围了上来，说道："王老师，先别走，我们同学们一起凑了钱，给您买了蛋糕、礼物，给您过生日。"我疑惑地说："今天可不是我生日呀！再说，老师不希望你们花钱买什么礼物。""反正您别管，先等等，韩老师已出去买了，差不多要回来了！"副班长吉波媄窝散拉着我的胳膊说："我们也不知道您什么时候过生日，您要走了，我们就把今天当作您的生日，给您买好吃的蛋糕、好吃的东西，为您送别……"说到最后声音有些哽咽了。虽然我无法弄清楚孩子们为什么要把送别日当作我的生日，但望着孩子们那一双双饱含热泪、不舍的眼睛，我心潮涌动，紧紧地抱了又抱，伸手搓着一个又一个小脑袋，谁说山里的孩子不善于表达？不一会儿，韩老师回来了，教室里一片欢腾，孩子们整齐地拍着节奏，扯着嗓子唱起了生日歌。不知什么时候，我的脸上、手上涂满了点点的奶油。平日里被我批评过的那几个男生，总是有意地从背后偷偷地抱一下我，又迅速散开。此刻，我放纵他们的任性，沉浸在当老师以来最幸福的时刻中……

再见了，宁南的金钟山；再见了，宁南的民小；再见了，青山环绕的宁南；再见了，彝情诗意的大凉山……

# 暖暖凉山情

海口市琼山文庄一小　郭小丹

时光荏苒，转眼间一个学期已然过去，我于2019年9月开始在四川省凉山彝族自治州宁南县民族小学支教。在这一个学期里，我从支教的过程中学习到了很多的经验，也体会到了很多的感受！

## 感悟生活

我们刚到民族小学，民族小学的包三且校长就热情地欢迎我们四位支教老师，让我感受到了包校长对我们四位支教老师的重视和关心。校长早早就让人装修好我们在学校附近的住所，里面配备齐全，连基本的生活用品也给我们准备妥当了，打消了我们的生活顾虑。由于住得离学校近，步行十几分钟即可到校，出入非常方便。校长还给我们介绍当地情况、风土人情。在生活中对我们的照顾可以说是无微不至，令我们感受到家一般的温暖。

## 感悟教师

俗话说，"一日为师，终身为父"，来到宁南县民族小学我才深刻体会到这句话的含义。对于民族小学的学生们来说，老师是教书育人的园丁，也是长期陪伴在他们身边的"父母"，他们对学生们的关心和关爱细致入微，关怀备至。让我印象深刻的一件事情是深入学生家庭进行家访：我和唐丽老师（同是支教教师）于11月底在民族小学同事们的带领下，到3位学生家里进行家访。他们都是留守儿童，父母在外打工赚钱，常年不能回家陪伴他们，基本上都是爷爷或者奶奶带他们在宁南县城里租房供他们读书和生活，爷爷奶奶基本上都讲彝语，所以由当地的老师帮我们翻译。大部分家庭都租住在狭小的房子里，光线昏暗，没有合适的桌椅给他们读书学习，孩子们只能伏着小身板在低矮的案板上学习。我们家访了很长时间，看得出来老师们对学生成长的关爱，那一刻他们就像是学生们的"父母"，对家里的老人嘘寒问暖，对学生关怀备至。

每次早操汇报上，老师都是用"孩子们"来对学生们讲话，只有把学生当成自己的孩子，才会对学生用这样的称谓；只有老师们打心眼里将他们看作自己的孩子，才能更了解学生，更爱护学生，更想让他们努力学习，成为优秀的人才。十年树木，百年树人，老师们的良苦用心是孩子们成长道路上的铺路石。此外，民族小学的老师们对我们支教教师也很关心和照顾，在教学上我们也相互学习了很多，回首当时的时光，至今仍然感谢和他们的相遇与相处。

他们作为教师，不仅仅是祖国花朵们辛勤的园丁，更是留守学生们的"父母"，因为他们给了学生们缺少的父爱和母爱，这是我在支教期间最为感动的事情，也让我懂得了不仅要教授学生知识，还要以爱教育学生！

在这次支教的过程中，我深感这些教师的可贵之处，他们都有各自的家庭，但是他们依然将大部分的时间和精力放在留守儿童身上，无怨无悔。他们也面临着经费不足、教师待遇偏低等困难，但是学校的领导和老师们识大体、顾大局，把一切的精力和心血倾注在学校教育上，这种高度的社会责任感、对教育的爱岗敬业，以及奉献的精神深深地打动了我。

## 感悟教学

在教学方面，原本民族小学没有英语科目的教学，自从我到来后，校长便开设了这门课程，安排我教授五年级和六年级小学英语。由于学生们绝大部分都是没有英语学习基础的，所以我便以"兴趣教学"为切入点，以打好英语基础为主，坚持以"兴趣是最好的老师"为教学理念，让学生们在轻松有趣的学习氛围中学习英语知识。孩子们的英语基础差，所以我就从基础知识入手，结合课本内容慢慢引导学生扩展更多的知识。后来，我还参加了民族小学艺体组教研活动，参与了听课、上课、评课等活动，在公开课上我向当地老师展示了我的教学模式和理念，非常荣幸地得到了他们的认可和好评，我也从其他老师身上学习到他们良好的教学方法和教学经验。

虽然每个教室都配有一体机，但是由于常年使用，有些设备出现了不同程度的损坏，所以造成了教学上的一些困难，比如：多媒体不能播放声音，我便使用手机播放视频通过扩音器播放声音；触屏不灵敏，我便在课间休息时间提前到教室，把需要用的课件播放出来；一体机出现卡机状态，我便尝试关闭一些运行的程序，确保讲课能够顺利进行。如若行不通我会尝试其他方法，我相信办法总比困难多。汪国真曾经说过："既然选择了远方，便只顾风雨兼程。"当我在教学上遇到困难时总会想起这句话，于是虚心向同事请教，努力克服困难。即使觉得辛苦，为了可爱的学生们却也值得。孩子们纯净的笑容让我的心中充满阳光，充满力量，再大的风雨也无所畏惧！

## 感悟学生

第一次见面时,每个学生的眼里都充满了好奇,对于初来乍到的老师,他们有问不完的问题,却并不害怕,而且主动与我们亲近。从他们身上我看到了纯朴和天真、真诚和可爱;了解他们的情况以后,我看到了他们的弱小和无奈、对知识的渴望和对陪伴的期待。他们是众多留守儿童的一员,父母常年在外打工,对孩子缺少陪伴,孩子们在学校待的时间长,自然而然地想要得到关注和关爱。但是,有的孩子确实学习不太好,不会表达,又想得到老师的关心,所以当老师忙得不可开交时他们会选择在课堂上以捣乱的方式引起老师的注意,老师需要耐心地了解事情的来龙去脉才能好好开导学生,要打开学生的心结才能让他成长和热爱学习。

在课堂上,他们认认真真地学习知识,积极地举手发言;在课下,他们会凑过来和我说说话,聊聊天。有一次,一位学生在下课后跑过来对我说:"老师,'I love you'是什么意思呀?"我以为学生是在请教我,便说:"我爱你。"没想到学生接话:"I love you, too!"我才反应过来这是学生表达情感的可爱的小套路,我想以后都不会忘记这样可爱的话语的。在他们眼里,老师不仅仅只是老师,也是能与他们随和聊天的朋友,是关心爱护他们的长辈。他们会询问课上没有弄懂的知识点,分享自己身边发生的趣事儿,会说些笑话逗老师笑,会互相开玩笑似的打对方的"小报告",用他们的真挚与单纯打动着我的内心,让人从心底里喜欢这群可爱的学生们。

在下课铃声响起后,一堂课就结束了,走在校园里,孩子们热情得不得了。无论是向你走来,还是远远地看见了你,他们会成群结队跑来向你问好,他们还会露出甜甜的笑容。有一次,有个小孩朝着我迎面跑来,已经跑远了却又突然跑回来,对着我深鞠躬,说一声:"老师好!"这时,我总是能深切地感受到山里的孩子对老师的尊重,不仅行为举止异常礼貌,更重要的是他们对老师发自内心的尊重和喜爱,这令我格外感动。

每天放学后,孩子们就会排起队伍,有秩序、有规矩地等待食堂开饭。每每经过他们旁边,他们都会抬手敬礼,然后说:"老师好!"每次听到学生们的问好,我心里总是很开心、很自豪,自豪于我是一名教师,更自豪于我是这些可爱的学生们的老师。

在大山里,我想再美的景色也不如孩子们灿烂的笑容。教师节那天,我收到了人生中的第一份教师节礼物——一张张学生们亲手写画的祝福卡片和一声声祝福。我看着卡片,上面是他们天真无邪的创意、稚嫩的构思、真挚且美好的祝福。在节日典礼上,学生代表发言,表达了对老师们的感恩,学生们送给老师彩色的气球。它代表着学生们对老师的感恩和尊敬。当学生把气球交到我手里,那一刻我赋予了气球以真心的愿望:愿学生们能健康快乐地茁壮成长,愿学生们能学有所成,走出大山去探索更宽广、更美好的世界,愿学生们能保持对理想的憧憬、对生活的热爱,愿学生们做一个对社会有贡献的人,愿他们拥有美满的人生!当我们老师放飞气球时,孩子们激动得手舞足蹈,开心地仰望着飞向天空的气球,顺着他们的目光,我看到五彩斑斓的气球载着我们老师的期盼和愿望,冲向云霄!

临走前,有学生问我:"郭老师,你放假就回去了吗?""下次还来吗?""老师,你以后会想我们吗?"学生的每一句话都让我觉得非常难过和不舍。有一次,两个女孩子来到我办公室,说非常舍不得我走,想要我再抱抱她们,有个女孩子哭了出来,我连忙安慰她,并告诉她:"老师以后有机会一定会回来看你们,希望你们能好好学习,学有所成,然后走出大山,来到老师所在的城市看看老师,让老师看到你们的成长和成功!"

其实,山里的孩子最不缺的就是善良,他们淳朴、懂事,常常靠着微小的举动,给我们带来满心的温暖,我想这是我一辈子都难以忘记的。

## 感悟学校

凉山州宁南县民族小学位于宁南县东南部、金沙江北畔,坐落在青山碧岭间。共有学生超过1000人,80%以上为彝族留守儿童,有20个教学班,在编教师44人。

原以为民族小学只是乡镇式的普通小学,设备落后,教资、物资不齐,环境差,等等。从踏入民小的第一步我对它的刻板印象就改变了:校园干净整洁,树木丛生,鸟语花香,操场宽敞平坦;学校周围能看到高耸的群山,每天都呈现不同的景色,令人神往;教师办公室整洁宽敞,井然有序,设备齐全且现代化。

由于大部分学生是留守儿童,所以学校一直都在做"控辍保学"的工作。学校里有学前班,以及一至六年级的学生。由于是少数民族学校,学校要求学生在学前班就学习普通话,所以没有出现支教老师和学生无法沟通的现象。学校也一直重视学生的安全问题,中午基本上全校学生都在学校食堂吃饭,在教室午休,学校要求低龄段的学生尽量让家长接送,高龄段的学生留校上晚自习。

学校非常重视孩子们的阅读,日有所诵,书声琅琅。学校设有图书馆和图书角,帮助学生增长知识、丰富见闻,为他们创造知识的海洋。

## 感悟成长

我是这次支教团队中年龄最小的成员,缺乏锻炼也比较缺乏经验,所幸有许多有经验的老师帮助我,为我加油打气,让我这个新手慢慢地上手,使我成长了许多。我更像是个学生，不断地学习教学经验和方法，在实践中了解自己，在实践中战胜各种困难和挫折，经受锻炼，提高自身的综合素质和能力。

12月份，教育部名校长叶丽敏校长带领了一批经验丰富的老师们跨越山河大海，经过舟车劳顿来到民族小学进行对口帮扶工作。叶校长在民族小学做的教学经验分享讲座让我受益匪浅，其中，叶校长就"如何成为专业化的优秀教师"这一问题进行分析，她将其总结为重要的三句话：一是当一名想做教育的人；二是当一名能做教育的人；三是当一名做成教育的人。这三句话使我对教育有了深层面的思考，也让我更加重视自身的素质培养。教师也要做到活到老学到老，不能用今天的知识和理念去教育明天的学生；更新自我，升华自我，才能更好地教育学生，培养符合时代要求的新型人才。

习近平总书记说：不忘初心、牢记使命。从有教育的意识到坚定教育的意志，从有做一名教育人的意念到将做一辈子教育人的执念，这个过程需要我们时刻都不忘初心；从教书到育人，路漫漫其修远兮，更需要我们一直牢记使命！

## 反思与感恩

时光荏苒，一学期的支教生活过去了，在这个过程中，我们从初到他乡，到视他乡为第二故乡；从学生的眼中看到对我们支教老师的陌生与好奇，到熟悉和喜爱以及不舍。

这次支教让我学习到了很多从课本上学不到的东西，切身经历了社会交往的过程，感受了其中的酸甜苦辣。虽然是短短的一学期，但这是我人生当中难忘的一段经历，将会给我今后的教育生涯打下坚实的基础，也将会是我人生中浓墨重彩的一笔，让我的人生变得更加的熠熠生辉。在今后的学习中，我会严格要求自己，在努力学习专业知识的同时，加强其他方面能力的培养，真正提升自己的全面素质，做一名优秀的人民教师。我会为这个信念坚持不懈地努力和奋斗，用一辈子去诠释它，实现我的人生价值。

感恩这次支教之行，让我在这段时间里收获了教学经验，收获了同事们的关爱和帮助，收获了学生们的喜爱和尊敬；同时，也为自己感到自豪，我自豪于能为国家送教援培、为帮扶凉山州贡献出自己的一分力！眼中有光，心中有爱，暖暖凉山情，常伴吾身。

## 满山花儿在等待　彝族孩子在等待

海口市琼山甲子中心小学　莫开艳

一

2019年8月11日，学校发出通知，将遴选一名教师去四川凉山支教。我看到这则消息后非常激动，很想报名，于是跟家人商量，好在家人都支持我的想法。经过遴选，我很荣幸能作为叶丽敏名校长工作室的成员赴川援教。

带着浓浓的期待，在8月30日早上5点，吻别还在睡梦中刚满一岁的娃儿，告别亲爱的家人，在蒙蒙的雾色中，奔赴机场。令我意外的是，敬爱的叶丽敏校长已早早到达机场，只为给我们送行。我们带着对凉山教育的奉献和担当来了！

9月1日，首批凉山支教教师研修班暨凉山教育帮扶行动动员会在西昌召开，作为叶丽敏校长工作室派出的支教老师，我很荣幸能参与到本次活动中。

在启动仪式中，来自全国30个省、市、自治区的专家、领导和基地代表出席了动员会。我们深刻地认识到：百年大计，教育为本，本次活动对打赢脱贫攻坚战意义重大。

习近平总书记曾说过："功成不必在我，功成必定有我。"每个支教老师都怀揣梦想，准备赴一场与大凉山的约会，我们立志：不负重托，不辱使命！

教育部全国中小学校长培训专家工作组秘书长黄贵珍同志简单介绍了本次帮扶活动的筹备和准备工作，并代表组织为支教老师们带来了关心和问候，"支教老师不孤单，党和国家都在关注你"，为每个支教老师提供了坚强有力的后盾。

教育部教师工作司副司长黄伟同志在发言中强调：支教老师要教好学生，培养有爱国主义情怀的社会主义接班人，为孩子们扣好人生第一粒扣；要带好队伍，不仅"授人以鱼"，更要"授人以渔"；要锻造自己，磨炼自身品质，开展实践，知学合一。

启动仪式结束后，为了让大家更好地了解凉山，融入凉山，会务组贴心地安排了凉山州教育和体育局局长廖虎、中科院副研究员龙迪、海淀区进修校校长罗滨、江苏行政干部培训中心专家严华银、吕梁市离石区城内小学校长田雪梅等专家和领导为支教老师们带来"凉山州情介绍、支教路上困难与压力应对"等培训讲座。

我们基本了解了凉山州的情况：物产丰富，景色优美，人们热情纯朴，但是贫困地区教育缺口极大，出行难，发展难。我们过来进行帮扶活动也许会有各种各样的不适应，但是我们的大后方有来自全国各地的专家团队，我们要做有情怀更有胸怀的支教老师，不仅扶贫更能扶志！

## 二

满山花儿在等待，彝族人民在等待，学校孩子在等待。我们将要奔赴教育帮扶一线了。

培训结束后，黄伟副司长和廖虎局长亲自来到大巴前，对我们嘱咐，给我们送行。

我被分在宁南县，这里虽然说是大山里的县城，却没有我们来之前所想象的那样萧条或落后。宁南是一座美丽的山城，素有"南国风光小天府""金沙江畔绿色明珠"的美誉。境内最大的自然风光是放眼一片绿，田园兼桑园。这座位于四川凉山州的小县城由于地处大山深处，地势偏远，交通、经济、教育等水平还有待提升。大巴在弯弯曲曲的山路中盘旋行驶，经过三个多小时的车程，我们来到了宁南，受到了县委书记、县长等领导的热情接待。第二天参加了西昌市领导班子组织的欢迎见面会，全县的中小学校长都到场参加此次见面会，更加详细地为我们介绍了本县教育的基本情况。

我支教的学校——宁南县民族小学，现在临时借地办学，新校区计划在2020年9月竣工开学。民族小学的办学规模为20个班额，共1011名学生，65名老师，办学业绩在宁南县甚至是凉山州名列前茅。

见面会后，在各位领导们的关爱下，我们来到了宁南县民族小学为我们安置的住所，真的是满满的惊喜。已经做好了吃苦准备的我们，完全没有想到这里提供给我们这样好的条件：客厅宽敞干净，准备了新鲜的应季水果，房间里铺好了崭新的床单、被罩，备齐了毛巾、脸盆等生活用品……太多太多的温暖和感动，这就是像在家一样的温暖。

谢谢国家和领导的关爱，谢谢宁南县民族小学这个大家庭的关爱，谢谢来自大凉山的关爱。我们一定会尽自己所能，把自己的一切贡献给大凉山，不忘初心，不辱使命！

## 三

本学年，我负责四年（2）班的数学课、科学课及副班主任工作。本班基本上是彝族学生，我深感身上的担子很重。我拼命补课，尽量融入他们的学习生活。我向班主任了解情况，和学生谈心谈话，跟他们一起踢球，一起吃饭。

面对他们的提问,我耐心解答。慢慢地,孩子们发现这个年轻老师不太一样。再后来,我成了他们中的一员,和他们一起分享欢乐和伤心。

一次,我刚下课,一个孩子偷偷跑到我面前,从他兜里掏出一个塑料袋,然后小心翼翼地打开,拿出一块"奶疙瘩"给我,告诉我:"老师,我感觉您特别累,这是我今天的零食,我把它给您,您尝一尝,特别好吃,别人我才舍不得给呢。"看着孩子那特别认真的样子,我的眼泪差点忍不住流了出来,那一刻我深刻地感受到了支教以来最大的快乐。

随着时间的流逝,我慢慢适应了学校的支教工作和生活,一切开始走上正轨。孩子们从小没有养成良好的学习习惯,我就给他们纠正。有时候我会为课堂纪律和他们的学习情况而生气。这时候,学生们会在下课后偷偷跟我说:"老师,我去给你打点水吧,多喝热水,消消气,下节课可能还会继续生气!"学生的话让我哭笑不得,却又心里暖暖的。课下,孩子们喜欢踢球,常常拉我一起去,但是我不会踢,经常碰不到球。看到我生气了,他们就会说:"老师,下节课我一定给你传球,别不高兴了。"我又被他们的天真可爱打败了。

在学习之外,为了让孩子们更多地了解外面的世界,树立自己的梦想和目标,我不断地"骚扰"我的大学同学,请他们给孩子们分享学习方法。我还给孩子们看我外出旅游的图片,给他们讲游历的感受等。除此之外,为了让孩子们提升自己的综合素质,开阔眼界,我们举办梦想成才讲座,给他们做梦想的指引。在重大时间节点,开展专题教育,举办各类素质拓展活动,提升他们的自信心。看着孩子们慢慢地变得活泼了,沟通变得顺畅了,对未来产生了更加美好的憧憬和想象,我感到无限的满足。

## 四

在这金桂飘香、硕果累累的季节里,在四川省凉山州宁南县民族小学数学组的"提高彝族学生计算能力的策略探究"校内课题即将开题之际,我有幸作为教育部支教老师与资阳支教老师、县教研培训中心资深数学教研员联合开展"提高计算教学的有效性"教研活动。

首先由包三且校长对本次数学教研活动致辞。

接下来活动从以下两个环节来进行。

### 第一环节:示范课

我的示范课:"三位数乘两位数(因数中间或末尾有0的笔算乘法)"

本堂课教学目标明确,重难点突出。我采用"小组合作"的形式引导学生用类推迁移的方法得出三位数乘两位数的算理，体现了"学生为主体，教师为主导"的新课程理念。课堂气氛活跃，有梯度的练习题让学生更好地巩固了新知。

李永亮老师的示范课："1～5的加法"

基于一年级小朋友好动、注意力不集中的特点，李老师通过引导学生用"摆手势""画气球"来表示分与合，大大激发了学生的求知欲。

谢刚老师的示范课："整数乘法运算定律推广到小数"

谢老师语言风趣幽默，引导学生通过以"小组讨论，合作交流"的形式把整数乘法运算定律推广到小数。谢老师说："简便运算是为了丢掉草稿纸，学会'偷懒'。"同学们，你学会"偷懒"了吗？

### 第二环节：说课，评课

本环节由数学组组长胡建巧主持，三位老师先进行简单说课，再由资深数学教研员和全体数学教师一起评课。

杨勇校长对三位老师的精彩课堂进行了点评，并感谢支教老师不远千里来传经送宝，同时希望通过"师徒结对"来提高民小教师的教学能力。

相信在各级领导的关心和指导下，在支教团队的引领下，在全体数学教师的共同努力下，宁南县民族小学数学组校内课题一定能如期、有序地开展。祝愿宁南县民族小学越办越好，教学成绩再创佳绩。

### 五

课堂纪律松散，随处扔垃圾，红领巾戴得东扭西歪，书写潦草，作业不按时交，同学间因一点小事就打斗起来，一下课就在走廊地板上扭打，衣服上沾满灰尘和污垢……这就是我初识的四年（2）班一些孩子的表现。

著名心理学巨匠威廉·詹姆士说："播下一个行动，收获一种习惯；播下一种习惯，收获一种性格；播下一种性格，收获一种命运。"正所谓观念变，行动就变；行动变，习惯就变；习惯变，性格就变；性格变，命运就变；命运变，人的一生就会改变。

改变！必须改变！面对着这群已有些许野性但骨子里非常善良的孩子，我先立下规矩，然后在细微的生活中用关心、真诚、怜爱慢慢走近他们，经过两个多月的努力，改变一直在递进，我的笑容也变得越来越灿烂……

身教比起说教、喝令威力来得更猛。在对孩子们三番五次强调卫生习惯而他们却不听从的情况下，我连续弯下腰捡了三天的教室垃圾，第四天终于打开了孩子们"讲卫生"的那扇大门，有的孩子也弯下了腰，有的孩子拿起了扫把。两个星期后，班中尼咪你呷同学写道："莫老师对我们卫生的问题很严厉，立下的规矩让我不爽，但令人高兴的是，几个星期后，我的这个坏习惯改变了。"

因为心不专，孩子们的书写非常潦草，计算错误率也很高，作业本、练习本通用，涂画随处可见。为了激励他们工整书写，我除了强调书写格式，还每获10个"优"给予一次小奖励，每次测试书写工整奖励两分，阶段性小结书写成果并给予展示。仅仅两个月，孩子们的书写就有了很大的改善。

## 六

在普天同庆中华人民共和国70周年华诞的喜庆氛围中，2019年10月12日，四川省宁南县迎来了全国中小学幼儿园教师培训专家工作组专家、教育部首期名师领航工程名师赴凉山州送教援培活动。作为支教老师，我有幸参加此次活动。

上午由北京教育学院教授、原院长，教育部全国中小学幼儿园教师培训工作组组长李方同志为我们做报告：大凉山，大教育，大有作为。从李教授的精彩讲座中，我学到了以下几点。

**1. 公平而有质量的教育是新时代新要求**

教育是国之大计，党之大计。培养什么人，是教育的首要问题。

（1）要在培养奋斗精神上下功夫。

（2）要在坚定理想信念上下功夫。

（3）要在增强综合素质上下功夫。

（4）要在厚植爱国主义情怀上下功夫。

（5）要在加强品德修养上下功夫。

（6）要在增长见识上下功夫。

**2. 坚持立德树人，落实"五育"并举**

基本要求是树立科学的教育质量观，构建德智体美劳全面培养的教育体系，健全立德树人落实机制。

主要为提升智育水平，强化体育锻炼，增强美育熏陶，加强劳动教育，优化教学方式，促进信息技术与教育融合应用，等等。

**3. 优化课堂教学，培育大国良师**

认知规律学习变革，倒逼课程教学创新，要有大国良师的使命担当。因为教师是人类灵魂的工程师，是人类文明的传承者，承担着传播知识、传播思想、传播真理、塑造灵魂、塑造生命、塑造新人的时代重任。

**4. 大凉山，大教育，大有作为**

上好每一堂课，做"四有"好老师，而"四有"是指：有理想信念，有道德情操，有扎实学识，有仁爱之心。

每一次聆听专家的讲座都是心灵的洗礼，在此非常感谢李方教授带来的精彩讲座。另外，当天下午，正高级教师、特级教师，教育部"国培计划"首期中小学名师领航工程学员尹侠同志在宁南县朝阳小学做了精彩的报告——"怎么上好小学数学课"（见附录），使我受益匪浅。

## 七

2019年10月16日晚上，四川省凉山州宁南县民族小学开展"万师进万家"活动动员暨工作安排会。

次日下午，我与班主任尤老师便对本班几位学生进行家访。孩子们按约定时间，早早就在家门口外几百米处等待我们的到来。看到我们，他们很是开心。

赵某的爷爷很热情地在楼梯处等我们，一路有说有笑地把我们领到他家里。爷爷一人带了四个孩子，居住在租来的小小单间里，只为了让孩子接受更好的教育。

这是学生陈某某的家。据陈某某的外婆说，在她出生才三个月时，爸爸、妈妈就外出天津打工，一直由外婆带她和妹妹。外婆说着说着就哭了……前几年条件好了点，为了给孩子创造更好的学习环境，便从山上移居到县城，租房让她俩上学。

谭某某的爸爸外出打工了，但妈妈为了能陪伴两个孩子成长，没有选择外出打工。但是她哽咽着说："工作早出晚归，早上五点出门的时候孩子还没醒，晚上十一点回来，孩子已经睡了。平时都是由奶奶照顾孩子的食宿。"

还有一个带着九个孩子的老婆婆，而我班的杨某某就是这九个孩子其中之一。孩子写作业是以床为书桌，席地而坐。九个孩子加上婆婆十个人睡在三张凑在一块的床上……婆婆不会说普通话，也不会四川话，只会彝语。婆婆要照顾九个孩子的生活起居，其中一个才几个月大。

我们还走访了好几家，情况都大同小异，就不一一说明了。

在如此艰苦的条件下，孩子竟能这样好学，取得这么优异的成绩。此次家访，使我感触颇深，几次泪目。希望爱心人士能给他们多一些关怀与帮助，让孩子们的明天变得更加美好。

## 八

有一种生活，你没有经历过，就不知其中的艰辛；有一种艰辛，你没有体会过，就不知其中的快乐；有一种快乐，你没有拥有过，就不知其中的纯粹。

某某同学，刚接触的时候，他内向、不善于表达，不主动交作业，即使老师强硬要求，也不会完成。可这孩子善良，有一次学校发苹果，我发现他跑到我身边左看右看，然后从身后悄悄递过来一个苹果说："老师，您吃个苹果。"当时只是想让他多吃一个，所以拒绝了说不要，可看到他失望地走了，我内心很不是滋味。第二天下午放学，我让他和我一起走出校门，搂着他的肩膀小声地跟他说："以后你要是愿意叫老师妈妈也可以的。"孩子看着我微微地点点头，此刻，我的眼睛含着泪水，细想父母的缺失给孩子的创伤该有多大！这个彝族年，他和奶奶极力邀请我到他家里做客，我想以一个妈妈的身份给予孩子家的感觉，于是上午带着他在县城逛了一圈。孩子穿上我给他买的新衣服，迈着轻盈的步伐，脸上挂着幸福的笑容，这笑容是我这两个月来看到的最灿烂的笑容。

有个乖巧、听话的孩子，父亲已去世，母亲带着她和两个妹妹生活。在一次放学的路上，下着毛毛细雨，她正好走在我身边，我随手把她搂过来一起撑伞，边走边问了她家里的情况，问到父亲的时候她低声地说："父亲去世了。"我把她紧紧地搂住说："没事，以后老师来爱你！"她说了声："谢谢！"课堂上，我的笑容经常投向她，看着她一天天地变得越来越活跃，一天天地进步，我非常为她高兴。

某某同学，性格内向，学习基础比较差。父亲已故，母亲带着姐姐、妹妹和她一起在县城租房子生活。彝族年前夕，我带着一点心意去看望她和她的家人，没想到她家租住的房子环境特别糟糕，猪、鸡的屎味把人熏得差点窒息。虽然学习基础差，但她也努力追赶着，成绩也在一点一点进步。

眼前白净斯文的孩子王某某，父亲已去世，问及母亲不肯说，只告诉我他跟着爷爷住在一起。这孩子积极向上，诚实善良，这两个月来从卫生到学习是改变最大的一个学生。彝族年前一天，我想让他带我一起去看望他爷爷，但无论怎么说他都不肯，每次上课看到他，都觉得好心疼。

某某同学，刻苦、勤奋、懂事。她现在的数学计算也基本是满分。彝族年我想给她买牛奶，她不让买，实在拗不过我，她就拽着我让买便宜的。

两个月前的某某同学，有些小顽皮，在课堂上捣乱，作业写的字让人猜半天，每天玩墨水涂满手；今天的他，基本告别了手脏，书写也能让老师看懂了，最可喜的是上课能基本控制自己，不捣蛋了，作业也能偶尔得优了。

某某同学，留守儿童，父母远在新疆打工。她是我最得力的学生，稳重、刻苦、上进、做事专心、懂事、善良，字写得很工整，学习成绩在班里数一数二，课余会给我讲彝族习俗，偶尔周末会约上同学来看我。

在黑板报的心愿栏里，我看到大多数孩子都写着："好好学习，考上大学，走出这座大山，让爸爸妈妈过上好日子！"多么有理想的孩子！努力吧！老师相信你们是最棒的，也相信你们一定会实现自己的愿望！

知识能改变命运！外面的世界很精彩！孩子们，加油！

## 九

2019年12月8—11日，名校长领航工程叶丽敏工作室、海南省小学卓越校长叶丽敏工作室帮扶支教学校成员及专家赴四川省凉山彝族自治州宁南县民族小学校开展教育帮扶活动。

12月9日7点10分，天还没有放晴，在凛冽的寒风中，叶丽敏校长一行人虽然身体备感不适，但依然按计划让大家根据分工开始了第一天的驻校诊断活动。早晨7点30分，叶丽敏校长一行与民族小学的全体师生一起参加升旗仪式。

随后，我陪同叶校一行专家们观看校园环境，查看功能室，聆听汇报，参观活动，观察课堂，查阅资料，召开座谈会和问卷调查等。

当日下午，通过中层干部、教师、学生、家长四个座谈会和问卷调查，民族小学发展的坚实脚步和优秀得到肯定！在座谈会上，极少听到不协调的声音，特别是对学校领导，更是赞誉有加。在这所学校里，"头雁"是团队最好的榜样的重要性再一次得到了印证。

叶丽敏校长与宁南县民族小学校中层干部进行座谈会。

林洪师校长和赖斌主任与学校20名教师，在学校党建办公室进行了教师座谈会。

李学慧副校长和王岚主任与21位家长进行了座谈。

林道政校长、王忠副校长和陈史教导主任组织学校四至六年级共20名学生代表进行此次座谈会。

叶校长在来凉山之前发动工作室成员校，仅用两天的时间就为民小共捐赠了将近24万元。非常感谢工作室校长们的教育情怀、教育大爱、教育善举……

大家用实际行动为凉山支教献出了爱心，表达了善心！满满的都是正能量！

驻校诊断活动结束后，叶丽敏校长与在宁南县支教的老师们进行了亲切的交谈，了解支教生活和工作情况；特地给我们送来了翻页笔、羽绒服和工作电脑，还转达了同事们对我们的问候。

对叶丽敏校长等学校领导千里迢迢赶到凉山州宁南县看望并慰问我们表示真心的感谢，我们内心备感温暖！支教以来，我服从组织安排，乐观面对各种挑战和困难，在工作岗位上尽职尽责。

帮扶，让彼此共同成长。缘分，让岁月更加美好！情怀，让内心更加安定。坚守，让生命增加厚度！

十

我的支教生活是快乐的，是丰富多彩的！

除了做好本职教学工作，我还有幸参加民族小学校内幼教点的活动，参加幼儿学普成果展演《唐诗新唱》的指导和点评工作。小朋友们非常优秀，最后拿了一等奖。

周末跟特级教师陈礼旺品读《论语》。

参加晚会：庆祝中华人民共和国成立70周年。

谢谢支教战友陈老师的帮助，我才得以一路绿灯，亲临西昌卫星发射中心，目睹火箭发射。

每到节日，总能收到孩子们用心准备的礼物，爱你们哦！

谢谢四年（2）班可爱的孩子们给我过"离别"生日，穿上漂亮的彝族服装陪莫老师拍拍拍！

当慢慢适应了支教老师的角色，成为学生口中的莫老师，我愈发觉得把自己的本职工作做好，把教书育人的工作做好，它不一定多么轰轰烈烈，却一定是刻骨铭心；它不一定多么伟大，却一定是生命中不可或缺的荣光。半年的支教虽然结束了，但孩子们天真的笑脸、纯真的话语，让我对这片热土无比留恋。我会记得，那个义无反顾做出的青春选择；我会记得，那段三尺讲台教书育人的日子；我会记得，那段奉献青春凉山支教的岁月。亲爱的同学们，请记得我们的约定：十年后来海南找我！我们挽着手，一起看外面的世界！

## 附录："怎么上好小学数学课"内容简述

一、小学数学教学观——求"真"和"实"

课堂要做到简练、大气、质朴。

学生要做到体验、思考、表达。

教师要做到全面、准确、深刻。

二、小学数学教材，要读透

数学——说明文：理解基础上的表达（例题、习题）——以"理"服人。

三、小学数学教与学的功能定位

要求教师帮助学生理解"四基"，培养"四能"，形成素养；评价学生独立理解学科层次，上不封顶，下要保底。

四、小学数学课堂：教好

数学老师，以研究如何让学生更好地理解数学为根本！其外的忠告：不要赶时髦，将数学课上得"三不像"，害学生。

五、什么是数学课的"有效教学"

"有效教学"的特点：有效果，有效益，有效率。

实施"有效教学"的目的：降低无效时间的劳动成本，避免负效、低效的课堂教学。

六、会设计小学数学教案吗

（1）好课的标准：抓住知识的本质，创设合适的教学情境，启发学生思考，掌握所学知识技能，感悟数学思想，积累思维和实践的经验，形成和发展核心素养。

（2）设计宗旨：符合逻辑地教。上与别人不一样的兼顾素质与质量的课！即：认知逻辑＋知识逻辑＝教学逻辑。

# 宁南，我的第二故乡

昆明市五华区武成小学　唐　丽

我是来自云南省昆明市五华区武成小学的一名年轻的信息技术教师，2019年是我参加工作的第三年。2019年9月，我有幸参加首批凉山支教教师研修班暨凉山教育帮扶行动，此次支教让我受益匪浅，让我认识到教育的重要性，也感受到国家对教育的重视。作为我们学校的代表走出去支教，这是学校对我的信任，也是对我的锻炼，因此，我欣然接受这一切，我暗自发誓要做好此次支教任务，决不辜负学校对我的信任！带着饱满的热情，我踏上了支教之路。2019年8月31日，我乘坐火车来到凉山州，到西昌时已经是晚上8点了，凉山州教育和体育局的工作人员已为我们安排了食宿，让我备感温暖。

9月1日早晨7点40分，我们来自30多个省份的100多所学校的支教老师和凉山州及凉山州各县领导一同合影，合影结束后我们来到邛海宾馆的会议室举行了首批凉山支教教师研修班暨凉山教育帮扶行动动员会。习近平总书记曾说过："功成不必在我，功成必定有我。"每个支教老师都怀揣梦想，准备赴一场与大凉山的约会，我们立志：不负重托，不辱使命！教育部全国中小学校长培训专家工作组秘书长黄贵珍同志简单介绍了本次帮扶活动的筹备和准备工作，并代表组织为支教老师们带来了关心和问候，"支教老师不孤单，党和国家都在关注你"，为每个支教老师提供了坚强有力的后盾。

教育部教师工作司副司长黄伟同志在发言中强调："支教老师要教好学生，培养有爱国主义情怀的社会主义接班人，为孩子们扣好人生第一粒扣；要带好队伍，不仅'授人以鱼'，更要'授人以渔'；要锻造自己，磨炼自身品质，开展实践，知学合一。"

"授人以鱼，不如授人以渔"是我一直喜欢并为之付诸行动的一句话，此次支教我也将把这句话落到实处，要给凉山的孩子们留下一笔重要的"财富"。培训结束后，各支教教师奔赴支教学校，教育部教师工作司、凉山州领导冒雨为支教教师送行，凉凉秋雨中升腾起暖暖的情意。通过这次动员会，我切实感受到了教育部对这次教育帮扶行动的决心和重视。

两天的动员会结束以后，我们一行24人来到了宁南县。说起对宁南县的初印象，是从一条好看的隧道开始，长长的隧道里画着漂亮的民族风图案，这就给了我一个特别好的印象，让本就是少数民族的我对此充满了亲切感。出了隧道后，通过工作人员的介绍，我们看到了宁南出名的凯地里拉温泉度假酒店，对此又添加了好感！这也是我和宁南缘分的开始。进入宁南县县城，入城的大道很宽很宽，一座绿油油的小城，这就是我即将工作、生活一个学期的地方，这比我想象中的支教生活真是好太多了。到达宁南以后，让我备感亲切的还有热情朴实的宁南县的领导及各位同事、学生们！初到宁南的我们，看到领导们热情接待，求贤若渴，虚怀若谷，安排衣食住行，考虑细致周到，无不令人动容，让我们这些背井离乡的老师们感受到回家般的温暖，也让我感受到自己此行的重大意义及使命。我在心里暗暗发誓要对得起教育部及宁南人民的信任，不虚此行，为宁南教育做力所能及的事情。宁南县教育帮扶行动座谈会结束后，民族小学的校长及领导来接我们回家，不仅为我们准备了温馨的房间，还细致入微地准备了各种生活用品，有求必应。正式入住我们温暖的宿舍，认识了一群可爱的同事，真有种住大学宿舍的感觉。

走进宁南县民族小学，一个很不错的校园，这是民族小学的过渡校区，虽然不是那种崭新的校园，但是从进校门开始就充满了书香气息，让我记忆深刻的还有一个约45度长长的坡，这种长长的坡在宁南县是最为常见的。在进校门的右手边，是全校教师的简介、一些健康知识以及足球的相关知识的介绍，这也让我注意到了学校对孩子们足球兴趣的培养。民族小学包校长介绍，民族小学是宁南县最具民族特色的一所学校，为什么呢？因为宁南县的少数民族（彝族）小学生基本都在民族小学了，这让同为彝族同胞的我顿时感觉更加亲切。听包校长介绍，这些彝族孩子大多数都是留守儿童，他们的父母都在外地打工，有些甚至几年都见不到父母一次。对于幸福的我们来说，无法想象这些孩子是多么渴望见到父母，渴望得到父母的陪伴和爱。但从另外一个角度来说，迫于生活，他们的父母也只能无奈向生活屈服，天下的父母谁又不想天天陪在自己的孩子身边呢？在这样的情况下，老师成为孩子和父母之间的纽带，作为老师要更加细心地去关心孩子的生活和身体状况。想到这些，我迫切地想要看到这些孩子了。

我在民族小学的工作是教三、四、五、六年级一共13个班的信息技术，由于师资紧张，每个班只能安排每周一节的信息技术课。而且据我了解，由于校区搬迁和师资紧缺等问题，学校已经停了一年的信息技术课了，所以，我的到来，解了民族小学的燃眉之急。

终于，我见到了孩子们，他们一个个小小的，瘦瘦的，皮肤黝黑。他们对我们的到来很好奇，也很开心。看到他们，我由心底而发的是对他们的怜爱，而对于这份怜爱，我除了给予他们更多的关心和快乐，就是对他们负责。在课堂上尽量关注到每一个孩子，给予每个孩子学习和表现的机会，当然也要关注到上课不认真的学生，让他们在短暂的课堂时间里能学到尽量多的知识。

三、四年级的孩子们之前是没接触过电脑的，他们对我说的每一个关于电脑的知识都好奇，我带着他们第一次进机房，孩子们好奇地这摸摸、那摸摸。他们第一次知道那像个大箱子的东西叫主机，是计算机的"大脑"；那长方形的东西叫显示屏，是计算机的"脸"；那长得像小老鼠的东西叫鼠标……我很享受这样一种被需要的感觉，他们需要我教给他们更多的东西。我发现他们学习新知识的速度有点儿慢，同样的知识点我教给昆明三年级的小朋友的时候可能只需稍做提示，引导他们自主探究，他们就能掌握；但是，这个知识点我教给宁南县民族小学五、六年级的孩子的时候，他们对我的提示完全没有反应。后来我发现，民族小学的孩子们可能习惯了"填鸭式"教学，你塞给我知识，我就接着，却没有主动学习、主动探究的意识。于是，我慢慢地引导他们自己思考问题，试着让他们自己找解决问题的办法，同学互相帮助，找到方法后互相分享。这也让那些学会思考的孩子们找到了自信，因为我知道这些孩子是非常缺乏自信的，所以我会经常给予学生肯定和鼓励。

桂花飘香，秋风送爽。为了提升教师的教学教研能力，推进高效课堂的有效实施，2019年10月15日，宁南县民族小学艺体组开展了教研活动。在这次教研活动中，我上课的课题是"龟兔赛跑（制作奖状）"，这个课题名称是我自己根据教学设计而起的，我想让大家看到这个课题的时候首先想一想"龟兔赛跑"和信息技术会有什么关联，给大家留一个悬念。我用"龟兔赛跑"的故事引出课题，是因为我发现民族小学的孩子不太爱举手发言，因此，我用一个大家熟知的故事让大家参与进来。"龟兔赛跑"的故事他们都熟悉，所以当我问出"同学们知不知道'龟兔赛跑'的故事？"的时候，果然有几个学生举手了，这让我很欣慰，因为我知道他们参与到课堂中来了。我试着一步一步引导孩子们参与问题的分析、研究、思考。这节课的主要内容是在Word软件中制作奖状，每个环节都是学生们自己动手操作，在学生操作结束后，向其他人展示自己的作品，老师给予学生肯定和鼓励，让学生感受到原来他们也可以不用依靠老师一句一句教才能完成任务。对于学生作品中有瑕疵的地方，我特意强调细节，让学生自己看怎么做才能更完美，培养学生的审美能力和耐心，不仅是学生要做好细节，老师更需要做好细节，追求完美！通过这节课，可以看出孩子们主动学习、主动思考的能力已经显著提高，这也是我"授人以渔"的结果。

宁南的彝族孩子们淳朴、善良、天真、可爱。小姑娘们跟我们小时候一样喜欢跳橡皮筋，每当看到这些，我总会想到童年那无忧无虑的快乐时光；小男孩们喜欢玩玻璃球，想必这也是"90后"的我们非常熟悉的吧。他们的课余生活不像城里面的孩子一样整天围着电脑、电视、补习班转，他们的童年充满了童趣和自由。我们住的地方是民族小学的一个老校区，在一个已经废旧的丝绸厂里，有好几栋破旧的房子，原来是丝绸厂职工的宿舍，现在就是民族小学大部分学生居住的地方。因为离家远，所以他们就租住在这个地方，在县城里读书。正好凉山州组织了一个"万师进万家"的活动，圆了我们走进学生家里的计划。在参加宁南县民族小学开展"万师进万家"活动动员暨工作安排会之后，我们这次切切实实地走进了学生的生活，了解到学生的生活情况及学习中遇到的问题。

那天，吃过晚饭，和孩子家长约好，我们兴奋地带着一点补品去看望这个生病请假在家的孩子。她家很难找，走了好几条弯弯曲曲的小道才看见孩子的爷爷在离家不远的地方等着我们。见到我们，年迈的爷爷露出开心的笑容，一口不流利的普通话，带着浓重的彝腔，我们只能通过同事的翻译才能听懂他说的话。爷爷高高瘦瘦的，黝黑黝黑的皮肤，听说他今年已经60多岁了，而平时在这租房子带4个孩子读书的是他的妈妈，她已经80多岁了。孩子们都是她孙子、孙女们的孩子，最小的孩子才读学前班。

我们到她家门口的时候，老奶奶正在楼道上做饭，一个火炉上的一口黑黑的锅，里面煮着一大锅白菜、豆芽和一点火腿肠，这就是他们一家六口人吃的菜。走进家门，你可能无法想象那种场景，可能是一楼的缘故，光线不好，微弱的灯光下，一个小小的房间里有个以前那种学生宿舍的上下铺、一张凌乱的小床，在上下床的四周拴着一条绳子，绳子上挂满了全家的衣服；一张方桌，算是他们的餐桌吧；四周被烟熏得黑黑的墙上挂满了各种生活用品，有一面墙瞬间吸引了我们的眼球，上面贴着满满的奖状——皱皱巴巴的、被烟熏黑的奖状。

三个瘦弱的孩子站在床边，见我们来赶紧缩到一边给我们让座，我们笑着说我们不用坐。我想起我手上还拿着一个从学校食堂拿来的紫薯，赶紧递给他们。他们似乎有些怕我，摇头拒绝，我笑着跟他们说："没事，拿着吧！"他们这才开心地分着紫薯吃，此时的我真后悔没给他们多带点东西。那个生病的孩子已经二年级，快8岁了，但她那瘦瘦小小的身体不像8岁小孩该有的样子，在这样冷的天气里，她只穿了一件薄薄的外套。

看了这些，原本在来的路上那种兴奋顿时消失，心里很不是滋味，这些画面只在电视上见过，却不想真实存在，并且是我亲眼所见。那一刻真的感觉自己比他们幸福太多太多，真的太想为他们做一些事情了。老奶奶不会说普通话，当地同事用彝语和他们交流，老奶奶说，孩子父母已经好几年没回家了，平时就通过电话和家里联系。我问孩子想不想爸爸妈妈，孩子委屈地说："想！"

由于老人家听不懂我们说话，都是同事替我们传达，嘱咐老爷爷好好照顾孩子和自己的身体。我们还和孩子的父母通了电话，叮嘱他们一定要多关心孩子，抽时间陪陪孩子，有问题及时和老师沟通。

走出他们家，我心里感慨万千，暗暗发誓一定要给他们更多的关爱。接着，我们又去了下一个孩子家，这家的房子比上一家要大一点、亮一点，有两个房间，但是也被塞得满满的，进门的那个房间里放着一张床、一个歪斜的衣柜，到处是散落的衣服，靠墙的地方放着一张小小的桌子，墙上吊着一个灯泡，在微弱的灯光下，四五个孩子围在那儿做作业。最小的孩子刚刚读学前班，我弯下腰看他写的作业，发现他写的字是错的，不知道是因为怕我还是听不懂我说话，我教他他却不敢写了，于是我跟他的姐姐说，让她教教他。

走过他们的书桌，隔着一堵墙，还有一间房间，里面放着一张床、一个破了皮的沙发，我们坐在沙发上和老爷爷聊天。老爷爷说他今年70多岁了，他带着7个孩子在这里读书，最小的才4岁，最大的在读初中，都是他儿女的孩子。老人家不识字，平时也无法辅导孩子做作业，他能做的就是接送孩子读书，给他们做饭。这家人也是同样的情况，孩子父母都在外打工，很少回来；他们的老家在很远的山上，为了孩子的教育，不得不来县城里租房供孩子读书；只有在放寒假、暑假的时候，他们才会跟着爷爷回到老家。我问他们放假的时候回老家做什么，孩子们说帮着家里做农活或者带弟弟、妹妹。

后来，我们还和孩子的父母开视频聊天，告诉他们孩子的学习情况。家长表示他们也很想回到孩子身边，但为了给他们更好的生活，才不得不背井离乡去赚钱，他们说会安排好时间回来陪陪孩子。

走出这个孩子的家门，突然发现隔壁是一个四年级孩子的家，我对这孩子的印象挺深，因为他上课的时候喜欢开小差。我跟他打招呼，问他是否方便我去他家看看。他邀请我进去，他们家相比前几个孩子家显得干净、整洁许多，他还有个弟弟，我们进去的时候他的弟弟在做作业，做得很认真。我凑近看，发现他做的作业是错的，我就跟他说："你怎么不教教你弟弟呢？"他这才赶紧过来教他。

我了解到他们家之所以这么整洁是因为他们的妈妈就在他们身边，他的爸爸在老家务农，妈妈为了方便照顾他们就在民族小学的食堂找了一份打杂的工作，虽然辛苦了些，但至少能照管孩子，监督孩子学习，给予孩子陪伴。在我看来这确实是一个很不错的选择了，我跟他聊了他的学习，虽然他有些时候上课不认真，但他的数学成绩还是很不错的，经常能得满分。我们去的时候快晚上8点了，他的妈妈还没下班，只有他和弟弟在家。我在走之前嘱咐他要好好辅导弟弟做作业，嘱咐他以后上课要认真……

从那以后，我就更加关注他，每每他上课不认真我都会叫他回答问题，提醒他好好听课。慢慢地，他的学习态度有了好转，上课更加认真了。

不得不说，这次家访对我的心灵是一个非常大的冲击，才从学生家里回到住处，我就告诉我原学校的校领导我所看到的情况，希望能组织全校师生为民族小学的孩子们募捐，捐衣服，捐学习用品……总之，真的特别想为他们做些什么。这些彝族的孩子们在课余时间总喜欢来我们住处前面的那个小院子里玩耍，有时打打羽毛球，有时爬爬树，有时追逐打闹，在我们睡午觉时总是听到他们打闹的声音。我们也喜欢去和他们说说话，经常拎去大袋的水果给他们分着吃，他们可开心了！他们每次在路上遇到我们，隔着老远就飞奔而来，甜甜地喊着："唐老师！"

此次支教，除了认识可爱的学生们，当然还认识了一群热情好客的老师。在这个学期，民族小学的老师们、领导们对我们说过最多的一句话是"民族小学永远是你们的第二个家"。从我们初到宁南，初到民族小学的那天起，我们这群可爱的同事就无微不至地照顾我们，让我们虽在异乡却能感受到家的温暖。

民族小学的包校长也是彝族的，在他听说我也是彝族以后就亲切地说，我们是一家人，我就是他的妹妹。他们很重视我们的到来，我们也会尽力为民族小学带去我们所能付出的东西，比如更多、更好的教育资源。在这个学期里，民族小学有很多老师第一次走进云南昆明，走进我们武成小学去学习交流。武成小学邀请民族小学的老师们去参加"千课万人"的培训，让他们看到了更大的世界、更多的教育方式、更先进的教学方法。

民族小学的老师们给我最深的印象是他们勤勤恳恳的工作态度，他们超负荷地工作，为民族小学的教育付出太多的辛劳。由于民族小学生源的特殊性，他们不得不特殊对待，以更加负责任的态度去教这些孩子。这些孩子大多数是留守儿童，因此，作为老师，他们有更大的责任去关心他们，需要有更加细腻的心去和这些孩子相处。没有父母在家督促孩子做作业，只能老师来督促；见不到孩子父母，只能通过电话多沟通学生的情况。因此，这些老师需要花更多的心思去做好这份工作。可能他们没办法把自己打扮得很精致，但他们做起事来毫不退缩。

此次支教，令我印象深刻的还有我们这些来自全国各地的支教教师们，特别是广东基地组织来宁南支教的24位老师。背井离乡的我们拧成一股绳，像一家人一样，一起来到宁南，一起过中秋。我们互相鼓励、互相支持，决心要完成好此次支教任务。在我们24个人中，有即将退休的老师，有刚刚参加工作的老师，虽然我们24个人年纪各有不同，但是我们相处得很和谐，我们有共同的目标！我们一起在民族小学支教的有4位老师，他们3位都来自海南，只有我来自云南，一开始我还一直怕融入不了他们的圈子，一个人孤孤单单的，没想到，我们成了一家人。像我们开玩笑说的一样，我们是"同居"在一起的，每天一起吃饭、一起工作。莫老师，离开刚满一岁的孩子来到这么远的地方支教，她的大爱是我们佩服的；王老师，作为副校长的他，是那么和蔼可亲，他的年纪和我父亲的年纪差不多，他总是像爸爸一样照顾我们，帮我们解决各种困难，带我们逛街时买零食给我们吃；郭老师，1995年出生的她，是我们24人中年纪最小的，我们俩可以说是"志同道合、相见恨晚"，原本可能永远不会相遇的我们，因为这次支教成了闺密。常常有学生追问我们俩：

"老师,你们俩是闺密吗?"我们俩相觑一笑,回答说:"是啊!"周末不能回家的我们,会约着去宁南高高的山上拍照,有时间就化化妆,一起追剧,这些都是我们"90后"共同的兴趣爱好,原本孤独的生活也变得有趣起来。

时光荏苒,转眼间,一个学期就要结束了,当孩子们听到这个消息时,我看到他们眼神里的不舍,他们说喜欢我们,喜欢我们以朋友的态度和他们相处,喜欢年轻的我们!在最后一节课上,我买了糖果给孩子们吃,他们可开心了,虽然我的力量微薄,但只要他们能因为我而高兴一分钟,那也是值得的。他们大声喊出"唐老师,我们不会忘了你!"我很开心,我也轻声说:"我也不会忘了你们!""老师,您的QQ号是多少?我们想加您……"

天下无不散的宴席,离别匆匆到来,我收到孩子们的QQ消息:"老师,我们可以来送您吗?""老师,您才走,我就开始想您了!""老师,您慢走!"……我一一回复了他们的消息,告诉他们要好好学习,我永远是他们的知心姐姐。

这次支教,让我成长了许多。去支教的时候我就说,我是去学习的;支教结束,我坚定地说我不虚此行!宁南,成了我的第二故乡!

# 用青春正能量书写匆匆那年

浙江省临海市沿江镇中心校 孙优优

我叫孙优优，来自浙江临海，任教小学英语，目前在四川省凉山彝族自治州宁南县朝阳小学校支教。个人爱好旅行、阅读、运动等，志向是成为孩子们心中最酷的老师、传播正能量的榜样。为贯彻中共中央、国务院关于打赢脱贫攻坚战的决策部署，加大对四川省凉山彝族自治州的教育帮扶力度，2019年6月，教育部教师工作司印发了《教育部教师工作司关于开展四川省凉山彝族自治州教育帮扶行动的通知》，依托"国培计划"中小学名校长领航工程校长学员及名校长工作室成员组织教师赴凉山州支教。8月7日，我在临海市教育网上看到这则局里转发的最新通知，毫不犹豫地报名参加此次支教活动，通过身体素质、教学业务水平及能力等的层层考核，最终有幸成为教育扶贫援川行动的一员。"加油吧！年轻人！"这是我时时对自己的鼓励和鞭策。8月31日，程誉技名校长工作室团队三人（临海市巾山实验小学蒋双花老师和朱海娇老师，还有本人），在临海市教育局副局长李局的护送下，在程誉技校长的陪同下，从浙江省温州龙湾机场启航，历经4小时，跨越2400多千米，终于顺利抵达了四川省凉山州西昌市青山机场。

9月1—2日，我们一起在西昌市邛海宾馆参加首批凉山支教教师研修班暨凉山教育帮扶行动动员会。9月3日，来自全国各地14组支教团队，共314名支教教师，第一时间奔赴帮扶的凉山州17个县市。我们广东省中小学校长培训基地的24名来自天南海北的支教教师，在谈心博士的陪同下，奔赴宁南县。

凉山州山路崎岖，一路上，我们一直承蒙凉山州及宁南县各领导、朝阳小学校领导的诸多关照，历时3小时，顺利抵达宁南县。领导充分考虑到了我们支教教师人生地不熟的情况，不仅亲自把我们从西昌接到宁南，并给我们安排好了食宿。中秋、国庆期间县领导及校领导还专程来我们的住处慰问我们，我们对此一直感激涕零，下定决心时刻准备着为我们的帮扶学校贡献我们的全部力量。

进入新角色，守护教育梦。我们广东基地的24名支教教师，分别帮扶宁南县的6所学校（1所高中、3所初中、2所小学）。我们浙江省程誉技名校长工作室的3人（蒋双花、朱海娇、本人）和湖北省张德兰名校长工作室的3人

（张珺、刘雪、刘子威）组成的 6 人小组帮扶宁南县朝阳小学。浙鄂一家亲，共叙支教情，支教期间我们互帮互助，结下了深厚的支教情谊。朝阳小学，2018 年在党和政府的帮扶下迁入朝阳路 8 号新校区，现有学生 2000 多人，教学班 29 个，幼教班 7 个，教职工百人，学校教学硬件杠杠的，但是软件还有待完善和提高。"扶贫必先扶志，教育才是发展大计。"我们一行人抵达宁南县之后，随即去学校参加教研工作座谈会，与校领导及各科任老师进行沟通交流，深入探讨教学方式和班级管理等事宜，并给出了合适的建议。座谈会在大家的意犹未尽中结束，我们也即刻有序开展教学工作。

"吃得惯吗？住得惯吗？有什么需要帮忙的尽管说哦！"这些都是来自领导和同事们时刻的挂念和问候。正是因为大家对我们持续的无微不至的照顾，我们在生活上才无后顾之忧，在工作上也就更加能够奋勇向前。本学期的援川支教工作不知不觉已接近尾声，我且思且行，不断成长着，收获着，超越着。

现将本学期的思想、工作、学习、生活等方面总结汇报如下。

## 一、严于律己，爱岗敬业

在思想上，我忠诚于党的教育事业，严格要求自己，积极参加各级各类学习；在工作上，我认真履行岗位职责，积极向上，乐于助人，充分发挥"你中有我，我中有你"的团队精神。

## 二、钻研业务，悉心育人

本学期我结合朝阳小学英语组的实际情况和学生的英语学习状况，从实际情况出发，改变以往的传统教学理念，探究自主高效的课堂教学模式，精心安排教学计划，认真设计教学课堂，为进一步提高学校的英语教学而开展切实有效的教学研讨活动，为学生获得终身学习能力、创造能力、合作互助能力打下良好的基础。在教学过程中，让孩子成为学习的主人，在获得全面、和谐发展的同时也能得到个性的发展。

（1）我们一同建立了英语组的公共资源网盘，实现资源整合和共享，群策群力。

（2）为了丰富学校的校园文化，营造浓厚的英语学习氛围，激发学生学习英语的兴趣，也为了让学生养成良好的书写习惯，同时提高学生对已学知识的归纳总结能力和对新知识的探究创新能力，尽情展现学生的风采，我携手英语组同仁组织举办了朝阳小学首届"绘聚童年"英语绘本 DIY 制作比赛。英语绘本制作集美术创意、英语书写、资料收集、故事编写等各能力于一体，体现了各学科的整合，同时还可以激发学生对美的追求，提高学生的鉴赏水平。

在此次英语绘本 DIY 大赛中，孩子们学习英语的热情高涨，大家学会了自己从书籍、报刊、网络收集英语资料，用绘画、用英语书写自己的精彩故事，更享受了比赛的乐趣。孩子们用热情点燃，用真心感受，英语之路未来可期！

（3）我还为本校教师公开展示了一节结合绘本故事的英语语音教学课。整节课教学设计比较富有创造性，抽丝剥茧，层层递进，能够吸引学生的注意力。比如，在教学过程中通过拆音、拼音和分类等语音意识训练活动，引导学生进行发现式的学习，观察、感知、体验并自己归纳出发音规则，从而达到整节课的教学目标实现的最佳效果，课堂趣味盎然，精彩不断。此次示范课，对于转变课堂教学观念、教材研读、学生学习方式改革、学情成果反馈等都有极大的意义，期待今后能将更多的先进教育理念应用于实际课堂，以全面提升教师的自身教育教学能力以及学校的教育教学质量。

（4）与此同时，我还通过多渠道的学习不断提高自己的业务能力。我积极参与各级各类教科研活动，通过对各个专题的学习细化自己的知识结构，在做中学，在学中做，不断积累经验，在孜孜不倦的学习、实践、反思中，不断充实自己，提高自己的业务素质和能力。

## 三、尽职尽责，硕果累累

在工作中，我积极钻研、勇于探索、不甘落后、虚心学习，做到有条不紊、有的放矢，顺利完成了教学任务。本学期我主要担任一、六年级共 5 个班级的英语教学工作，但是这两个年级对于我来说都比较特殊。

（1）一年级的英语教学，是我从教 10 年来第一次尝试，每个班都是近 60 个孩子的情况我也是第一次遇到，而且我错过了暑期的四川省民族地区一年级英语教材的培训。初来乍到的我诚惶诚恐，所幸英语组的同事们给了我极大的帮助，包括对民族地区一年级英语视频教学的解读等。1 个人面对 240 个一年级宝宝，可谓"压力山大"，于是在一开始我就教孩子们制作自己的名牌，方便大家互相认识交流；同时也培优辅差，培养一些英语学习小能手，带带那些"潜力股"，希望在英语学习的道路上，孩子们一个都不要少。除了激发孩子们的学习兴趣，培养他们好的学习习惯，我还帮助孩子们有效地进行学习、练习、复习和知识拓展。本学期，我带领孩子们一起学习了 greetings、numbers、animals、colors、family、body、fruit、classroom、sports 共 9 个主题的英语知识，孩子们经过这一学期的英语学习，已经能够简单地进行基础的英语小对话，并能通过制作一些主题小报进行有效的复习和知识的拓展。创作无限，未完待续。

（2）六年级的这个班级英语基础比较薄弱，基本上无法像我在原学校那样进行全英文课堂教学，甚至连最基本的简短对话都无法正常进行，可以说英语口语基础约等于零。我通过短时间的接触进而迅速调整自己的教学模式并拟定适合孩子们的教学计划，为孩子安排适合的绘本，重新激发孩子们的英语学习兴趣，培养孩子们有效的学习习惯，并教授他们基础的英语自然拼读法。通过语音绘本学习，孩子们重拾信心，并逐渐积累了大量的英语词汇、句型、语音、语篇等的知识储备。我还计划下学期教授孩子们初中一年级的预备课程，可以为孩子们小学毕业后和初中学习接轨做好及时、有效的铺垫。

### 四、援川支教，点滴生活

宁南是个小山城，我们租的住处在城南最下坡，学校却在城东北最上坡，两点之间有4个大斜坡，每天上下班全靠"11路"（两条腿），一个来回脚程约50分钟，每日早出晚归。支教工作，忙忙碌碌，平时生活，更是要及时适应和妥善安排好。初到大凉山的那段时间，由于繁忙的工作（适应新学生、新同事、新学校、新教材，准备各级各类教学研讨、教学观摩和教学示范等），再加上水土不服，饮食不适，本人"华丽"地累倒了。行动困难，全靠同事的小毛驴上下班接送；饮食困难，全靠同事姐姐每天熬的爱心粥续命。病了半个月，药物内服外敷，疗养了半个月，其间并无落下一节课，最终在领导的关怀和同事无微不至的照料下，我重生了（泪流满面）。细数这半年的支教生活，除去那近一个月同"病魔"抗争的时段，其他时间倒是过得挺充实。地处大凉山的山城宁南很小，我们出山很不容易（山路十八弯，乘车会被颠簸到"人格分裂""质壁分离"），于是平时忙里偷闲的生活无非就是在山里自娱自乐，去图书馆（县图书馆、校图书馆、新华书店）觅精神食粮；去聆听特级教师陈礼旺老师品读《论语》的系列公益讲座，修身守仁，克己复礼；约同事用脚步丈量宁南（绕山城宁南爬山、走路、绕圈），锻炼身体；约同事或者被学生约去打篮球，沟通感情，强身健体；等等。忙里偷点闲，苦中作点乐，满满的青春正能量，慢慢书写我这点滴支教生活，有付出，也有满满的收获。

时光匆匆，切身体会而知春江水暖，真情投入才懂滴水石穿，理性思考方解任重道远。爱心支教，育人遇自己。虽然身在异乡，面对着许多的困难，但是我觉得支教生活能磨炼我的意志，丰富我的阅历和人生。一分耕耘，一分收获，在忙碌充实的工作中，我一路成长、一路收获，相信今日播下一颗学习英语的种子，他日孩子们的英语种子一定能够发芽、开花、结果！路漫漫其修远兮，吾将上下而求索，我定当竭尽全力，为凉山的孩子们贡献点滴力量！

## 心愿情怀　逐梦践行

浙江省临海市巾山实验小学　蒋双花

去年暑假，我天天过着恬静的生活，享受着教师特有的"专利"。8月12日下午，我午睡醒来，发现手机上赫然出现一条信息：为积极响应党中央帮扶西部脱贫攻坚的重要举措，我市要委派三名骨干教师前往四川凉山彝族自治州支教一年半，请符合条件的教师积极报名参加。支教！这不是很有意义的事情吗？我去！我要去！趁着女儿上大学了，我可以借此去体验不一样的教学生活，去实现人生的又一个新梦想，体现人生的又一个新价值！但是，我所任教的班级怎么办呢？孩子们马上升五年级了，学校领导会同意吗？一下午，我跌进了纠结的泥潭之中。吃晚饭时，我把支教信息和自己的想法告诉了爱人和孩子。不出我所料，他们认为我想得有点简单，首先认为我的年纪和身体状况不适合外出漂泊；其次，四川是个地质灾害频发的地方，存在着很大的安全隐患；更主要的是双方父母都已高龄，很需要我们的照顾……他们轮番说出很多实实在在的理由，一时真的让我沉默无语。一向懂我的女儿了解我的性格，知道我不直接表态就是暗下决心。第二天早上，我居然发现女儿的眼睛红肿了，不用说，肯定是因我的突发奇想而受罪呢！于是，我跟她坦诚说出了想去支教的所有理由，希望能得到她的理解和支持。晚上，我和爱人又促膝长谈，最终也得到了他的允诺。

转天我把自己想去支教的心愿告诉校长，校长先是惊讶于我的勇气，继而又犯难于我的远行将给学校的工作带来不少困难，希望我能考虑一下所任班级和所在学校的实际情况。最后，迫于我想去支教的强烈愿望，经学校集团领导班子商量，决定同意我去支教，并上交有关申报材料。三天后，市名师工作室、市教育局最终审核通过，委派我参加"首届大凉山帮扶支教活动"，去完成组织交付的这光荣使命。那一刻，我感到无比高兴，也感到肩上沉重的责任。去支教的消息不胫而走，学生家长知道后纷纷来电表示挽留和不舍，让我备感愧疚和抱歉，一部分孩子知道后向我苦苦哀求，多次让我激动不已，黯然神伤。

根据教育部要求，8月31日，我们同行的三个小伙伴在名师工作室程誉技校长的陪同下赶往凉山彝族自治州西昌市。一路上，我们在程校长的带领下辗转上车、登机……有如被家长送往学院深造的感觉。到达西昌的那天晚上，因旅途劳累，我本想早点休息，可是一想到转天孩子们就要到校开学，我的思绪又飘回到千里之外的故乡，好像有很多话想对孩子们说，于是坐在床头为孩子们写下了《致我最亲爱的孩子们》（见附录），发到班级群里与孩子们道别。当我写完这封信时，我已经泪湿脸颊。

  9月1日开始，我们参加了教育部教师工作司举办的为期三天的"首批凉山州帮扶支教研修培训"，认真学习了国家教育部首批帮扶凉山彝族自治州的相关文件，听取了多个相关报告，有教育部教师工作司王主任实地考察凉山彝族自治州教育现状的报告，有凉山彝族自治州教育和体育局局长关于凉山州教育相对落后、教师力量相当薄弱的实际情况报告，有各地名校长培养基地负责人的帮扶举措和具体计划的报告，还有支教专家和心理专家的经验专题报告及支教省教育厅代表承诺发言。整整三天，我们认真学习着，也时时感动着，尤其是教育部教师工作司王主任在报告中讲到特困地区的落后教育时多次话语哽咽，令我深受感染而潸然泪下。每一场报告都寄予我们这批支教人深情厚望和满怀期待，让我们深感此次支教使命光荣，责任重大。这一场场鼓舞人心的报告犹如一次次吹响出征的号角，召唤着我们勇敢奔赴教育战场，用无私奉献去彰显民族大爱。既然选择了远方，就只顾风雨兼程，我一定不忘初心，牢记使命，为出色完成脱贫攻坚任务而付出自己应有的努力！

  9月2日下午，结束短暂而有意义的研修学习之后，所有支教老师将各自奔赴指定帮扶支教县。虽然天空下着淅淅沥沥的小雨，但教育部和凉山州有关领导撑着雨伞为我们送行，与我们一一握手道别，再次向我们深情感谢，更多的是恳切嘱托！我们同行14人在宁南县教育体育和科学技术局李局长的亲自带领下赶往目的地。出了城市，中巴车开始沿着颠簸的山路盘旋而上，沿途我们看到的满眼都是深山密林、山涧峡谷，偶尔也能看到路边有一座座低矮的小房子、稀稀疏疏的小村落。不知翻了几座大山，车开到了山顶，接着沿着弯弯曲曲的泥石路颠簸而下，这时出现在眼前的是一片荒芜的山丘原野，沿途有零星造型独特的小房子。这些小房子都是一层的土坯房，每一座小房子的墙壁上都镶有一道黑底红花的腰带，车上领队的王宏伟老师告诉我们，这些房子都是彝族民居。偶尔，我们也能看到身着彝服、皮肤黝黑的彝民出入房前屋后和田间地头，他们就这样靠自己的勤劳和忙碌简单地生活在这里，热爱着生他养他的这方贫瘠的土地。此时，雨停了，但缥缈的云雾时时在车前绵绵萦绕，原野间浑浊不清的溪水哗哗作响，似乎为我们的路途伴乐，让我们不急不躁，惬意地欣赏着一路新鲜的美景。大概过了两个半小时，车子拐过一个大弯，我们顿感眼前豁然开朗，领队王老师告诉我们，大家经过山路十八弯总算到达宁南了。入住金沙大酒店后，我倚窗远眺，这多么像是世外桃源，整座城市依山而建，虽然不大，一眼就能看到边，但给人宁静优雅的感觉。这藏在大凉山深处的小城，完全出乎我们的想象，真不愧有"宁静致远，南国天府"之美誉。

晚饭后，朝阳小学吴校长亲自带我们去熟悉校园。走进校园，我们一边聆听吴校长介绍，一边参观，这是一座刚刚建造的具有抗震结构的新学校，硬件设施一应俱全，甚至还建有像样的羽毛球馆和游泳馆呢！这真的出乎我们的想象，足见党和政府对落后地区的教育有多重视，对贫困山区的教育发展给出的扶持力度有多大！真的，再穷不能穷孩子，让同一片蓝天下的中国孩子都享受到同样的教育福利，沐浴着新时代的阳光，一起茁壮成长！

转天一早，在学校领导安顿好我们的住宿后，我们就到学校开始接管各自的工作。我承担三年级（1）班的语文教学兼副班主任工作，因为那时学校已经开学一个星期了，孩子们都期待着我们的到来。上午第三节课，我在班主任周老师的陪同下走进教室，孩子们知道我的到来，个个都正襟危坐迎接我，用怯生生又略带好奇的目光看着我，多么纯朴可爱的孩子呀！我向他们问好，他们才异口同声地说："老师好！"我先向孩子们做了简单的自我介绍，然后告诉他们我远道而来的心愿情怀，最后让他们说说自己最美好的愿望和学习上最大的需求。就这样短短的一节课，我和孩子们亲切坦诚地沟通交流着，感觉彼此之间的心很快拉近了。都说有缘千里来相会。孩子们，此生我们真的有缘，所以我要珍惜这份难能可贵的缘分，在为期不长的一年半时间里用心呵护和陪伴你们，尽自己的最大所能帮助你们茁壮成长，放飞梦想！我相信自己将不虚此行，努力给你们的成长留下一点终生受用的东西。

接下来的第四节课还是语文课，我给孩子们第一次上语文课。事先我做了充分的准备，从课堂教学设计到自制课件都经过多次精心打磨，希望给孩子们送上最好的礼物，能让孩子们喜欢。课堂上，我倾情演绎，努力关注每一个孩子的学习状态，极力了解孩子们的学习基础。可是全班57个孩子只有三分之二能够跟着我的引领，还有一部分孩子勉强跟着学习，但时常注意力不集中，小部分孩子看似坐得规规矩矩，却心不在焉，目中无神，连读课文时都不会捧书看课文。第一次书写作业后，我发现女孩子的书写态度相对还认真，可大部分男孩子书写很不认真，连最起码的工整都做不到，更别提整洁漂亮了。我深知孩子的学习习惯和学习态度存在着很大的问题，对他们必须把培养习惯和端正态度作为抓手。于是在接下来的教学中，我把他们当作一年级的孩子，抓他们的习惯养成，从听课读书到提问回答，从规范书写到作业更改，事无巨细地耐心培养。对孩子的点滴进步我适时适度地给予表扬与鼓励，时刻激发他们勤奋好学、积极向上的进取热情。对于学习比较困难的学生，我在课堂上力求见缝插针地进行个别指导，并利用下午放学时间为他们课后补习。

经过近两周的努力，孩子在课堂上完成的作业有了些许改观，可家庭作业还存在着很大的问题，这很让人觉得纠心。我与班主任周老师交谈，周老师告诉我，咱班的孩子有三分之二来自农村，有的来自遥远偏僻的大山深处，而且他们大多是在不同的年级段陆陆续续插班就读的。这个班还是个特殊的多民族班级，其中彝族孩子就有 16 个，他们习俗不同，习惯也不同。这些来自农村的孩子，大多是家长在学校周边租房由家里的老人帮带的，老人们基本上没有文化知识，只会管孩子的吃住，不会管孩子的学习，教育意识相当薄弱，所以孩子们的家庭作业在家里无人问津，全凭孩子自己想做就做，不做也罢。对于孩子的学习，那全是我们老师包办的事情，大多数家长一概不管不问。开始一两周，我没有一次收齐过他们的家庭作业，即使是收到的作业，能按照要求完成的也少之又少，大多数作业本书写潦草，错别字飘飞，涂改、污渍随处可见。虽然在学校我苦口婆心让他们回家好好完成作业，也想方设法给出了各种奖励制度，但是孩子毕竟是孩子，惰性和好玩是他们的天性，他们总不能自觉坚持，每天总有孩子轮番上演不认真完成作业。孩子们犹如想爬出井口的蜗牛一样，白天好不容易进步了一点点，回家后又因敷衍了事退回到原样，总之进步微乎其微。唉！孩子的成长太缺少最重要的家庭教育啦！作为孩子的老师，我们有责任唤醒家长的教育意识和培养意识，告诉他们家庭教育的重要性，让他们明白孩子的个性差异除了先天智力发育不同，更主要取决于家长有无重视孩子良好的学习习惯和学习品质的培养。第一次月考以后，我和班主任周老师商量，觉得很有必要召开一次家长会。班主任通过微信群郑重向家长发出邀请函，希望家长在百忙之中亲自参加，还特意说明来自浙江的语文老师很期待能与你们面对面沟通，恳请家长届时到会。

记得那是第五周的周六上午，家长们在规定的时间前陆续赶到教室，除了孩子的爸妈，还有一部分是孩子的爷爷奶奶或外公外婆，有部分家长是拖儿带女前来参加的，我有些感动。趁着会议时间没到，我与部分家长沟通，他们有的说自己识不得几个字，不会看孩子的作业；有的说自己忙于生计，早出晚归，根本管不了孩子；有的说自己在外打工，很少回家，孩子只好请老人照管。在他们想来，自己挣钱把孩子送到学校学习就很不错了，至于学习好坏那就看孩子自己了。在家长会上，我根据班级的实际情况与他们进行了长达一个多小时的沟通交流，既理解当家长的不易，又道明家庭教育的重要性。告诉家长我们要把孩子培养成怎样的人才能让他适应未来社会的发展和时代的需求；在孩子的成长过程中，老师、家长的职责分别是什么；家长作为孩子的第一任老师，如何以身作则去潜移默化地影响孩子；新高考制度下，阅读课外书的重要性，平时如何鼓励孩子博览群书，拓宽视野；如何配合教师激励孩子持之以恒地刻苦学习，积极进取；还让他们提出在家庭教育中遇到的问题，大家一起相互探讨，寻求解决的方法。比如有的家长说即使看孩子的作业也不知道是否认真完成，我就果断提出，每晚 7 点前在群里上传优秀作业供家长核对。最后我向家长郑重承诺：只要你们对孩子不抛弃，我绝不放弃！我无法保证能培养出个个都是优秀的学生，但是我可以努力培养出个个都有进步的学生。通过这次心与心的交谈，我真心希望能与家长达成共识，进而齐抓共管，合力共赢，为孩子的成长保驾护航，助力增威。

在接下来的日子里，我把班级微信群作为展示作业、反馈作业的平台，让家长们通过平台既可以天天了解到自己孩子的学习情况，也能看到其他孩子的优秀作业。虽然每天这样做很辛苦，但收效颇佳，家长们越来越重视孩子的学习，孩子们也越来越要求上进，学生的家庭作业在一天天发生着可喜的变化，我也为此感到高兴而对他们充满信心。有了能完成作业的保障，我开始用心培养孩子们看课外书的习惯，充分利用中午时间与他们一起阅读内容浅显而有趣的故事书，让他们慢慢爱上课外书，发给他们书签鼓励他们多看书，还每天见缝插针让孩子们交流看书的收获。渐渐地，孩子们似乎尝到了看书的滋味，居然也会静静地看书了。之后，我定期为他们推荐好书，带他们去学校图书室借书，鼓励他们周末去新建的图书馆看书。

几个月下来，孩子的学习状态得以明显改观，学习成绩也不断提高。在第二次月考中，全班平均成绩由原先的第四跃居第一，不及格的学生由原先的九个降至一个，这真的让我也觉得意外。许多家长纷纷来电或亲自到校长室，要求亲自向我表示感谢！为此，主管教学工作的张校长要求进我们的班级群看看我的教学管理方式，教导主任在开展"全校教师大练兵"活动中让我率先上示范课，专管德育工作的陈校长让我为全校教师做一次班主任专题讲座。

支教生活持续了一个学期，虽然觉得有些辛苦，但回想起来却很有意义，因为它丰盈了我的内心，必将成为我人生一笔宝贵的精神财富！

# 附录：致我最亲爱的孩子们

亲爱的孩子们：

新学期好！当你们回到熟悉的校园时，迎接你们的不是熟悉的蒋老师，而是新鲜的胡老师了。此时，我已经飞往遥远的四川大凉山，开启我人生一段全新的支教生活。为了实现自己心中的梦想，我也勇敢地当一回逐梦人。相信你们虽然有很多留恋和不舍，但肯定能理解和支持蒋老师有意义的人生选择——把爱心献给最最需要的山区孩子。蒋老师引领你们学习生活整整四年，你们已经养成了良好的学习习惯，掌握了很多有效的学习方法，懂得了许多待人处事的道理，你们长大了，相信你们都能做到自觉自律地主动学习，自尊自强地奋发进取，所以我敢放手你们远走高飞。学校领导非常支持蒋老师的支教选择，也非常关心你们的学习，特意安排学校最优秀的男神老师——胡鑫老师负责语文教学和班主任工作，让我感到特别感激和欣慰。孩子们，你们是幸运的，能遇上有博爱精神的胡老师。从今天起，你们都是五年级的孩子了，蒋老师衷心希望你们在胡老师的陪伴下,学习、生活更开心,一切进步更喜人!加油吧,孩子们!蒋老师期待你们的优秀表现,期待你们喜人的成绩!愿我们都各自努力,期待相聚更美!

永远爱你们的蒋老师<br>
2019 年 8 月 31 日

# 大凉山的温暖

浙江省临海市巾山实验小学　朱海娇

## 出　征

纠结的夏天,学校群公布了一个教育局印发的通知,纠结的我打算去凉山支教。我心想:孩子大一下学期已经转了专业,我再也不用为她的学业操心,我可以安心出去做我想做的事。哪知这个想法却遭到老头儿的坚决反对,他害怕大凉山的地震与泥石流。我每天在网上查找有关凉山的信息,告诉他,我们支教的学校在城里,安全应该不是问题,让他安心。我说:"你就当你老太婆去国外念个研究生吧!"他知道再坚持也挡不住我的去路,只能放我一马。

经过体检,我准备安心出征了。2019年8月31日,刚好是孩子的生日,我和战友们出征了,我在心里默默为一家三口祝福,三人居三地,分别相隔千里,各自安好!因为不了解凉山究竟是怎样的状况,我带足了春夏秋冬的衣裤。老头儿开车送我们到温州机场,上了温州经停南昌到达西昌的飞机。在南昌经停的半小时,我们买了面包和茶叶蛋充饥。

到达西昌市后,小伙伴们看着街上的建筑互相安慰,说:"还不错嘛!"随后我们住进了美丽的邛海宾馆,参加为期2天的支教动员大会。感慨于教育部对凉山的帮扶力度,全国300多人的支教队伍,大伙儿充满热情、充满干劲!印象最深的是凉山州教育和体育局局长廖虎同志的讲话,他分析了凉山的落后状况,还提醒当地受援学校的校长、教体局领导要照顾好我们的吃、住、行;并总结,所有凉山人要抓住这一次国家对凉山支援的机会,提升凉山的教育,他说以后不会再有这样的大力帮扶了。其次是中国科学院心理研究所副研究员龙迪教授给我们分析了支教路上的困难与压力应对。半年的支教生活让我体会到龙教授的讲座对我们是非常有必要的,也体会到教育部教师工作司对我们支教战友们的心理建设之用心良苦。

## 到　达

2019年9月2日下午,支教队伍分散出发到凉山州各县市。

从西昌出发到宁南县城,120千米的里程,一半是盘山公路,一半穿行于峡谷。会晕车的我，一上山就开始晕头转向，我半闭着眼睛，不敢睁开，但又忍不住好奇心，偶尔勇敢地朝窗外看看。车在山里慢慢前行，山是荒凉的山，山上看不到岩石，只有裸露的沙土，远处还是山！近处能看到充满民族风情的低矮房子散落于山间，白色粉刷的外墙、装饰简单的黄色线条，也有稍富裕的家庭会在房檐上装饰一个牛头的形状，墙壁上、院子里挂满了晾晒的玉米。路边看到最多的农作物是桑树、玉米和香蕉树（开始我以为是芭蕉树）。峰回路转间，看到了水，是一条小河，泛黄的河水向前奔腾。有些路段，车在河岸贴水而行，我心想："这难道就是传说中位于四川与云南两省交界的金沙江？但少了点气势呀！"后来向学校老师打听到，这条河名叫"黑水河"，真是河如其名。不知转过多少座山，车渐行渐近，听到有人说："快到了，看到宁南城了！"我挺挺身子，看向窗外，一个依山而上的小城镇，其中还有几幢高楼，一颗悬着的心终于放下了。车行驶进了金沙大道（宁南唯一横贯城镇的大道），两旁高大的玉兰花灯柱，仿佛正张开双臂欢迎我们这些来自祖国各地的客人，真是一个美丽、整洁的小城镇！

## 日　　常

我们美丽的朝阳小学是一所国家新建成的学校，位于宁南县城的东北角。校长带我们第一次参观校园，我们就暗暗感慨："国家对西部地区的投入力度真大。"学校拥有三幢高大的教学楼，还有壮观的艺体楼、行政楼、食堂，崭新的塑胶跑道大操场，三个深浅不一的天蓝色游泳池……战友评价："浙江都没有看到过这么好的小学。"

学校为我们来自浙江和湖北的六位战友在金沙大道下面的村庄里合租了宿舍。每天天不亮我们就起床，打着手机的手电筒摸黑出门，爬坡20分钟到学校。到了冬天，到校时天还没亮，吃早餐，8:00准时上课。为啥天黑出门？因为宁南的日出时间比浙江迟一个多小时，但学校的作息时间却是无论冬夏早上都是8点到校，而且山里似乎只有到了日出时间天才会亮（我们浙江临海这个海滨小城却比日出时间早20多分钟天就已经蒙蒙亮了）。冬天，一年级也是中午12点多才放学，这对于在浙江10:55就吃午饭的我们真是一个考验，多亏领导、同事们都对我很照顾、很热情，会提醒我早点去吃午饭，或者给我塞点水果与零食。

9月下雨的日子，雨水随着山坡直冲到脚上，鞋子多半湿透，我赶快网购了一双雨靴。到手的雨靴半年来我似乎只穿过两次，因为过了夏天的雨季，宁南似乎就不下雨了，有时只在晚上下点毛毛雨。整个冬天，宁南城就浸泡在高原的阳光中，通常最高气温会有20多度。在强烈的紫外线照射下，我的防晒霜加遮阳伞似乎都不顶用，脸上的斑越来越多，还有黑眼圈。过年回到家，老头儿说我真变成大熊猫了。

## 收 获

  令我感到安慰的是我的孩子、家长和战友们。我任教一年级一个班的数学课，全班60个孩子，因为教室里用的都是单人桌，桌子挤满了一个大教室，坐边上的孩子很难看清大屏幕。学期初，因为我没有马上记住全班孩子的姓名，没有我的时刻提醒，坐后边的孩子也很难集中注意力。这种状况大约持续了半个月，班主任居然开始让全班孩子的位置滚动起来了，左右滚，前后滚，高个子的有坐第一桌的机会，小个儿的也有坐最后一桌的时候，孩子们居然都能顺利地换位置，这种气势我从没见识过。我很快感受到这种滚动的好处，换位置的初衷是为了预防孩子近视，我却发现还有另一好处，原来坐后面位置不听课的孩子换到前面位置时居然会认真听课了。山里的孩子们非常听话，在我的鼓励下孩子们都争着把数字写漂亮，认真完成作业。经过半年的努力，孩子们在思想上、学习上都有了巨大的进步，期末考试的成绩也位居年级前列。

  当家长们知道我从2000多千米以外的浙江背井离乡来到宁南支教时，他们都非常感激，家长微信中提到最多的就是："老师，我们感谢您！您有什么生活上的不便尽管说。"有一回我感冒了，大概孩子们发现了，告诉家长，有一位当医生的家长马上送了一大堆的常用药到我们宿舍。将近年关，有一位孩子妈妈打来电话，让我和其他几位战友一起到她家吃杀猪菜，我搬出好多理由才算推却掉。

  一起支教的战友们，更让我感受到大家庭的温暖。我们六个战友一起上下班，晚上一起走路、锻炼，周末一起做浙江菜和湖北菜；去听来自北京的支教老师——陈礼旺老师的讲座。碰到节假日，领导们会请我们吃宁南的特色小吃，我们还到宁南中学、民族小学打打牙祭。

  友情与亲情融合，大凉山是温暖的！

# 一份意　一份心　一份情

湖北省襄阳市恒大名都小学　张　珺

为认真贯彻落实教育部教师工作司《关于开展四川省凉山彝族自治州教育帮扶行动的通知》（教师司函〔2019〕41号）的重要决定，本人有幸成为一名光荣的支教教师。在宁南县政府的关心、帮助与协调下，所在支教的宁南县朝阳小学对我们一直照顾有加，无论是在生活条件上还是工作条件上都精挑细选为我们提供最好的环境。面对各级领导的热切期望与深切关怀，本人满怀热情地积极开展各项支教工作，现将半年来的工作、学习、生活情况汇报如下。

## 一份真意

作为一名支教老师，我万分幸运地来到了宁南县朝阳小学。从我周围的同事身上，我看到他们在以身作则地忠于党的教育事业；从上级领导的细致要求上，我看到了教育事业生生不息、蒸蒸日上的源泉；从孩子们琅琅的读书声中，我看到了未来和希望。

首先，服从校领导的工作安排。严格遵守学校的各项规章制度和纪律要求，做到按时到校，不迟到、不旷课，按时完成领导交给的各项工作任务。其次，与老师们为伴。在工作之余与老师们叙叙家常，聊一聊家庭和生活的琐事。用他们这里的话叫作"吹吹牛，耍一耍"。最后，转换自己的角色和定位。凡事要以朝阳小学教师的身份为出发点，思考和解决问题。不要盲目地把自己的想法和做法强加给别人，因为我们是一家人。

在这里，有一种无形的精神在陶冶着我的心灵，有一种无形的动力在鞭策着自己前进。在这里我明白了事无巨细的道理，更懂得了要将对教育事业的忠诚融入奉献中去。

## 一份真心

### （一）我的角色定位

这个学期，我接任的是三至五年级的信息技术教学工作，共教14个班级的学生。起初,我尽可能多地和学生们交流,通过与他们谈学习、说兴趣,以诚待人,尽可能地了解他们中的每一个成员。我发现这些学生虽天真淳朴,却显得有些木讷。学生思维缓慢,没有强大的主动性和积极性。于是,我积极地调整自己的教学节奏和教学语言,课堂教学逐渐由简单的单一任务到多个任务的交互学习,学生的学习状态和积极性有了很好的改观,我也逐步适应了这里的环境,教学工作有了很大的改善。在信息技术教学中我注重培养学生的动手能力和自我繁衍能力,通过课堂教学经典的案例操作,尽量让每个学生都不掉队。

为了丰富学生的社团活动,结合学校的实际情况,我与学校科学组老师们一起组建了学校的 3D 打印社和机器人社两个社团。我们 4 位老师分工合作,为喜欢创客的孩子们在周末开设免费的社团课程。在社团课上,各个小组通过任务分解、分工合作和作品展示分享等多个环节,强化了学生小组分工合作、语言表达和思维训练等核心素养能力。在"做中学,学中思,思中享"的理念下,尽量要每个组的学生都完善自己的作品,在各个方面有不同程度的提高。

（二）我的教研活动

作为一名支教教师,我深深知道,单纯搞好自己的教学,并不是什么困难的事情,但是,在抓好自己的教学工作的同时,还应当尽自己最大的可能去带动本组的教研工作。一个学期以来,我随堂听课达 30 节,评课、指导课 10 节。我多次和各位老师谈本节课的设计理念、设计思路以及平日的教育教学。通过老师们拜师结对子活动,与老师们分享自己在教学和班级管理工作中的所思所想。积极参加艺体组的教研活动,和那里的老师一起探讨新的教学理念和教学方法,相互交流,共同提高。主动担任学校的信息技术保障员,手把手帮助老师们解决在教学中遇到的信息技术问题,例如:参与学校的教师节表彰大会和语文组结题报告的幻灯片制作、艺体组的音频剪辑和学生艺术素质网络测评工作等,为解决老师们的燃眉之急出一分薄力。

## 一份真情

这一个学期的时间里,在学校领导的关心爱护下,在学校同事、朋友的关心下,刚来时孤单寂寞的感觉很快就荡然无存。在这里工作,我感受到了家的温暖。他们常常亲自询问我生活方面存在什么困难,并想方设法帮我解决。支教工作虽然清苦、寂寞,但是,每当看到学生们对我的课感兴趣了,听到学生问我下节课的编程"上啥子"的时候,想到自己所做的那一点点工作,不正体现了当时我们来这里的初心吗?能够投身于支教的队伍中,正是我一生的荣幸啊。在我与朝阳小学一起走过的日子里,虽然苦点、累点,但我很快乐。

## 一份感悟

这一个学期下来,我通过不断地学习、研究、反思各种教学方法,使自己在新课改的春风下,以新的姿态来融入教育教学中去。努力实现素质教育和科学发展的精神,教育学生做人与学习并重、知识与技能等值,在有限的时间里提高自己的学习成绩,让自己养成习惯,并影响着孩子今后更长远的路。在这一个学期的支教路上居安思危,但我们仍不能自满,今后还要继续努力,服从上级的安排,为党和国家的教育事业多做贡献。我在宁南朝阳小学的支教时间里,通过社团课、经验交流等方式,毫无保留地将自己所学、所知、所悟分享出去,交流了自己的教育教学心得,传播新的教育教学理念、新的教育教学模式。

支教工作是忙碌的,也是充实的。重温自己的支教生活,尽管看起来显得有些平淡,但是它让我受益匪浅,更使我对支教产生了一种依依不舍的感情,成为一名支教教师,是我无悔的选择,支教生活所焕发的光芒将照亮我今后的人生道路。

# 遇见 成长

**湖北省襄阳市襄城区迥龙小学　刘　雪**

## 引　言

对于凉山的这段经历我其实有很多感受，可是当它作为一个命题作文展现在眼前，我却很长一段时间不知从何下笔。但当我看到妈妈用消毒酒精不断给屋子里消毒的身影，看到小区门口越发严格的出入登记制度，看到姐姐不断在群里发他们医院一线的救治现状，看到电视里/手机上每天不断上涨的病例数量，当我看到从全国各地奔赴武汉一线的医护人员的身影……在这个我离开时还充满着喧嚣的城市突然生病了的当下，我坐在电脑前开始写下我的故事。

## 开　篇

"为天地立心，为生民立命，为往圣继绝学，为万世开太平。"这是古人对圣人的要求，言简意赅，境界宏远，我们当然不可能都去做圣人，但我们可以努力去做一些改变。前段时间看到一段话，使我印象非常深刻："这个世界会好吗？我不知道。但我知道你原本可以更好，但如果你变得更好了，这个世界不就更好了吗？"所以，我至今记得2019年7月13日这个特殊的日子，那一天我从微信上看到了教育部关于开展四川省凉山州教育帮扶行动的预通知。看到这则消息我内心既激动又忐忑：激动的是，作为一名普通人民教师的我离国家帮扶行动如此之近；忐忑的是，作为一名小学教龄只有一年的年轻教师，我真的能去吗？后来在男友的鼓励下，我决定无论结果怎样，还是要试一试，于是在网上填报了申请书，焦急地等待了几天后收到了被选上的消息。

2019年8月14日，我收到了来自教育部中小学名校长领航班广东省中小学校长培训中心基地谈心博士的《致广东基地凉山支教教师的第一封信》。认真细致地阅读之后，我郑重地填写了"广东基地凉山支教教师个人信息表"，并坚定地表明了本人自愿奔赴凉山州支教扶贫的想法。

2019年8月29日下午，辞别了为我们送行的领导，带着大家的谆谆嘱托，我们踏上了去凉山的支教之路，那是一个未知的远方，我们要告别熟悉的城市、熟悉的家人去感受别样的人生。这次凉山行与其说是支援凉山教育，不如说它更是一份责任，一份成长，我们在引导、教授学生的同时，也将在一个全新的环境中见证自己的成长。

凉山之行路途漫漫，对于巴蜀之地的了解除了一次次计划未果的重庆之旅，便是那首脍炙人口的《蜀道难》。"蜀道之难，难于上青天。"对于热爱周游各地的大诗人李白来说，远上巴蜀面对巍峨的群山也不禁发出"噫吁嚱，危乎高哉！"的感慨；对于今天的我们来说，这蜀道虽不至于"难于上青天"，但仍然要坐长达 19 个小时的火车和 7 个小时的大巴，这一路真不能算是轻松。但是看着这连绵不绝的大山中一条条蜿蜒在山间的公路，看着高高耸立在山间的高架桥……这无不彰显着中国速度、中国效率，我深深地感受到了祖国日益腾飞的力量，这也让我对接下来的教育帮扶工作充满了信心。

几经辗转我们终于到达凉山州，这是一个与我的家乡襄阳完全不同的地方，这里的秋天似乎来得格外的早，当家乡的骄阳还普照大地的时候，西昌那温柔而又带着丝丝凉意的秋风已经扑面而来。我们住在邛海宾馆旁的山海酒店。"一望可相见，一步如重城，所爱隔山海，山海不可平。"酒店不仅名字颇有诗意，接待的人员也都很热情，一到酒店便给我们介绍支教地各方面的情况，而最让人暖心的要数每天开完会回到酒店后酒店工作人员留下的小纸条，纸条虽小，却能从细心的观察中察觉到我们的需要。这样的秋天和热情细心的凉山州人把旅途中的疲惫和不安仿佛都抚平了。

为了让来自五湖四海的教师能更加有序、有效地开展支教工作，主办方精心准备了以州情介绍、支教路上的应对方法、如何通过学科促进教师成长、有效课堂教学以及提高学校管理能力为主题的五场讲座。老师们的悉心讲解使大家受益匪浅，让我明白了所谓支教不仅仅是教书，它还是个人在学科教育上的不断提升，更是扶智、扶志。我们都是一群怀着强烈社会责任感的普通教师，为了凉山州的教育帮扶走到了一起，在接下来的时间里，一起去做一件终生难忘的事，去看一个更加真实的世界，感知一个未知的远方……

黄伟副司长说："满山的花儿在等待，彝族人民在等待，学校孩子在等待……我们期待着你们建功立业，我们期待着你们胜利归来。"让我们趁秋意正浓，趁阳光正好，带着一颗纯粹的心，带着属于自己的责任与使命，带着社会各界的嘱托，努力完成自己的任务，牢记使命，不负期待。

## 遇　见

记得在西昌培训时，龙迪老师说过，要把支教当作一种遇见。

是呀，从某种意义上说，世间的很多事其实都是一种遇见。"既见君子，云胡不喜"是一种遇见，"所谓伊人，在水一方"是一种遇见，"正是江南好风景，落花时节又逢君"是一种遇见，而我们从五湖四海来到四川更是一种遇见……

和宁南的遇见是从那弯弯曲曲的山路开始的，坐在大巴上紧贴车窗向外望，伴随着淅淅沥沥的小雨，一层薄薄的雾将群山笼罩，只觉那山间的松一片肃穆，山间的石在这朦胧中也增添了一抹神秘的色彩。穿过一座又一座的山峰，宁南便展现在我们眼前，桥下有潺潺的流水，房屋在山间错落有致地分布着，为这大山增添了一抹又一抹的亮色。

与我所了解到的不同，宁南很美，朝阳小学也很美，这里校园整洁漂亮，教室宽敞明亮，学生可爱且懂礼貌，远远看到便会向老师们敬礼，问候一句"老师好！"

在二年级（3）班的教室里，我第一次见到了 62 位小朋友。当看到一张张稚嫩的脸庞时，那清澈如水的眼眸一瞬间便超过无数美丽的风景，那或腼腆或开朗的笑脸背后是对未知的期待与好奇，那一刻，所有沿途的疲惫都让人觉得是值得的。

我所在的班级是年级里留守儿童较多的班级，甚至有些孩子在他们刚刚踏入这个世界时，父母就远离他们到遥远的城市谋生。我从他们口中听到最多的话就是"小刘老师，等下次我爸爸回来了，我也要……""小刘老师，我妈妈说等我放假了就带我去她上班的地方玩"。每每听到孩子们对我说起这些的时候，我总是一阵心酸！这群孩子仿佛像大山深处的野草，顽强又坚韧地生长，成了现在的模样。

"小刘老师小刘老师，刘子轩的嘴巴流血了。"班上的学生催促道。我匆匆赶到教室才发现原来是那位学生换牙了。

"没事的，你们现在正是换牙的年纪。"

"刘老师，我上个月刚刚换的牙！"

"我也是。"

"我也是。"周围的学生纷纷说道，就在这叽叽喳喳仿若小麻雀一般的声音中，我见证了学生们的成长。

小薇是一个很可爱的小姑娘，从上班第一天开始，每一次中午轮到我守中餐的时候她总是能准确地找到我，跟在我身后不停地问我：

"小刘老师，你今年多大呀？"

"小刘老师，你吃饭了没呀？"

"小刘老师，你今天真漂亮。"

…………

像这样的对话几乎每次守中餐的时候都会出现，这让远离家乡的我感受到了不一样的温情。小孩子的可爱也在这日复一日的对话中表现得淋漓尽致。虽然这里远离城市，但孩子们的内心纯洁而善良。

阿香是班上为数不多的彝族姑娘，她有着彝族固有的热情与开朗，在我的课上她总是很积极,每次问问题最先举手的学生里总有她,一到语文早读总是第一个冲进办公室。

"小刘老师,今天让我领读吧。"

"小刘老师,今天我来管秩序吧。"

她的热情给了我很大的鼓励和动力。

王成是班上最调皮的学生之一,后来我在班上实行奖励制度后,每次他违反纪律我总是用小礼品"威胁"他:"如果再这样就把你的小礼物收回来了呀!"这时他就会把书包抱得紧紧的,紧张地说:"老师,我不会再这样了,我要当个乖宝宝。"每次都会被他可怜的样子弄得心软不已。

爱哭的小汐,喜欢说话的小然,喜欢抱着我不让我走的小冰,和我一起跳绳的阿萱……虽然工作中难免会因为你们的一些问题而心累不已,可是这几个月你们带给我了更多的感动。

这一次远在大山深处的遇见,在这些普通的琐事中无声地绚烂了整个冬季。

## 成　　长

对于偏远地区的孩子来说,没有好的老师,再豪华的教学楼也不过是一具空壳;没有好的老师,再先进的设备也不过是摆设。不管是城市还是乡村,最重要的还是站在三尺讲台上的那位老师。

不知不觉间来到宁南已经两周了,这段时间来到宁南朝小支教对我来说收获大于给予。我是一个从事小学教育刚满一年的小学老师,对于教学我更多是处于摸索阶段。来到朝小,对于初次接手二年级的我来说更多的是去学习。上班之初,跟我搭班的小郑老师帮助我良多,从这里的现实情况,到学生的个体情况,小郑老师都耐心地回答我的问题,同办公室的老师们都是二年级教研组的老师,每次有教学上的困惑老师们都能认真细致地回答我。在各位老师的帮助下,我渐渐熟悉了二年级的教学工作,备课、上课也不再有刚开始时那么大的压力。10月份参加了同课异构,虽然准备得有些匆忙,但在老师们的帮助下也很顺利地完成了任务。

这几天开始学习《登鹳雀楼》这首古诗了,在正式讲课之前我给学生们讲解了我国的四大名楼——山西永济鹳雀楼、湖北武汉黄鹤楼、湖南岳阳岳阳楼、江西南昌滕王阁。看着视频资料,孩子们不断发出感叹声"好美呀""好高呀"。突然有一个学生举手问我:"老师,这些省份都在哪里呀?"于是这堂课便从古诗变成了地理课。我发现班上62位学生对自己的祖国了解得很少,在信息如此发达的现在,他们很多人都不知道除了四川、云南之外的地方,只有部分学生出川旅游过,甚至还有学生只知道宁南和附近几个县城。我告诉小朋友们我的家乡湖北襄阳是一个历史悠久的古城,在讲述的过程中,我从他们认真的眼神中看到了孩子们对外面世界的渴望,这一刻我仿佛突然明白了支教的意义。在这所基础设施完备、老师教学水平过硬的学校里,支教对学生们理想目标的引导远远大于在教学上的意义。我们要让学生了解这个世界远远不止眼前的一方小小的天地,它是多彩的,是可以有无数种可能的。而这些期待走出家乡、走向更大的世界的孩子们,在这个充满无限可能却必将伴随艰难的过程中,他们需要一种声音告诉他们:一切努力都是值得的,他们需要有人在他们幼小的心灵中埋下希望的种子……未来可期,莫负韶华,这便是支教的意义。

## 尾　声

伴随着日渐降低的气温,支教生涯也渐渐到了尾声。

耳畔仿佛还有初到西昌时那湿润的秋风掠过,眼前仿佛还是从西昌到宁南之间那连绵起伏的山脉和曲曲折折的山路,可我们却要开始诉说离别……

支教群里有老师分享学生写给他们的离别信件,不禁想起运动会时班上的彝族小姑娘阿香满脸期待地问我:"小刘老师,你下个学期还教我们吗?"我竟语塞了,我好像没有办法回答这个问题,所以我一直没有告诉他们答案,我希望小朋友们能够一直想起那个可能会回来的小刘老师。

最后一节课下课铃声响起。"下课。""起立。""老师再见。"看着教室里整整齐齐站着向我鞠躬的小朋友们,我突然就湿了眼眶,连忙像往常一样低下头回复"同学们再见"。有几个学生开心地向我挥手,"小刘老师,明天见呀!"可是我知道,这个再见真的不知是什么时候了。

经过走廊,我看见远处的群山仿佛初次到来时的那样,依旧青翠潇洒,可时间却不再是往昔了,它悄然间已经走了很远很远……

推开办公室的门,办公桌上的"平安苹果"还安静地立在那里,还记得圣诞节那天几个小萝卜头在办公室门口推推搡搡的样子。"老师一定要吃呀,吃了会平平安安的!"往事都还在眼前,可是往日的光泽却已消失不见了。

2020年1月11日一早,伴随隔壁鸡群的不住啼叫声和天边还未散去的辰星,我们收拾好行囊往汽车站出发。清晨5点多的宁南显得格外的宁静,路上的点点灯光将人们的身影拖得老长,仿佛我们此时的心情一样落寞而灰暗。还记得刚刚得知放假消息时和购买机票时的雀跃,可此时那笼罩在心底的不舍悄悄占了上风。

坐上车看着窗外不断闪退的风景,不禁叹息:别了,那上班路上正满目金黄的银杏;别了,那四季苍翠的金钟山,还有那永远向我们敞开怀抱的温暖的凯地里拉和那温暖可爱的宁南人们。这里有我们挥洒过的汗水,有我们耕耘的激情……即使我们终将离开,我也始终记得那年9月,那片大凉山的天空下闪耀着的点点星星之火。

这个冬天注定是令人难忘的,在连绵的大山深处我与大凉山来了一次深入的接触,这里的学校很美,这里的人很热情,这里的孩子也很可爱……

在这里我付出着我所能付出的,也收获了很多很多。我被这所学校里老师们对教育的热情和执着所感动,被孩子们满满的爱和祝福所感动,被无数教育人不忘初心的信念所感动……

这个冬天大凉山不再是新闻报道里的只言片语,它深深地扎根在了我的心里,云聚了会散,人生离合亦复如斯。但无论身在何处,我都不会忘记这一段难忘的经历,我会在远方为你们祈祷:希望这群可爱的孩子都能获得幸福!

支教帮扶行动需要无数的汗水和心血浇灌,需要我们无数教育人不忘初心的奋斗,很有幸我能成为这万千细流中的一支。中华民族是一个伟大而坚韧的民族,无论我们面对的是新型冠状病毒这场阻击战,还是脱贫攻坚这场持久战,只要我们万众一心众志成城,我相信坚冰终将消融,春暖花开的时候终会到来。

# 爱的传播

**湖北省老河口市第八小学　刘子威**

在 2019 年夏天之前，我对自己的未来有无数的想法，那些只在梦里还未实现的想法让我热血澎湃。但是，我未曾想过自己会有机会来到阳光灿烂的大凉山，也未曾想到在祖国脱贫攻坚的关键时刻我也能参与到其中，何其荣幸！

到达的日子，正值夏秋之交，天气尚有几分炎热，我们一行六人来到了朝阳小学。校如其名，依山而建的校园内充斥着欢声笑语、琅琅书声，操场上往来嬉闹的孩子们质朴、纯真、笑容灿烂，正对着校门的行政楼上醒目地竖着"一校一宇宙　一子一太阳"的大字。这就是故事开始的地方。

第一天的时间过得很快，我和办公室里的老师们进行了交流，有和我搭档的吴老师、德高望重的姚老师，而给我留下最深刻印象的，是朝阳的"两大宝"之一的耿老师，人送外号"彪哥"，听起来似乎很凶猛，但他其实是一个很幽默的男老师。从他身上，我看到了诸多一线男教师共有的特点——会调整自己的状态，能搞笑逗宝，也能严肃认真，嬉笑怒骂皆学问啊！在组长那里领到了课表、教材、教参，在会计室领到了钢笔、墨水……刚开始我还很纳闷，但我随后在学校里发现，老师和学生都没有用签字笔，全都在用钢笔，甚至午休之前还有一节书写课，看起来，朝阳真的很重视孩子们的书写。

晚饭在食堂里解决，食堂的大门上写着醒目的"不易堂"三个大字，让人忍不住在心里赞叹。饭后，我们各自返回住所，坐在床边我仍在恍惚之中，突然换了环境让我有种不真实感，前几天的夜里都是难以入眠，到凌晨 5 点多钟，我揉着通红的眼睛走出卧室去洗漱，不出意外地和张老师打了个照面，来自襄阳恒大名都小学的张老师是支教小组的组长，我一直很佩服他，因为整整半年包括周末，他每一天都坚持早起，房间永远干净整齐，自律得让人惊叹！

## 片　段　一

"金媛？"

"唉？我在这里。"

"另一个'小猴子'呢？"

"还在吃呢。"

在不易堂到四年级（2）班的这条路线上，总有这样的情景出现，戴着眼镜的刘老师身边跟着两个活泼可爱的孩子，一个叫金媛，一个叫小雅。因为孩子们天性好动，这两个又特别喜欢蹦蹦跳跳地跟着刘老师，所以，刘老师半开玩笑地叫她们"小猴子"，这两个孩子根本不认生，和刘老师熟悉后，就当起了小尾巴，走到哪里都跟着。

下课的时候，坐在讲桌前改作业，刘老师喊一声"金媛"，一声清脆的回应声在人堆里传来，一个小脑袋快速地探出来搜寻老师的位置，然后一溜小跑过来，脸上的欢喜怎么也掩盖不住。但是，当刘老师指着作业上的错题时，一张小脸又马上变了，听得懂时一脸的明悟，听不懂时一脸的迷糊。孩子们啊，实在是太可爱了！

在班上，有一个黑黑壮壮的彝族小朋友，孩子姓熊，小脸儿上肉乎乎的，憨厚的面容搭配着迷茫的小眼睛，班主任吴老师亲切地称他为"熊宝宝"。让我印象最深刻的，就是一次月考表彰后得到一张奖状的他，神采飞扬，眼神里的欢喜激动持续了很久，那种神情，仿佛整个世界都在发光。

# 片 段 二

放学前后，办公室里总是传出我的笑声，很快，大家都知道四年级办公室的欢乐多。连同来支教的老师都在说，隔着老远都能听到我的笑声。其实，我是一个笑点特别低的人，坐在我对面的彪哥说学逗唱样样精通，各种段子信手拈来，不怎么吭声但一开口就是神助攻的李大爷，还有巾帼不让须眉的女老师们在一旁助威，欢声笑语聚在同一个办公室里，大家把川人的豪爽、鄂北人的洒脱展现得淋漓尽致。

在这样的集体中，每一天都很开心，就像自己从未离开过家乡一样。虽然工作量比原来大，事情多，人也会疲惫，但支教不就是这样吗？看得出来，办公室里的老师们也在用各自的方法释放压力。

吴老师是我的搭档，也是一名班主任，从乡村学校一路走来经历很丰富，我亲切地称呼她"吴大姐"。吴老师是一个充满正能量的人，和她交谈你绝不会听到任何抱怨的话，心平气和、不急不缓的模样搭配着忙碌的身影和急匆匆的脚步，正是千千万万凉山人真实的写照。但你绝想不到，这是一个患有先天性心脏疾病的人。半年间我亲历过两次突发情况，印象最深的是我来到朝阳之后没多久的一天，正值一次课间操，吴老师站在队伍后面看着孩子们活动，她突然不适，脸色煞白，强撑着让别的老师帮忙监督孩子们，自己慢慢回到办公室，最后实在无法坚持，只好由家人接走。但之后没过两天，吴老师又出现在了岗位上。我问她为什么不好好在家休息，吴老师笑着回答说，放心不下孩子们，再说这是老毛病了，不打紧。经过这一次后，平时我尽量多做一些班级上的事,减少吴老师的负担,时间长了,同事之间关系更加融洽,我也越来越喜欢凉山人这种坚韧的精神。

吴老师仅仅是众多一线教师中普通的一员,据我所知,还有很多老师因为长期伏案工作而受到病痛的折磨,颈椎病让他们头昏脑涨,腰椎不适让他们坐立难安,咽喉红肿让他们声音嘶哑难以咽食……本着轻伤不下火线的原则,再加上山区学校师资力量紧缺,这些一线的老师们,默默奉献着,他们都是我的榜样。

## 片 段 三

2019年正值脱贫攻坚的关键时刻,根据上级领导安排,朝阳小学的教职工以班级为单位进行家访,老师们亲自上门了解、调查、慰问,主要是关心贫困家庭学生、单亲家庭学生、留守儿童等。

在10月的最后一个周末,我和吴老师开始了走街串巷之旅,穿上红色的马甲,提着手提袋,第一个来到的,就是小旭的家。这是一个建档立卡贫困户、单亲家庭,在政府的帮扶下,孩子的母亲已经找到了工作,在家访期间,家长一再表示,自己工作和种地都要兼顾,孩子的学习监督不够,希望老师们多多关心。其实,小旭很懂事,一直是班级里最听话的孩子,字写得很漂亮,成绩很好。但看着家长满怀期望的眼神,我和吴老师一再表示会多关注。

我记得,第一天家访就整到了晚上8点多,最后去了小琦家。小琦是一个很特殊的孩子,从小因病导致无法流畅说话,行动也很不方便,但这个孩子从未放弃求学之路。她自己克服困难,家长也全力支持,再加上吴老师从一年级带到四年级,多年苦心教导,绝不让小琦掉队,甚至号召全班孩子关心小琦,保护小琦。在这样的环境下,硬生生地把一个孩子的未来点亮,很多人付出了汗水,但我觉得很值得。在家访中,小琦的家长对吴老师那种感激的眼神、感恩的话语,让坐在一旁的我明白了,一个好老师究竟是怎么炼成的,能和这样的老师搭档,我万分自豪。

有人问我,为什么要去大凉山支教?是县城商业街不好逛吗?是电影不好看了吗?都不是,来大凉山之前,我觉得是因为凉山需要支教,因为凉山需要帮助。但是,到凉山走过一回后,我已不再这样想。大凉山有那么多勤劳的人民,那么负责任的政府,那么多负责任的老师,一定会振兴,会顺利完成脱贫攻坚的任务。而凉山支教团的到来,是给这里的熊熊火焰加了一把柴!虽然一个支教者的作用有限,可支教这种行为本身就是一种爱的影响、爱的传播。这种奉献的精神会影响凉山的孩子、凉山的老师、凉山的百姓,还会影响身边的同事、朋友。以后,他们也许也会将这种爱传播出去。

我没有什么要去革除积弊、拯救教育的崇高理想,我只是按自己的内心去做，希望自己确实能做点什么，传播一些正能量，哪怕是影响一个山区的小孩子，都会让我心境坦然、温暖、纯净。

我有一个梦想，想在身强力壮的时候多做一些事，在支教教师座谈会上，我大胆地说出来，愿意继续去艰苦、偏远的地方支教，援疆、援藏都可以，想在执教生涯中多做一些事。当我 30 年后回忆往事，不想因为虚度年华而悔恨，也不想因为碌碌无为而羞愧。

# 凉山支教，我们在行动

海南省海口市琼山区椰博小学  叶丽敏

从接到教育部名校长领航工程工作室支教凉山的任务开始，我一直在思考：短短一年半的支教时间，除了按照项目组的要求每学期派驻三名支教老师到支教点，我们还要有什么作为？还有，我们该做些什么才能帮助凉山的教育由表及里发生改变，实现质量提升，使支教更有现实意义？

在不断的思考中，我工作室按照基地的要求，在规定的时间里由工作室成员学校琼山第三小学、琼山文庄一小、琼山甲子中心小学各派一名老师于2019年8月27日启程凉山开始支教工作。也就从那时候开始，我就在策划到我们对口的凉山州宁南县民族小学去看望我们的支教老师，但是出于种种原因，我和工作室成员校的成员及团队在12月8日才能成行，前往支教点开启我们的慰问活动。

从早上4点多启程到下午将近6点，我们一行10人才到达凉山州西昌机场，看到了前来接机的豪爽的包三且校长和他热情的团队。

我们的支教点学校在宁南县县城，这里有很多的少数民族，其中大多是彝族人。虽然说是大山里的县城，却没有我们来前所想象中的那样萧条或落后。呈现在我们眼前的是一座干净、平和的，或许还是远离繁华的大都市，可以洗涤心灵，让灵魂得到清净的宜居安详之地。

我们支教的学校——宁南县民族小学就在县城里。现在临时借地办学，新学校计划在2020年9月竣工开门办学。民族小学办学规模为20个班额，1011名学生，65名老师。办学业绩在宁南县甚至在西昌市名列前茅。

出发前，我们经过精心筹备，此次凉山慰问我们将做几件事：用一天的时间驻校诊断，用一天的时间给民族小学及地方兄弟学校老师展示一节优质课、举行两个学术讲座，慰问我们广东基地领航班兄弟学校驻宁南县支教的24名支教老师并举行捐赠仪式。

12月9日早晨7:10，天还没有放晴，在凛冽的寒风中，虽然身体备感不适，我们依然按计划让大家根据分工开始了第一天的驻校诊断活动。我们通过观看校园环境、查看功能室、聆听汇报、参观活动、观察课堂、查阅资料、召开座谈会和问卷调查等方式开展我们的驻校诊断活动，意在通过多方面的看、听、阅等来诊断学校的办学定位和办学目标、校长的思想引领和学校的文化内涵，还有显性文化的学校个性化表达及隐性文化催生力、学校的内部规范管理、队伍的建设情况和队伍的研究力和持续发展力、师生课堂表现和课堂成效、学校的德育开展有效性和学生的习惯养成成效以及学业水平、党建工作中主题教育的开展情况、师生特别是家长对学校的评价和诉求等。并根据突显出来的问题给出我们个人精准认知的可行性、建设性建议，尽最大努力贡献我们的工作室智慧。

周一早晨7:40，我们在操场跟全体师生参加了学校的升国旗仪式。升旗仪式每周由一个中队负责，国旗手由班级里的优秀学生担任。主持人在升旗前对国旗手的介绍，既是对国旗手的肯定，树立了国旗手的自信心，也为全体学生树立了榜样，满满的都是正能量。有道是，教育落在细微处，这样的活动设计符合教育规律，具有教育传导力。同时，从班级才艺展示到全体学生在参加升旗仪式时全场的鸦雀无声，我们完全可以窥探到民族小学日常教育孩子守规矩、守纪律、讲文明等良好习惯养成的成效。

我理想中的管理状态就是做到"三有序"（人有序、物有序、事有序）。同时，我习惯通过"看三面"（看地面、看墙面、看人面）、"听三声"（读书声、歌声、吆喝声）来审辨一所学校日常管理和内在精神样态。

民族小学如今虽然是借地办学，但是管理者们依然不含糊。地面整洁，墙壁无痕迹，厕所无异味，食堂管理规范……即使在寒冬，校园里的花草树木依然生机勃勃，还有那朝气阳光的孩子和虽脚步匆匆却笑容满面的老师……

课堂是实现教师价值也是审辨教师真实能力的"双刃剑"。在这次我们诊断的课堂中，不管是已经为我们事先安排好的展示课，还是我们随意聆听的推门课，都基本可以说是值得点赞的。从课堂表现来看，民族小学的老师课前准备充分，基本功扎实，内引能力强，专业水平高，立德树人育人意识强。天上不会掉馅饼，我们也终于知道包三且校长说的"民族小学十年办学不断在超越，二流的老师、三流的学生教出了一流的业绩"。

我们很清楚，国家课程和教材是加强学生基础知识的重要载体，我们必须认真执行，用好国家教材，教会学生基础知识。但是，为了培养德智体美劳综合能力全面发展的多元化学生，同时还要让学生的个性张扬，所以，国家主张国家、地方、校本三级教材同时使用。我个人认为，地方教材是传承和发扬地域文化的重要载体，而为了满足学生的个性化发展，校本教材、特色活动一定是满足学生发展的有力抓手。

民族小学注重传承地方文化，也注重打造特色学校。全员参与的学校研发和编造的彝族舞曲、足球操和大跑操，加强了孩子们的健康体魄和美好气质。还有美术社团、合唱社团等，都为孩子们的兴趣培养和个性发展提供了平台。

中层干部、教师、学生、家长四个座谈会和问卷调查，再一次印证了民族小学发展的坚实脚步和优秀的表现！在座谈会上，极少听到不协调的声音，特别是对学校领导,更是赞誉有加。在这所学校里,"头雁"是团队最好的榜样的重要性再一次得到了印证!

当然,我们也很清楚地看到,一所学校要想发展为优质特色学校,其中,管理从规范到精细到精致提升,是我们作为管理者必须坚持的执念。

民族小学是一所正在良性、快速发展的学校。但是,居安思危是我们每一个人应该有的品质。民族小学想要朝优质的方向发展,还需做深度思考和文化挖掘。在诊断中,我们看到了些许不尽完美、值得提升的方方面面。

(1) 再构建一套更加完善且具有引航发展和催发向上功效的理念文化。

(2) 学生养成教育应落在每一件事中、每一时刻里,特别是在大型活动时,对于整班的出队、解散要求要严格和严肃。

(3) 班主任工作量过大问题应该引起学校科学管理的思考。

(4) 学科结构、职称结构不合理问题或许将成为严重制约学校全面发展的瓶颈。

(5) 教师待遇过低或许会带来负面的情绪和影响。

(6) 民族教育没有得到很好的关注和彝族文化在不断流失都不是最好的存在样态。

凉山之行,我们有太多的感触,更有满满的收获。

凉山支教,路虽远心却在,讲好凉山支教这样有意义的教育故事,我们在坚持……

# 遥望宁南：聆听教育美好的回音

陈文艳校长工作室

日本设计大师山本耀司说，"自己"这个东西往往是看不见的，你要撞上一些别的什么东西，反弹回来，才会了解"自己"。回想短暂的支教工作，没有鲜衣怒马，没有波澜壮阔，但正是这种宁静，让我们看见宁南教育的样子，看见一同支教人的样子，然后反弹回来，看见我们自己。其实，看到自己并不是最终目的，看到自己是为了找回自己和找到与自己尺码相同的教育人，找回自己和找到相同尺码的教育人是为了一同重返教育本来的样子。因此，教育部名校长领航工程陈文艳校长工作室的成员们怀抱着一颗教育的初心，奔赴距离扬州千里之遥的凉山，踏上了支教之旅，也踏上了对自己另一种找寻的过程。

## 一、遇见故事：工作室支教工作纪实

虽然停留在凉山的时间不长，但凉山教育人的"干部苦抓、部门苦帮、群众苦干"的"三苦精神"给工作室成员留下了极其深刻的印象，回顾这次支教经历，很多瞬间犹如动人的故事，让人难以忘记。

### （一）这是关于课堂教学的故事

12月12日，送教活动以竹寿镇中心校为起点。那是一所白云生处的小学，彝族学生占了不小的比例。来自扬州市梅岭小学的季芹老师带来一节语文优质课——《小真的长头发》。这节课立足统编教材习作策略单元目标，设计精妙，在引领学生关注文本表达方法的同时帮助学生习得写法。课堂上，读、写巧妙融合，评、改相得益彰，真正做到了落实语文核心素养，促进学生思维力生长，处处彰显了"以儿童为本位"的智慧课堂。来自无锡市连元街小学的肖岚老师带来一堂优质数学课——"分数的意义"，课堂上她引领学生充分参与生动而富有挑战的学习活动，层层递进，系统建构，将数学与生活完美融合。梅岭小学的马天明老师带来一节英语优质课——"Look at my balloon"。他通过形式多样、丰富多彩的游戏活动，引导学生学习颜色类的单词，课堂氛围欢快而融洽，用气球装扮的教室空间让整个课堂变得绚丽多姿，也让学生的内心变得丰富多彩。

课后，工作室的几名校长对课堂进行了分学科指导，他们从课堂教学的策略与专业引领的角度,给予实操性强的方法点拨。课堂是教育教学的主阵地,工作室带来了"看得见、摸得着"的教育帮助,让现场的教师受益匪浅。

（二）这是关于学校管理的故事

12月13日,工作室又来到了位于宁南县城的披砂镇中心小学。扬州市梅岭小学的陈文艳校长、常州荆川小学的曹月红校长和泰州城东中心小学集团的郑晓彤校长对学校管理进行诊断,客观分析学校教育教学中的短板和学校发展需要关注的主要问题,并从不同角度对学校下一步的工作提出了具体的建议。刚刚到学校任职不久的尤校长表示,披砂镇中心小学将以此为契机,与三所学校进行长期互动,实现学校的跨越式发展。

工作室除了带来三节示范课,更为三所学校捐赠了图书4000余册（图书分别来源于扬州市梅岭小学、扬州市沙口小学、扬州市城市书房·景区点的捐赠）,用于建设一期"常春藤"书房。陈文艳校长和曹月红校长分别做了专题报告,为与会的宁南校长提供了可供参考的学校管理实例,校长们也纷纷表示会将新的教育理念融入自身学校发展中。

（三）这是关于教育走访的故事

12月15日,教育部名校长领航工程陈文艳工作室一行在宁南县教育体育和科学技术局马杨副局长的陪同下,来到四川省凉山州宁南县宁南中学和宁南县初级中学进行走访活动。

在参观走访学校的过程中,工作室成员深深感受到,随着时代发展,宁南地区教学设备日益现代化,教学资源更加丰富,教育水平日新月异,而宁南人民却依旧保持着那份淳朴和热情。在走访过程中,大家也探讨了宁南教育在发展过程中遇到的困难。陈文艳校长表示会最大限度地发挥工作室的效能,用实际行动帮助宁南地区学校解决一些实际问题。

这次走访活动,不仅极大鼓舞了支教老师的工作热情,更进一步推动了两地间的深度了解,增进了彼此间的深厚友谊,为未来的教育合作打下了良好的基础。

（四）这是关于座谈对话的故事

12月16日,教育部名校长领航工程陈文艳校长工作室成员来到毗邻彩云之南的宁南华弹镇中心小学。这是一所即将迁址重建的小学,错落有致的校园处在流水汤汤的金沙江畔,曾经的辉煌与现实的挑战使这所学校带有一种鲜明的忧患意识。季芹、肖岚、马天明三位教师针对学校的不同情况,在教学设计中进行相应修改,再一次展示了他们的优质课。

此外,在工作室组织召开的座谈会上,颜钰峰校长介绍了学校的整体情况,客观分析了学校教师资源匮乏、师资结构不匹配、骨干教师流失以及地区差异较大对教师积极性的限制等现实问题。这所学校的老师们也非常真诚地表达了他们对这所学校发展的忧思,提出了很多实在的问题,描绘了他们对教育未来的憧憬。在深入了解学校校情的基础上，陈文艳校长给出了三点建议：一是建议抓住异地建校的生长点，以大坝新建学校为契机，争取更大的支持、更优的支撑以及更多的资源；二是建议抓住平稳发展的关键点，分析当前学校的人力资源现状，在结构老龄化的情况下，结合师徒结对等方式，发挥青年教师的优势，让青年教师成为支撑学校发展的核心力量；三是建议抓住网络平台的着力点，通过线上交流的方式，建立项目导向的远程学科教研活动，让工作室与宁南学校彼此间的互动成为常态。最后，陈文艳校长还着重提出，一个好校长要具有永恒的未来意识、担当意识和变革意识，要始终积极直面现实的挑战，且永不懈怠地引领学校向前发展。

当然，支教工作是一种双方成长的过程，无论哪一方，要想获得实质性效果，不仅需要行政推动，更要有专业行动的全程跟进。为了切实帮扶实际困难，前期工作室以多种方式对宁南县教育的发展现状进行调研与全面分析，立足实地需求，按"需"进行细致谋划与组织。在此基础上，工作室对支教成员进行了精心挑选，以此做到充分调研、识别、设计、协调与整合部署，确保支教全程的优化实施。

## 二、自我对照：工作室支教工作总结

为了让支教更"适宜"，让成长更"契合"，工作室团队聚焦"问题与需求"，精心谋划，精准定位，精细推进，对宁南三所学校循"需"而为。当然，在自我对照的过程中，我们也在不断总结。

### （一）专家型组队

先进的专业教育理念与好的课堂实施策略是提升支教活动有效性的保障。组长陈文艳校长是教育部名校长领航工程学员、名校长工作室主持人、江苏省第四期"333工程"第三层次培养对象、江苏省教育科研先进个人、扬州市有突出贡献的中青年专家，在学校管理与课程变革的研究上拥有前瞻的实践，尤其在推进教育均衡发展方面积累了丰富的经验。团队组建人员有：

（1）管理类。江苏省常州荆川小学校长、江苏省特级教师曹月红，江苏省泰州市城东中心小学集团总校长、江苏省"333工程"培养对象、江苏省优秀青年教师郑晓彤。

（2）学科类。工作室分别从语文、数学、英语、信息技术等多重学科择取全国教学能手、市级中青年骨干、教学新秀等课堂教学实操型优秀教师。

团队组建立足帮扶学校教育发展现状需求，既有守正创新、拥有优质办学成果的校长团队，也有丰富学科背景、丰厚研究成果的多学科教师，这样一支优秀的支教团队为提升支教质态奠定了良好的基础。

### （二）差异化研谋

为了保障支教成效，团队对三所支教对象实施精细化调查研究分析，并整合列举三所小学的实际困难与需求，按"需"谋划，制定可行性解决方案。

三所支教学校分别为：宁南县竹寿镇中心小学，地处宁南县城西南30千米处，海拔2000米，有着鲜明特色的育人目标与办学理念，但在教育科研与教学常规深度融合的问题上缺乏指导，促成教师专业化成长方面亟待引领；披砂镇中心小学，学校校风淳朴，坚持科研兴教，但缺乏先进的管理理念与经验，希望在教科研管理团队实操经验和有效指导学生开展课外阅读等方面给予细致指导；华弹镇中心小学，学校面临教师老龄化、工资待遇低、优秀教师流失严重的困境，在如何解决教师职业倦怠等方面迫切需要具体措施的指导。

工作室在组长陈文艳校长的引领下全面了解和分析了三所学校的办学现状，基于现实困惑与个性化需求，为三所学校精心谋划、量身定制可行性解决方案。根据不同学校的不同需要，找准定位与着力点，聚焦核心，制定差异化的专属指导细则。每一位负责的组员将每一时间点的支教内容进行专业细化，力求备足课、备精课，为确保支教活动的实效做好充足准备。

（三）全方位诊断

为了进一步找准着力点，在前期调研与谋划的基础上，工作室成员全面深入学校教育管理与课堂教学，通过课堂观察、学生问卷、教师访谈、工具测评等方式，对帮扶学校进行实地诊断，明晰并甄别现状亟待解决的问题，剖析背后的原因，寻求突破的路径与策略。随后，通过与学校办学者、管理者交流，并结合前期驻校交流情况，就帮扶学校当下发展最需要突破的重大问题、难点问题、核心问题等做总体性、全方位精准指导。

（四）专业化引领

理想的支教应更好地促进教师专业化成长，从而助推区域教育的长效发展。"常春藤学院"于2009年诞生于梅岭小学的校园中，以鲜明的文化自觉为特色，以追求师生共同成长为价值旨归，以系统化的校本研修为行动方式，是梅岭教师高品质专业生活的一种象征。工作室开展帮扶学校教师座谈会，实地了解教师成长需求，结合"常春藤学院"10年校本研修经验，对帮扶学校师资进行梳理，并提出适切、贴合的教师专业成长规划与方案。在举行的宁南县小学校长参加的主题报告会上，组长陈文艳校长做主题为"我们的'常春藤学院'——扬州市梅岭小学品质发展的实践之道"的讲座，提出教师专业培养方面的可行性建议和近三年教师培养课程规划。曹月红校长也从管理的角度做了专题讲座，让与会管理者进一步明确教师专业成长的实施路径与策略，工作室真正将此项工作落到实处。

（五）契合型指导

为了破解帮扶学校课堂教学的瓶颈，促进教育教学的优化，工作室团队基于教研现状与需求，从一线实际问题出发，促使支教走向精准。教科研指导运作流程为：课堂观察—问题识别—示范教学—专题指导。

首先，工作室所有成员深入各科课堂进行全方位的观察指导，从教学目标的设定、核心知识的突破、思维发展、学生学习状态与成效等方面出发，梳理存在的核心问题，并有针对性地提供问题解决的最佳策略。其次，应实地教师需求，工作室巡回展示语文、数学、英语示范课，从凸显教学思想、教材巧妙处理、资源有机整合、策略有效运用以及课堂效益生成等方面给予专业示范与指导。再次，进行专题研讨。在组长陈文艳校长的带领下，所有成员分学科为广大一线教师进行专题指导，从当地教师课堂教学最为迫切的问题入手给予实操性点拨与引领；同时，对学校教科研管理团队从日常与特色校本教研的开展、如何进行课题研究等进行专项交流。

在教科研指导板块，支教团队立足实际课堂，发现问题，甄别问题，探究核心问题根源，提供解决策略。精准定位，切中要领，聚焦实质，专业指导，真正做到因"需"而导，循"需"推进。

（六）资源类支持

工作室帮助宁南县两所学校建立"常春藤学院"教师阅读吧。赠送经典教育论著以及教育学、心理学、管理学等方面的书籍，同时帮助宁南县建立"常春藤学院"学生图书室，赠送适合1—6年级学生阅读的优秀书籍，让山里的孩子享受优质的阅读资源。

唯有发现问题，追溯根源，才能精准定位，循"需"帮扶，真正实现高效支教。工作室成员基于三所学校的不同办学理念与教育现状，立足管理瓶颈，驻扎教研现场，精心谋划，依循不同学校的需求制定切实细致的方案细则。根据实地考察进行全方位评估问诊，从根本上进一步明确需求，从学校管理、课程研发、教学科研、教师发展等多维度实施专属帮扶，因"材"施教，循"需"而为，真正打造适宜的、契合的优质支教，在助推宁南教育均衡、长远发展的同时，支教团队也收获了自身的成长。

## 三、行动延续：工作室支教工作的未来路径

教育的均衡性发展是一项长期而艰巨的任务，成效不能图一时之快，而更应回归现实，回到理性的层面。工作室一直在思考如何将支教工作进一步延续，进一步深入核心，精准帮扶，从而构建出一个"自然生长"和"动态平衡"的可持续生态系统。

（一）回归现实背景，面对真实现状

要解决好宁南县教育面临的发展不均衡、不充分等问题，首先需要回归到现实背景中，只有积极面对现实，聚焦真问题，才能有效抓住生长点，永不懈怠地引领学校向前走。在党和国家的关怀下，宁南县的教学设备日益现代化，教学资源也更加丰富，但在教育理念、师资结构、教学效果以及地区差异较大

对教师积极性的限制等现实问题上仍存在着一定的不足。

（1）社会发展的宏观现状。四川是一个多民族大省，也是全国贫困面最大、贫困人口最多、贫困程度最深的地区。境内有甘孜、阿坝、凉山3个少数民族自治州和木里、马边、峨边、北川4个少数民族自治县，同时还有藏族、彝族、羌族等14个世居少数民族。长期以来，经济发展的不均衡导致教育发展不均衡的现象越来越突出。对于四川省来说，教育问题不仅是一个经济问题，也是一个重大的政治问题。党的十八大以来，政府在民族地区教育振兴和发展方面投入了大量的人力、财力和物力，累计投入资金400亿元支持教育事业发展，并加大专项资金的支持力度，减轻农牧民群众负担，保障其子女的受教育权益，以此促进经济和教育的协同发展、均衡发展。

（2）教育一线的微观现状。阿马蒂亚·森说，教育的缺失是"能力剥夺的贫困"，是比收入贫困更深层的贫困，它会引发"贫困的代际传递"。尽管政策和措施的逐步推行使民族地区的教育规模和水平有了很大提高，但由于基础教育在整体上的先天不足，以及在经济、文化、地理位置等方面受到的限制，教育发展仍存在严峻的问题和挑战。工作室一行参与帮扶的学校主要有：宁南县竹寿镇中心小学、宁南县华弹镇中心小学和宁南县披砂镇中心小学。三所学校在硬件上均得到一定程度的改善，配有标准化的教学楼、操场、图书馆、微机房、食堂等场地，以及一体化的教学设备。但在软件支撑方面，面临专业化管理经验缺乏、教师数量结构性短缺、优秀教师流失严重、教育教学能力和课堂把控能力不足、教育科研与教学常规不能深度融合、留守儿童较多、学生基础参差不齐、教师老龄化催生职业倦怠等问题，严重影响和制约着教育整体水平的发展和提高。

不过值得庆幸的是，无论是学校的管理人员、教师还是学生，虽然"底子薄"，但都务实、淳朴、勤奋、有积极的进取心，而且每所学校都拥有各自的文化。例如：宁南县竹寿镇中心小学以"做一个有气节的人"为育人目标和"让校园成为拔节生长的家园"为办学理念，提出"虚心、有节、向上"的校训，树立"相依共进、挺直向上"的校风、"用心扶持、致力求新"的教风和"立根亮节、虚心坚志"的学风等。也许，这种独创精神还需要经过理论的推敲和实践的探索，却足以让工作室成员为之感动，更加坚定了对教育公平探求之路的初心与信心。

**（二）深入支教核心，实施精准帮扶**

支教是一项帮助薄弱学校提高教育质量，摆脱教育贫困的系统而长远的工程，并不是一朝一夕或靠几个人就能实现的。要想在短短一周内让宁南教育发生翻天覆地的变化更是不切实际的。唯有从内而外，深入核心，抓住"主动脉"，精准帮扶，"打持久战"，才能真正夺取教育均衡发展的全面胜利。于是，在这场"攻坚战"中，工作室一行直面问题与挑战，与三所学校共同商议教育均衡发展的宁南样本。在讨论中,大家将问题分类,聚焦在学校、教师和学生三个层面,并基于宁南县委提出的"三苦"精神(干部苦抓、部门苦帮、群众苦干),从"苦"到"会"再到"慧"的转变,制定了切实可行的帮扶措施。

(1)学校层面:制定战略规划,对重要领域实施改进,做到"慧"抓。深入支教的核心是精准支教,即要解决好"需求与供给"的关系。授人以鱼不如授人以渔,工作室一行需要解决的不仅是"输血式"帮扶,还有"造血式"帮扶,这是学校获得可持续发展能力、阻断贫困文化代际传递的可靠保障。首先,学校要回顾历史,总结经验,找到阻碍学校发展的关键因素,如教师老龄化、专业化发展动能不足等,并在重要问题上寻求突破。其次,要围绕立德树人的总体目标,立足学校的育人理念和文化,不断改善内部管理机制和办学体制改革,树立行为准则和价值观。再次,要分析学校当前的人力资源现状,改变思维方式,在结构老龄化情况下,发挥老教师和青年教师的各自优势,采用师徒结对等方式,让老教师"老有所教",青年教师学有所成,共同成为学校发展的核心力量。此外,学校要保障教师的专业成长,不仅要将城镇教师请进来,还要让乡村教师走出去,跟岗学习,并构建多元化的教师激励机制,唤醒教师的主体性,调动他们的潜能和主观能动性。

(2)教师层面:转变教育观念,指导开展教育科研工作,做到"慧"教。校以人兴,教以人立。教师是学校改革最根本的力量,是真正的教育行者,其教育观念和教学行为直接关系着学校组织的兴衰成败。从师资配置上看,宁南县的学校在语文、数学、英语、科学等学科力量上较为薄弱。为此,工作室以课堂为切入点,派遣多名优秀教师前往,开展"听课—示范—研讨"的精准帮扶活动。基于同一主题,本校教师先上常态课,再由帮扶教师上示范课,用前后对比的方式让宁南教师切身感受到不同的教育观念带来的不一样的课堂,相同的学生也会有不同的体验。在听课中,帮扶教师发现,在语、数课堂上,教师的教学模式仍然以传统的灌输式为主,知识"满堂灌"现象时有发生,学生参与较少。而英语课堂没有专职教师,主要是通过模仿共享资源里的视频进行学习,学科没有统一的教学大纲和教学计划,学生也没有教材,学习缺乏系统性,但课堂气氛活跃,互动较多。针对这一现象,两地教师深入探讨,广泛交流,达成基本共识。例如,教学不再仅仅是知识的单向传授,而是经验和体验,是师生通过交往共同建构意义的动态生成;教学中的师生关系不再是"授—受"的关系,而是相互尊重、关系融洽、平等互助的关系……并倡导以课题为抓手,以活动为载体,科学开展教育特色研究。各学科教研组可以定期组织理论学习或开展教学研讨,并聘请专家现场讲学或远程指导,让教育理念在教师中入脑入心,真正做到外显于行,内化于心,从而"慧"学、"慧"教。

(3)学生层面：重视全人教育，实现学习方式的转变，做到"慧"学。在研讨过程中，我们得知学校的学生大多是留守儿童，父母长期在外务工，爷爷奶奶不识字，管不了也不愿管孩子，更不用说敦促和监督他们在家学习。无形的压力聚焦到学校，学校该如何做出应对才能改变"无动于衷"的学生成了亟待解决的难题。课堂是教师、学生和课程三者对话的平台、沟通的桥梁。要想改变学生，首先要反思到底什么样的课堂才能让学生"慧"学。"慧"学的课堂应该是灵动的课堂，促进学生主动学习、合作探究的课堂，不以知识结构为目标，而是以培养完整的人为目标，用课程推动课堂，强调学生的独立思考、逆向思维和群体讨论，从而有效改变学生被动接受学习的局面，实现教与学方式的变革。在课程研发方面，学校要充分利用本土优势，结合地方文化，开发出学生感兴趣、探究性强的综合实践课程，为提升学生的综合素养和运用多学科知识解决生活实际问题搭建现实平台。例如：竹寿镇中心小学位于海拔2000米以上的山区，用"竹"命名是由于在山的周围种植了许多竹子。因而，学校可依托"竹文化"打造出特色校本课程，让学生在找、挖、摸、闻的实践活动中感知竹的特性，在骑竹马、推竹车、跳竹圈等体育活动中体验竹的乐趣，在竹鼓、竹响板、竹摇铃等竹制乐器声中享受演奏的快乐和成功的喜悦。

在课程构建中，教师的教育观念和学生的学习方式都发生变化。教师不再是"传道授业"，而是活动的设计者、过程的推动者。学生也不再是被动的学习者，而成了主动实践的参与者，亲身体验竹之特点、竹之形态和竹之韵味，深刻体会课程的丰富多彩，真正意义上成为有气节的竹寿人。

**（三）构建生态支教系统，形成"时空—共生"范式**

对宁南县教育的帮扶是一项长期工程，不能浅尝辄止，不能局限于"碎片化"的诊断，而更要在未来的行动中得以延续。要让送教学校的经验可以复制，从而走向"自力更生"，关键在于要用战略发展的眼光构建生态支教系统，形成以学校为起点，以赋能为目标的"时空—共生"范式，即"不同时空，共同成长"（如图1所示）。教育生态学认为，教育是一个生态系统，是一定空间内生存的所有生物与环境相互作用的具有能量转换、物质循环代谢和信息传递功能的统一体，是一个有边界、有范围、有层次的系统。要构建生态支教系统，其实就是要基于万物的"自然生长"和"动态平衡"，发展出环环相扣、彼此依存、你中有我、我中有你的支教共生关系，或者说是一本行动组合指南。让学校教育始终在人的心智土壤里劳作，搭建经得起世俗解构的认知、习惯与价值，用科学与专业的思维解决实际中的问题，以降低不断突破固有边界的试错成本。

"时空—共生"范式的特征表现为：①关注师生和环境的相互关系，不是"彼此施压"而是"共同生长"；②关注教师的教和学生的学是人际互动的过程；③把教室时空看作是生活的一部分，不仅让时空照见学生，也让学生看见时空；④重视隐性的生态，如学校文化建设、师生的思想引领等。这样的生态支教系统是一个真正育人的教育生态，在宁南县学校缺少"支付能力"的前提下，帮扶学校应以足够专业的精神为其提供完整的"供应链体系"。

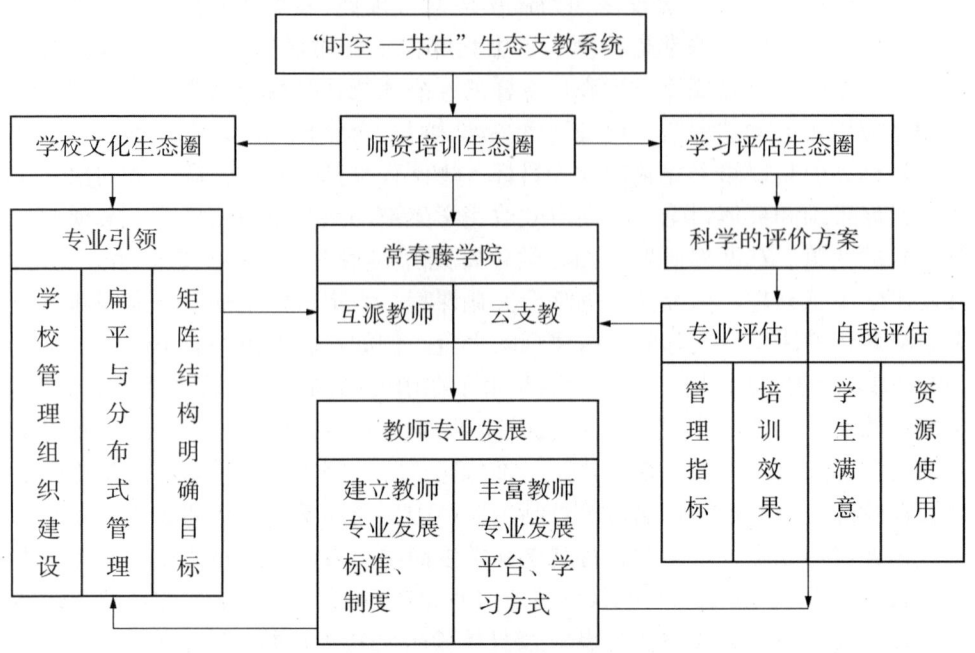

图1 "时空—共生"生态支教系统范式

（1）把握时空之于人的教育意蕴，整体规划学校文化生态圈。在给宁南学校提供优质资源的同时，如何更好地引导他们实现自身的可持续发展成为构建生态系统必须首先面对的课题。作为多民族地区的学校，如何有效挖掘丰富的自然和人文资源，使之成为推动学校内涵发展的个性化因子，考量着工作室一行人的智慧。经过研讨，以时空之于人的教育意蕴为重要载体和切入点，整体构建彰显人文的教育生态圈，以此实现学校的跨越式发展。时空具有天然的生成性，人是生态的时空中的人，师生之间、学生之间、师生与时空之间应该是一种生态性的共存，学校里不仅要有知识的传递与创造，还要形成一种基于文化、价值和心理上的"软"时空的建构、融合与共享。学校要创设弹性融合的组织管理形态，建议采用扁平化的组织架构进行规范化管理，并尽可能地充分开发生活实践中的一切生成性资源和要素，构建未来课程体系，培养学生的核心素养。同时，注重人的存在、生存与发展的时空维度，在对时空的理解中生成人本身，使教育生态圈焕发出成己成人的教育意蕴。

（2）依托学院式研修活动，统筹打造混合式师资培训生态圈。经过调查，我们发现对于宁南县教育的帮扶行动仍然存在"覆盖面小、投入多、需求大"等困难，同时认识到学校变革的关键在教师，而教师要成为学校的中坚力量，关键在于能否成为专业的人。专业使教师获得尊严和课程实践的意义，专业使教师成为教育生态圈里"重要的人"。因此，工作室提出借助扬州市梅岭小学的"常春藤学院"，与宁南县学校建立长期的合作伙伴关系，开展线上和线下的混合式培训。在研修内容上，学院基于以问题为导向的项目式研究，一是体现学生发展的核心问题，二是体现教育现场中亟待解决的问题，并关注教师必须掌握的：课程研发能力、让学习真正发生的因素、学习共同体建设、自主学习策略和方法的研究、评价方式的变革和聚焦名师基质、学科本质、学科特质。梅岭小学可以与宁南县学校形成学习共同体，采取"互派教师"和"云支教"的方式共同成长。一方面，基于实际需求，工作室每年派一名经验丰富的管理人员和2～3名全科或专科名师赴宁南县学校进行支教和定点帮扶，同时，宁南县学校派出1～2名学习能力强的青年骨干教师到梅岭小学跟岗学习和接受"常春藤学院"的专业培训。另一方面，学校间建立双向的信息共享交流平台，利用"云支教"的方式共同对教学资源、教育政策、教育改革等进行共享交流，例如：以学校企业公众号为桥梁，连接宁南县教师开展每周一次的主题教研活动；运用互联网视频通信等信息技术开展名师课堂直播活动；利用大数据提供一对一的精准管理帮扶、指向教育的结构性变革等。并提供泛在多元的学习方式，支持学科间开展多样化、个性化的教学互助活动，为教师指导学习提供科学依据，以此形成动态平衡的师资培训生态圈，帮助学校成为理念先进、特色鲜明、质量领先的宁南县教育的实践样本。

　　需要注意的是，培养专业型教师不能仅仅光靠外部力量的使用和外部作用的发挥，更要重视教师自身内在力量的作用，如能动性、自为性、自主性等，这才是教师发展的根本动力。通过与宁南学校的教师交流，我们发现他们对教育事业充满热情，只是长期受到当地风俗习惯的束缚和限制，不敢迈出新的一步。帮扶小组的任务就是要帮助这些教师把能力释放出来，并注入新的元素，依靠自身力量来发展自己。

　　（3）基于生态哲学的整体思维视角，构建以学习为中心的评估生态圈。"时空—共生"范式倡导的以学习为中心的评估生态圈及其具体的价值诉求不会凭空实现，而是有赖于对各要素的具体考量，使之构成有利于发挥相应功能的生态系统。帮扶和学习的效果如何需要制定科学的评价方案，根据评估结果对过程进行相应的调整。按照生态哲学的理论、探讨、评估生态圈要基于三点：一是优化要素组合以形成完整的评估系统；二是整合多种评价方式共同指向师生学习价值的实现；三是突出学习生态中教师与学生的动态联系和相互作用。

　　在评估的目标确立、指标研制、内容规划和结果运用等方面，要围绕师生的学习展开，为促进学习而改进。具体分为三个部分：第一部分是对学校管理的各项指标进行评价，观察和分析学校改革后的整体情况。第二部分是对教师的培训效果以及积极性进行评价，如：双方教师可以开展线上的同课异构课堂教学活动，并请专家通过视频连线的方式对教学效果进行评估。第三部分是对学生对课程学习的满意度进行评价，以评促学，注重学生的学习态度和知识的迁移与应用。最后，结合过程性资料，综合三方面的评价结果对整体的生态支教系统给予科学的评价，从而保证帮扶的真实性和有效性。

同时，生态型学习评估要重视师生主观能动、元认知驱动和多模态互动的意识与能力，推动"自主型"评估。师生要成为自己学习目标的制订者、学习过程的监控者和学习活动的反馈者。将评估融入学习，明确自己"要到哪里""如何去"以及"下一步去哪里"，将评估规则内化为自身的认知图式和行为方式，从而不断进行自我监控和调节。

此外，还要帮助宁南县的学校提升教学资源应用水平，实现从"配好"到"用好"，从被动使用变为主动运用，真正做到精准帮扶。

起点与目标之间从来没有直线，支教行动也永远没有终点。无论是支教群体还是个体都要向未来学习，要有经得起现实打磨的认知与价值，按照未来的信号坚决行动，而这一切，是一场关乎时空与共生的生态重建之旅，也一定会构成支教工作更加美好的教育生态，让我们共同期待并积极践行！

## 铭心难忘支教路　不忘使命记初心

熊绮领航校长工作室

为深入学习贯彻习近平新时代中国特色社会主义思想，进一步推进"不忘初心、牢记使命"主题教育活动，加大教育扶贫的工作力度，同时根据教育部教师工作司关于赴四川省凉山州支教的相关要求，广东省中小学校长培训中心负责组织，由教育部名校长领航工程熊绮校长工作室于12月1日至4日开展了主题为"赣川携手教学精研，帮扶共建先锋同行"支教活动。南昌市第一中学校长熊绮、南昌市第十二中学校长邓世平、南昌市第二十三中学校长邹虹、南昌市第十六中学校长胡琴悦、南昌市第一中学副校长张勇治以及4位支教教师共同参与了此项活动。本次活动历时4天，行程2000多千米，一路上山峰险峻，道路崎岖，大家克服了天气恶劣、高海拔、行程久等一系列困难，最终到达本次活动目的地——四川省凉山州宁南县宁南中学。

一到学校，熊绮校长一行就受到了宁南县教育体育和科学技术局、宁南县教育研究培训中心及宁南中学校领导的热烈欢迎，大家兴致勃勃地参观了宁南中学的校园。校园布局合理、动静相宜，学校现代化教育教学设施齐备，作为宁南县唯一的一所高中，学校为社会培养了一大批优秀人才。熊绮校长一行还来到来自南昌一中两位支教教师的寝室，查看了他们的住宿环境，亲切地询问他们饮食习不习惯、气候适不适应，并与两位支教教师亲切交谈。

参观结束后，在宁南中学的录播教室举行了一场简单而又热烈的支教教师的慰问座谈会。会上，宁南中学校长王超首先对熊绮校长工作室支教小组表示了热烈的欢迎，介绍了宁南中学的办学特色和教育教学，并代表宁南中学汇报了所在中学支教教师的生活及教学情况。随后，宁南县教育体育和科学技术局副局长马杨总结概括了宁南地区的整体教育现状，对所有在宁南县的支教教师提出了一些具体要求，同时，也承诺并确保做好硬件及生活条件的保障工作。

熊绮校长代表广东省中小学校长培训中心及教育部名校长领航工程熊绮校长工作室做最后的总结发言，她谈到此行的目的即为慰问、送教交流和体验，同时也感谢县教体局的重视、所有学校的支持和让人欣慰的支教环境和生活条件。她说，这次座谈会本身也是一种教育，更能体会宁南县是在用心、用情做教育。最后，她代表广东基地对每一位支教教师赠送了暖心杯，并激励大家要做好自身的本职工作，不辱支教使命，带动两地教育互促，做习总书记要求的

"四有"好老师。

下午,两项活动同时展开:一边是两地校级领导的教育教学管理交流会,另一边则是来自四所学校的语文、历史、政治和地理四位教师分别展示了一节高三一轮复习课,课后教师们交流心得,畅谈体会。

这一系列活动的开展,不仅为宁南中学送去了实实在在的指导和教学"干货",还对提高学校管理水平和教师的教学能力起到了很好的帮扶作用,同时也加强了南昌教育和偏远地区教育之间的交流,促进了双方教师的教学互助以及两地教育事业的共同发展。

第二天上午一早,宁南县教育研究培训中心主任李仕玲及宁南中学的王超校长就带着熊绮校长一行来到宁南县稻谷乡中心小学参观。这是一所在当地海拔最高的学校,学校包含小学和幼儿园,孩子们全部寄宿。学校美丽的校园面貌、井然有序的教学环境和干净整齐的学生寝室让参观的每一个人啧啧称叹,每一位支教领导和教师更被这群生活在恶劣条件下、脸上依旧洋溢着笑容的淳朴、可爱的山区孩子们深深感动着,更对能在大山深处坚守教育初心的教师们感到无比的敬佩。随行的邓世平校长在此次千里驰骋的行程中颇有收获,特写诗纪程。

> 一日千里斗雪霜,
> 支教宁南感温凉。
> 语真意切情何暖,
> 路转千回接洪荒。
> 三苦法外求真味,
> 一念山巅散稻香。
> 山影水光归妙境,
> 万峰笏立沐朝阳。

教育是一项静待花开的事业,偏远地区教育人的坚守和初心给予支教小组一行人莫大的感动,而勤勉的南昌教育人也用自己的方式为偏远地区教育事业的发展、为同一蓝天下那一张张质朴的笑脸、为中国伟大的民族复兴梦,贡献自己的力量。

# 亦援亦得宁南行

湖北省老河口市第八小学　刘运金

2019年年末,我受教育部名校长领航工程张德兰工作室团队参与学校——老河口市第八小学的委派,参加了赴四川省凉山彝族自治州宁南县朝阳小学的援教助学活动。是援教,是助学,同时,更是一次开阔眼界、激励斗志、激荡心灵的历程,我在此过程中收获多多,感慨良多。

宁南县地处大凉山南麓,背靠金沙江,隶属四川省凉山彝族自治州,是连接川滇的交通要道。冬日的宁南并不冷清:阳光普照,山清水秀,生机一片。置身此地,耳闻目睹祖国西部大开发战略给地处深山腹地的宁南带来的变化,深深地为祖国建设发展的日新月异而感到欣喜自豪。12月8日晚,我们一行人在教育部领航工程名校长——襄阳市恒大教育集团党委书记、校长张德兰的带领下,绕道昆明抵达宁南,当即投入到紧张的活动中来。

这次活动,组织上给我安排的任务有四项:一是围绕小学数学教育教学工作做一场有针对性的讲座;二是为朝阳小学的领导与全体教师分享个人成长的感受;三是随堂听课,以个体解剖的方式就朝阳小学数学学科课堂教学现状提出改进建议;四是和朝阳小学的数学团队开展互动,就他们关心的问题答疑解难。接到任务,我不敢有丝毫的懈怠,马上着手准备两个讲座资料,收集朝阳小学数学教师关心的教学问题,提出较为全面的答疑思路。在12月9—10日两天的正式活动中,我完整地参与了各项既定活动议程,与朝阳小学的领导、同行展开了近距离的交流,顺利完成了各项预定任务。回想整个活动过程,深感整场内容丰富,容量饱满,组织有序,程序紧凑,效果明显。整个活动既基本回应了朝阳小学数学同行们的所思所盼,达到了援教助学的目的,也使作为援教团队一员的本人受益匪浅,深受启发。宁南学界领导、同行们争创一流的执着精神、谦虚谨慎的治学态度、有序高效的行事作风和高雅大气的精神风貌,都给我留下了深刻的印象。下面,我将在各个环节的具体感受,再现现场情景。

## 以例为媒　关注本真

12月9日下午,作为教育部名校长领航工程张德兰工作室四川宁南援教行成员之一的我,在地处祖国中西部的四川省凉山州宁南县朝阳小学,为数学同仁们做了"读懂·研透·拓展·创造"讲座。讲座的形成来自我多年教学实践中的所思所得,来自我发现的不少小学数学教师在解读教材中存在把握不深、拿捏不准、停于浅表、浅尝辄止的问题。这些问题的存在导致他们不能形成与新理念相适应的教材观,对教材中的问题情境挖掘使用不够,对教材中的习题价值开发利用不足,对教材中数学文化的教学重视不够,对教材结构和体例整体把握不准。讲座以图文并茂的形式进行了讲解,通过鲜活常见、易感易觉的案例,引导教师们在解读教材时做到从"纵向"读出教材的结构体系,从"横向"读出教材的共同诉求,从"宽度"读出教材的多样表征,从"深度"读出教材的丰富内涵,从"平衡度"读出教材的恰当起点,从"重视度"读出教材栏目的价值,使他们认识到唯有如此深度解读教材,才能真正达到深度教学的相应效果。

选择以"读懂·研透·拓展·创造"为讲座的主题,我是充分考虑了朝阳小学教师的需求。千里迢迢,从汉水河畔来到大凉山上,不能只拘泥于一枝一节、一般问题,而要帮助受助学校解决小学数学教学过程中经常被困扰而不得其解的问题。感受观察整个讲座的过程,由于我对此问题有着多年的体验、清醒的认知和深刻的把握,所以讲起来如鱼得水,顾盼神飞,口若悬河,一气呵成。只见老师们不停地或拿出手机拍照,或在笔记本上健笔如飞,或点头称许,或偶尔与邻座做简短的交流。预计两个半小时的讲座,由于主办方只给了我一小时的时间,我大胆舍弃或大大压缩了理论阐述的内容,以图文并茂的方式简要展示观点,以可资借鉴的例子来印证观点。我还把自己的感受凝结成简单而富于诗意的四句话,"数学王国天地宽,深耕教材是关键。问课哪得美如许,功力积于上课前",将此呈现在受众面前。

讲座后,朝阳小学的一些数学同行跟我交流,谈感受,话启发。一位坐在前排听课的女同行,在讲座结束后跟我交流:"刘老师,你举的例子使我印象深刻,这些例子,给了我很大的启发。"一位50岁左右的中年男教师,以"3的倍数的特征"为话题,谈听课一得。他说:"人教版、北师大版、苏教版教材呈现的内容都未对3的倍数的特征进行深究,仅停留在对'从两位数中3的倍数的特征提出的猜组'进行验证,归纳出3的倍数的特征,但很不深入。"我也即兴跟他交流,说道,这里学生仅仅知道规律的存在性,并不知道这个规律为什么可以成立,即存在的合理性。所以,教师解读教材,还要再往前迈出一步,读出知识的本质,即"为什么一个数各位上数的和是3的倍数,那么这个数一定是 3 的倍数",从而借助直观(分小棒)帮助学生理解知识的本质。我们的课后再交流,进一步加深了这位老师对抓住教材本质的重要性的认识。他直感叹:"是呀,是呀,教材是例子,但它中间蕴含的内容太丰富了,我们是得好好利用它,研读它!"

听到这位老师的话,我感到我以深耕教材为主题的讲座收到了应有的效果。讲座运用了大量生动的案例,使受众可触可感。讲座内容抓住了教学的本质,关照了教学的本真,因而引起了老师们的共鸣,得到了大家的认可,达到了一石激起千层浪、一语惊醒梦中人的效用。大家的赞同也使我顿生"不虚此行"之感。

## 成功路上有你我

2019 年 12 月 9 日下午,作为在小学数学教学领域躬耕了 30 年且算小有成绩的我,面向朝阳小学的众多同行、援教团队的各位领导专家,分享了我个人专业成长的点点滴滴。虽然只有短短的 15 分钟时间,但我成长历程中的几多努力、几多欢乐,都展现在听者面前。

2014 年 12 月,我被湖北省人民政府授予"特级教师"称号,截至目前,我也是老河口市唯一的在小学数学学科领域里的特级教师。自上班伊始至今,我一直坚守在小学数学的教学阵地。现在老河口市第八小学带六年级数学课,兼任班主任,主持襄阳市教育局授牌的刘运金名班主任工作室的工作。

分享讲座上,我从如何融洽师生关系、培养爱的情结、坚守一颗创新的心、构建高效课堂、不断充电以提高业务水平、勇挑重担加快成长步伐等方面汇报了我的成长历程。我深深地感受到老师们对我讲述的肯定,他们凝眉举目,神情专注。站在台上的我,从他们的一丝微笑、一次次颔首中读懂了他们的赞许与肯定。这些赞许与肯定,显露的不只是对我个人成长的欣赏,更多的是他们通过我的讲座,找回了个人曾经丢失的一些美好,充满了对未来可能拥有的像我一样的专业生成的诸多期盼。

朝阳小学一位中年老师课后与我交流时说:"刘老师,我也是一名班主任,面对学生,我有时显得很无助,有时显得很焦躁。从你的讲座里,我找到了和你的差距,你爱学生的一则故事打动了我。"的确,讲座上,我声情并茂地讲述了我和学生共同成长的故事。2017 年春季有一次上课,我刚刚走进教室,就看到讲台上闪着一支熠熠生辉的生日蜡烛。走到讲台上时,同学们齐刷刷地站起来,齐声喊道:"老师好,刘老师——生日快乐!"我被眼前的场景惊诧了。一想,哦,原来今天是 3 月 28 日,是我的阳历生日。但孩子们怎么会知道我的生日呢?我可没有透露过呀。我不禁好奇地问同学们。"刘老师,去年三年级上册讲'数字编码'课时,您把您的身份证号写在黑板上,我当时就把号码记下来了,就期待着这一天的到来了。"我恍然大悟,顿时眼眶湿润了。我对学生无微不至的爱唤起了学生对老师的关注。我的爱是应该的,是教师义不容辞的分内职责,而学生们竟如此回报我。这位老师说:"刘老师,'爱是教育的全部''教育就是爱',这些说着容易做着难、持之以恒地做更难的道理,时刻困扰着我们老师。今天听了您的班主任的工作故事,我们也更加坚定了当好班主任的信心!"我紧紧地握着这位老师的手,为他,为我,更为我这一场"得意"的讲座。

讲座中,我还围绕老师们关注的写论文难、讲一节更高层次的优质课难的专业成长问题,分享了我的做法。活动结束后,一位年轻女教师和我交流,她说她对此话题十分感兴趣,她和她的同事在一起的时候也经常觉得这是个在个人成长中难以解决的"拦路虎"。她表示,他们愿意按着我在讲座中提示的思路去努力。我顺势再做引导,述说着由于讲座时间紧而没有深入展开的部分,让其认识到这些看似难的问题,如果下决心解决它,并不是想象的那么难,以此让他们树立起信心,增进敢于做事的勇气。同时,从战术上,进一步给她讲如何在听评他人作课、自己深入作课中抓住灵光闪现的一刻,加以留意,即时记录。还讲了如何把实践层面上发现的现象,与教学理论建立起对话与联系;如何使自己掌握的例子显得更生动,更多一些细节,更有感染性和说服力;如何使自己的课、自己的文章更加关注课堂教学的主体、活生生的生命个体——学生。甚至还和这位教师谈到了如何使自己的论文找到更合适的杂志来发表等这些微观的技术要领。这位老师不断点头称是。不知不觉,我与这位老师的交流已达到将近半个小时,她让我一定要常来宁南做指导,说还要在网上请教我。我夸她是一个有心人,是一个要求上进的人,并赠诗一首表露我的心迹,祝福她在个人成长路上不断取得新成绩。诗曰:"忆昔风华书海间,思今方知苦亦甜。痴心甘为桃李事,置身投园三十年。夜深灯下寻教理,窗明室内与童欢。释疑解惑曾经处,不逊花景更春颜。"看了诗稿,她紧紧地拥着我,那种不舍的情景,也让我深深地为之感动。

讲座是短暂的,甚至整个援教交流的行程也是有限的,但我把个人取得小小成绩的心路历程讲述给宁南的同行们听,使他们树立起乐于成功、敢于成功的信心,这才是无价的、永恒的。我深深地祝福他们,祝福这些地处祖国西南腹地的同行们。

## 评课——评出更好的自我

评课,是提高课堂教学水平的重要方式。好的评课,有利于更好地促进授课者的专业成长,也有利于听课者自身素质的提高。12月9—10日随同教育部名校长领航工程张德兰工作室的领导、专家及同行参加的四川凉山彝族自治州宁南县朝阳小学的两节听评课活动，使我对此有了更为清晰的认识。

在这次赴宁南县朝阳小学援教活动中，作为一个专业的数学教师，我听了两节数学课。第一节听的是朝阳小学一年级（7）班石丹老师的"9＋几"的授课，第二节听的是该校二年级（4）班高开健老师的"数学广角·搭配"课。

两位老师的课从不同侧面展现了他们对数学课从知识到方法的认识，都有着非常明显的个人特色，给我留下了深刻的印象。石丹老师在课中，注重激活学生已有的经验，建立新旧知识的联系，通过复习回顾已学知识，为进一步探究新知奠定基础。她善于创设情境、激趣导入，在具体情境中培养学生发现问题、提出问题的能力。同时，石丹老师引导学生体现算法的多样化，用多种方式帮助学生理解和掌握"凑10"的过程，对"转化"的思想在教学中也加强了渗透。从非智力因素培养的层面上讲，石丹老师注重对处于小学起始年级的学生的良好学习习惯的培养。听高开健老师的课，他激情饱满，学生学习热情高，参与面广。高老师注重培养孩子们有序思考的思维方法，引导孩子们用多种策略解决数学问题。练习的设计有层次，有坡度，还适时设计了拓展性的练习。

在与两位老师的交流中，我充分肯定了他们的不俗表现。从每一个表现中，分析了这种做法的持久保持对课堂教学效率的提高、对学生数学能力的培养、对教学"三维"目标的有效完成的积极意义。对于他们个人的课堂教学特长，我从理论层面上和曾经掌握的经典课堂案例中加以印证，做出解读，使两位老师更加清晰地认识自我，从而固化了他们个人的传统优势，保持在数学教学改革中业已取得的良好成果。他们对我的层层分析、娓娓道来、理论和实际相结合的深入述说深表赞同。"听君一席话，胜读十年书。"石丹老师甚至有点情不自禁了。

朝阳小学张副校长反复要求，一定要我对每一节课的薄弱环节好好指导一番。我对朝阳小学领导的良苦用心深表钦佩。的确，评课的目的，就是要使被评者成就更好的自我，使他们真正认识到自己在教材把握上、方法跟进上存在的不足，以达到更精准的理解，选择更优的方法。我坦诚指出两位老师课堂中的美中不足，并以情景假设的方式，做出可行性的预设。如谈及讲授"数学广角·搭配"时，我会把三个数字组成没有重复数字的两位数这一重要、典型的问题设计到教学中去。对此，我做了具体分析，高开健老师点头称是。他反复肯定地说道，"还是刘老师的方法更高明、更有效"。针对石丹老师的"9＋几"的内容，我告诉她，假如我上这节课，我会通过让孩子们摆一摆、圈一圈、画一画、想一想、说一说，让孩子们理解"凑10"法的算理。她点头肯定了我的想法。

评课后，我还了解了朝阳小学日常听课、评课活动的情况，鼓励两位老师多参加活动,多向同行、同事展现课堂中真实的自我,虚心听取别人的意见,这是成长的捷径。两位老师还就他们关心的其他数学问题,与我进行了交流。我被他们乐于求知的精神感动着,久久不能忘怀。

## 常疑常解自成奇

这是一个令人感奋的场景,这是一个令人难忘的时刻。

12月10日的四川省凉山彝族自治州宁南县朝阳小学,阳光普照,满园生辉。时针已经指向12点以后,但在多媒体学术报告厅里,学校的所有数学教师及校领导还围坐在室内,向台上的我不停地发问,老师们兴味犹浓。在场的朝阳小学吴新梅校长再也忍不住了,打断了老师们的问话,有点嗔怪地说道:"大家问的已经不少了,已经超时15分钟了。"

"吴校长,难得遇到来自湖北的小学数学特级教师,再给我们一点时间,我还有问题等着问刘老师呢。"

"好吧,吴校长,让这位教师提问题,没事儿的。想到啥问啥,就像贴着地面行走一样,特别是贴近山区教育实际、课堂实际的问题,尽管问。"我继续鼓励着老师们。

"刘老师,三年级的学生对周长和面积的概念,有点含混不清,怎样才能抓住要领,消除学生的模糊点呢?"

"这位老师,我们可以这样做,在教学此内容的新课时,用笔描一描周长,用手摸一摸物体的面积,使学生多增加一些感性体验,然后再讲解二者的概念,找准它们之间的区别和联系。在练习时,要加强二者的对比性练习。"

"哦,是要让学生动手来感知,来体验呀……"

"刘老师,我想再打扰一下您,请问,从平行四边形一条边上的一点,向对边做高,可以做几条?"还没等那位老师说完,另外一个老师就赶紧把一个新问题抛出来了,仿佛生怕一会儿就没有机会发问了一样。

"可以做两条!"在场的来自朝阳小学的发问者的同事随口插言道。

"这位老师,还有那位老师,我认为从一条边上的一点向对边做高,只能做出一条。"我纠正了他们的观点。

"啊?!"在场的人睁大了眼睛,想不到我提出了和他们相左的观点。

"那从顶点的时候可以做两条呀!"那个插话的老师又说道。

于是,我在黑板上画了一个平行四边形,就势说道:"这个顶点,是两条边的交点,它向不同的对边做高时,的确可以做两条高。但是,因为这个点是两条边公共的交点,所以它可以向各自不同的对边各做出一条高来。"

那个老师点了点头。

"刘老师,二年级9的乘法口诀小袋鼠跳格子怎么处理呢?"

"刘老师，五年级上册……"

…………

就这样，老师们连续又问了好几个问题，既有低学段的，也有高学段的，既有对教材的理解的，也有关于教学方法该如何把握的，我都一一作答，和老师们交换意见。讲解时尽量以例示人，以理服人。老师们不住地点头称是，对我回答的满意尽在颜表，欣快无遗。

听着老师们不断提出数个意见，想着处于大山深处的朝阳小学的老师们爱提问、爱钻研的精神，作为援教助学团一员的我，深深地为之感动。我动情地说："老师们，还是我在讲座中的那些话，既要向专家学习，向网络求教，更要向教材学习，善于在教材中发现问题，在教学中研读教材，以教材为根本，深耕之、丰厚之，从教材中发现，从教材中受益，使教材真正成为指引我们日常教学和课堂改革的方向。"我还拿出事先准备好的一首诗赠给该校教师，鼓励老师们发扬敢于质疑的精神，诗曰："学贵有疑也难疑，百思不解添心绪。希帕一问岂无端，介甫数思方生绿。独自思量终有限，多人交流可得奇。待得茅塞顿开时，拨云见日夏临溪。"诗中以古希腊著名数学家毕达哥拉斯的学生希帕索斯质疑其老师"万物皆自然数"的说法，形成数学史上的第一次危机并且最终解除危机，以及王安石敢于质疑自己，三改一字，最终敲定"绿"字成诗的万古流传的故事，鼓舞老师们乐于求知、善于钻研，经常以质疑和善思的态度去发现和解决问题。鼓励老师们开展经常性的同伴互助，互通有无。

这位老师后来对我的观点深表赞同，立即加了我为微信好友，希望在我返程后继续加强经常性的学习交流，我十分高兴地答应了。

在宁南县朝阳小学的援教助学活动，时间是短暂的，但留给我的记忆是永恒的、刻骨铭心的。它是我小学数学教学生涯中一次难得的历练，吹响了进入新时代的我再出发、再提高的号角。

回到老河口，将活动图片传至朋友圈，有圈内好友作诗点赞。我觉得它很符合我的心声，现发出来与大家分享。

### 己亥岁尾凉山宁南援教行有感

丽鸟晓鸣鹿门边，暖日午照大凉巅。
地隔遥途何足惧，天连长水犹梦牵。
文翁兴教千头绪，诸葛智蜀万年传。
今日座上歌一曲，交融共济仰先贤。

活到老，学到老。活到老，做到老。我将在我的心灵深处珍藏这次难得的历程，以此激励我进行后续的工作，直到永远，永远……

# 成长，因真实经历而精彩

湖北省老河口市第八小学　闫红莲

要实现教师的成长，需要沉下心来，脚踏实地——扎根课堂，精心磨炼，提升素养，才有好课纷呈。在职业生涯的34年里，我参加了若干次不同范围的公开课，听评了无数节各种类型的课。不管是什么级别的公开课，每一节课我都认真对待，认真研究，认真备课，认真上课，认真评课，认真反思。

1989年，我代表老河口市参加了襄樊市（今襄阳市）举行的小学数学中青年教师录像优质课评比活动。为了讲好这节课，我认真钻研教育学、儿童心理学，钻研教材、教学大纲，精心设计教案，虚心请教有经验的教师。那个时候的公开课，就是一支粉笔、一块黑板。如何把课上得生动有趣？需要教师多下功夫，多动脑筋。钉子板、七巧板，我和学生一起动手做，幻灯片我亲自画……"长方形、正方形、平行四边形"教学录像课获襄樊市中青年教师优质课一等奖；同年9月，我执教的这节课又获得湖北省中青年教师优质课二等奖。

初次尝试的成功增强了我的自信，让我体验到做教师的幸福！我暗下决心：一定要在教学中干出成绩！因此，我更加严格地要求自己，积极投身教改。平时，刻苦钻研教育理论，认真备好每一节课，上好每一节课。那一年，我被襄樊市人民政府授予"襄樊市优秀教师"称号。

荣誉与压力同在，光环与挑战并存！

1990年，老河口市举行了一次大型研讨课活动，当时在明星影剧院，来自襄樊、宜城、枣阳、谷城、南漳等外县市和我市的教师共2000余人。讲课的团队有老河口市特级教师、优秀教师，而我是最年轻的一个。面对那样的大场面，我压力很大。初生牛犊不怕虎，我克服内心的恐惧，把压力变为动力。评课时，教研室领导和听课老师对我的课给予了高度评价。我再次体验到成功的喜悦！

1990年11月，我代表襄樊市参加了湖北省小学数学中青年教师擂台赛。一次次的公开课，我感觉自己在教学上有很大进步，每一次的优质课赛讲，对自己都是一个质的飞跃。

1994年冬天，我怀孕8个多月，当时，分管教育的副市长来八小调研，校长临时通知我，让我讲一节公开课，我二话没说，挺着大肚子走上了讲台。任何时候，我们都不要把自己看成一个特殊的人，学校给你平台，要善于把握，积极参与，投入其中。

职业生涯的前10年，我不停地参加优质课、公开课、研讨课活动，这些不同层次的公开课，让我从青涩走向成熟，锻炼了我各方面的能力，是促我成长的催化剂。

2011年之后，我担任六年级的品德与社会教学工作，平时能与品德与社会备课组的老师一起研究、讨论教学内容、教学方法和教学思路，集体研讨合作意识强。我还坚持长效听课，取他人之精华，每学期听课50余节，每堂课不仅有记录，而且都写了评议，所听的每一节课，我都能面对面地和老师们商讨，进行诊断、指导，互相学习，共同提高。2013年，我被评为襄阳市隆中名师。

对教育教学的执着追求，是无上的幸福。有执着的爱，才让人陶醉于教育事业；有执着的爱，才让人在教了又教的课堂上创新。

2019年12月7—11日，我有幸参加了教育部名校长领航工程张德兰校长工作室赴四川省凉山彝族自治州宁南县朝阳小学送教援培活动。

来到学校，送教援培的特级教师、隆中名师等专家聚焦课堂，深入教学一线，对朝阳小学教师的课堂进行诊断。12月9日上午第一节我和陪同的老师们一起走进了四年级（4）班，走进了姚良琼老师的数学课堂"商的变化规律"。

课堂上，姚老师精神饱满，神采飞扬，引导孩子们探究发现商的变化规律。

"从上往下观察，什么数变了？什么数没有变？""还有谁有不同的想法？"

"谁能完整地说一说？""从下往上看，什么变了？什么没变？把你的发现边说边写出来。"

孩子们认真观察，在练习本上写写画画，非常投入。

下课后，老师们围着我不断地提问。

"闫校长，请您给我的课诊断一下，有什么问题？"姚良琼老师跟在我后面迫不及待地问道。

四年级备课组长黄朝凤老师也说："闫校长，我们的课，都没提前跟老师们说，都是随堂课，就是想让你们这些专家来给我们的老师诊断一下，看她们的课堂有什么问题。"

"姚老师上课表情丰富，精神饱满，神采飞扬，有亲和力，孩子们很喜欢你，更喜欢你的课堂。在引导孩子们探究发现商的变化规律时，你的提问非常精准，引导孩子们从上往下观察，再从下往上观察，让孩子们的思维非常有序。孩子们身心愉悦，积极发言，激情四射。同时，姚老师也很注重对学生习惯的培养和语言表达能力的培养，三维目标体现得很好，对学生的评价也很中肯，课上得非常好！姚老师，这节课如果我来上，我会这样设计：'教学是在需要教的地方教，在不需要教的地方则不教。'在探究第三组的过程中，我会大胆放手，利用小组合作的形式，让孩子们自主探究。学生探究出来的商的变化规律都是具体的数字，再引导学生把数字转化成字母，同时也培养了孩子们的符号意识和转化思想。"我和老师们交流着自己的思考和看法。

老师们意犹未尽，还在热烈地讨论着……

第二节课的铃声响了，我又随着陪同的老师们一起走进了二年级（5）班杨德萍老师的课堂"数学广角·搭配"。

下课后，老师们继续围着我不断地提问。

"闫校长，请您多多帮助我，看看我的课堂有哪些问题。"杨德萍老师轻声说道，这是一个入职不到一年的年轻教师。

紧接着，教导主任也说："闫校长，杨老师是去年才到学校的年轻教师，你可要多给她提意见，把你们的新理念带给我们哦！"

"杨老师根据低年级孩子的特点，运用孩子们喜闻乐见的动画片角色喜羊羊、美羊羊、懒羊羊贯穿课堂，激发孩子们的学习兴趣。课堂上引导孩子们探究出了搭配的三种方法——固定十位法、固定个位法、交换位置法，这样才能有顺序、不重复、不遗漏。课也上得不错。我建议：杨老师让三只'羊'照相，孩子们换来换去，好几个孩子都说有四种站法。不妨结合身边的素材，老师和两个孩子一起照相，这样学生兴趣更浓，就能很清晰地看出有六种站法。然后再继续拓展，让孩子们把现实场景中的人物用三个数字或者符号表示出来，培养孩子们的符号意识，把数学核心素养渗透在我们日常的教学中，聚焦核心素养，促进学生深度学习。"我和老师们推心置腹地交谈着。

学生的数学学习应当成为一种"深度学习"，从而切实提升自己的核心素养。

备课组长黄朝凤老师紧接着说："闫校长，我们特别喜欢这样的送教援培方式，您手把手地指导我们的课堂，给我们带来了新理念，我们老师就缺这些新理念，课堂上对数学思想方法的应用没有思路。有了您的指导，我们的数学教学一定会再上一个新台阶！"

老师们也频频点头说："闫校长的评课非常注重实际，点评时非常实在，建议非常好，点子也多。我们的课堂就是要从学生的实际出发，要以学生自主参与学习、小组合作学习为主，课堂中应多注重对学生的启发，让所有学生都参与到学习中来。"

见到专家，老师们如饥似渴，都希望今后多来一些教学的专家、特级教师、名师，希望他们走进朝阳小学的课堂并给予指导，同时也多带来一些公开课，希望能够得到更多的新理念来指导自己的教学。

　　其实，这样的送教援培活动，不仅提高了朝阳小学老师的教学能力，更是我们自己成长过程中的一次历练。在听课、评课活动中，我们认识了更多不同地区、不同民族的孩子，了解了他们的学习状况，了解了四川省凉山彝族自治州宁南县朝阳小学老师们的工作态度和渴望学习的劲头。在活动中镜照自我，有感触，有提升。有了这样一次成长经历，相信未来的我一定会更加努力地工作。成长，因真实经历而精彩！

# 小船载歌声　川鄂心相连

湖北省襄阳市恒大名都小学　刘　佳

跟随张德兰领航校长从四川省凉山州宁南县朝阳小学回来已一月有余，突然收到朝阳小学师生寄来的小纸船，作为教师的成就感油然而生，没想到我一个小小的音乐老师居然跨省连接起了两所学校学生的思念之情。

2019年12月2日，星期一下午，张德兰校长把我叫到办公室，通知我下周随她前往四川送教，要求我准备一节四年级合唱教学课和成长故事分享讲座，必须赶在周四前成型。从张校长办公室出来，我立即开始选课、熟悉教材、编写教案、做课件，一个晚上的时间就把课大致确定下来。第二天上午，恒大小学音乐组教师为我的送教课程"彩色的中国"进行了第一次磨课，效果不太理想。中高年级二声部合唱课程是音乐教学中的难点，用一节课40分钟完成两个不同声部的单一教学已经很难，更何况唱准二声部，并完成和声，不管对教师还是学生都是一个挑战。对课程进行了修改后，第二次磨课我请来了襄城区音乐教研员万晓峰老师进行指导，在万老师和我校老师们的帮助下，我结合四年级学生的特点设计了两艘小船代表歌曲的两个声部，邀请学生分别乘上小船学习不同声部的音乐，最后并驾齐驱同时驶向目的地的教学情境。在朝阳小学，我带着孩子们乘着小船完成了二声部合唱教学，感受到了凉山学生的淳朴、认真，度过了一节让我终生难忘的音乐课。出发去凉山前，我请恒大小学四年级（1）班、四年级（2）班的学生折了几十个彩色小船，上面写着他们对朝阳小学同学们的祝福，在课堂最后送给了朝阳小学四年级（4）班的学生。那几天在朝阳小学的校园里，上体育课的他们、在课间活动的他们只要碰到我，就都会跑到我跟前热情地问我，"刘老师，你什么时候再给我们上课啊？"那一刻，我感受到了作为教师独有的喜悦。

时隔一个月，朝阳小学刘婉莹老师给我寄来了四年级（4）班学生友谊的小船，上面写满了对恒大小学同学们的祝福，我感动得热泪盈眶。一个小小的教学设计，不仅助力我突破教学难点，还拉近了我与学生们的距离，最后连接起两校师生的友谊。

## 第二部分 领航校长团队主题支教成果

# 奔跑，迎接更好的自己

襄阳市恒大名都小学教育集团　张德兰

2016 年 9 月，檀溪湖畔矗立起了一座崭新的学校，那就是襄阳市恒大名都小学。这所未来学校的办学理念是 7 个字——"与世界一起奔跑"。未来学校的教育追求三句话——办一所负责任的学校，办一所有温度的学校，办一所适合学生个性发展的学校。

我们办学有两大抓手——阅读和运动，这两大抓手给我们的学校带来了巨大的红利。其实我们所有的办学理念、办学追求、办学的抓手，都指向了学校的两大主体——教师和学生。我们秉承舞台教育理论——人人都是主角，舞台是人人的舞台，台上台下都是主角。

"与世界一起奔跑"的理念、办学目标、办学追求如何落地？我们构建了"yue"文化课程体系，用课程让我们的目标追求落地。所以，在恒大小学我们努力做到让学生时时能读书，处处能运动，人人都快乐。恒大小学 2016 年 9 月正式开学，经过两年半的时间，目前有 18 个教学班，学生 1005 人，教职工 51 人。

我和我的团队在这所新学校用我们的激情，用我们的实干刮起了恒大旋风，创造了恒大速度！

恒大小学快速发展的实践答案就是——做成长型教师。

## 一、走向学习区，快速成长

### （一）把学习当成乐趣

我常说，落后是从拒绝学习开始的。一个人读什么书他就有什么样的精神长相，人的精神长相虽然并不完全来自日常阅读，但日常阅读构成了人的精神长相的基本元素。孙云晓说，每天晚上看完《新闻联播》后坐到书桌前，是他最惬意的时候，他这个书桌前的行者，真的到达了一种让人非常羡慕的读书境界。

对老师而言，学习是教好学生的需要，学习也是我们和家长交流的需要。

倘若你不喜欢读书，那么每当家长问你孩子在班上学习怎么样，表现如何，你总是那么固定的几句话——还不错，还可以，家长向你请教孩子身上的一些坏习惯该如何改进，你说不出所以然来，久而久之，家长就不会再向你请教了。所以我经常提醒老师，多问问自己：后天的世界，有你的位置吗？时时警醒大家要与时俱进，要终身学习。

### （二）让学习成为习惯

有人只看到了我今天的成功，却不知我从走上讲台的那一刻起，就提醒自己保持一种状态——时刻准备着。

外出培训归来，坐在火车上，我还处在亢奋之中，可是当着卧铺车厢里那么多人，不好意思写东西，我灵机一动，写拼音日记。写累了一抬头，发现有两个人很羡慕地看着我，我一愣，然后忽然领悟过来，他们以为我在用英语写作呢。外出旅游，坐在候车室或者候机室，我会把游览所见所感写下来。夜深人静，我会写育儿日记，从儿子出生到考上大学，我写了18年，很多家长、老师纷纷效仿。当我觉得这节课上得很过瘾，当我很沮丧一节课没上好，我都会迅速写下教学随笔。当上校长以后，我又养成了写校长日志的习惯，见缝插针找时间，当了10多年校长，至今写了70多本校长日志。我的背包里永远放着笔记本，一有所思所感所悟，我就迅速拿出笔记本写下来。

### （三）享受学习的快乐

学然后知不足，在日复一日的学习中，我尝到了甜头，感受到了快乐，学习让我永葆热情，学习让我与时俱进。虽然我已年过半百，但我始终对新技术、新事物保持着旺盛的热情。美篇，我会做，我和大家分享的课件都是我自己做的。去年寒假，我给自己布置了一个作业，学会做公众号，如今我已能娴熟运作自己的公众号了。

学习让我不断成长，一路遇到更美的风景，从荆楚教育名家到教育部领航校长，是学习让我走向了更高、更大的平台；是不断学习，让我在全国各地分享传播襄阳教育的声音；是学习让我与更多高人相遇。海明威说，优于别人，并不高贵，真正的高贵应该是优于过去的自己。

## 二、走向合作区，高质成长

习近平总书记提出要构建人类命运共同体，作为教书育人的学校，我们更要构建发展共同体，要倡导合作共赢，交流互鉴，共建共享。如今，单打独斗的时代已经一去不复返，合作更是一种生态环境，我们倡导人人为我，我为人人，在合作中共同成长。

拿校本教研来说，校本教研就是以校为本，基于学校。校本教研做得越扎实，教师成长越快；校本教研做得越有效，教学质量越高。恒大小学是这样做校本教研的：常规教研，我们做到真刀实枪不走过场，把每一次教研活动当作实战。我们提出舞台是人人的舞台，人人是教研的主角。专题教研，我们群策群力，精心打磨精品。湖北省举办长江杯微课大赛，老师们参与热情不高，原因是老教师说技术不过关，年轻教师说我有技术，可是我没有教学经验，我的教学设计不够好。我们采用专题教研的方式，让老教师和青年教师强强联合，当老教师老到的教学设计遇上青年教师过硬的信息技术，精彩的微课纷纷出炉，最终我们30多名教师的学校有10多个微课获得市级一等奖，8节微课获得省级一、二等奖。我们还时常变革教研形式，提高教研实效。

在奔跑的恒大小学，合作已经像空气一样弥漫在校园的每一个角落，合作带来共赢，恒大小学的教师不是一个人在成长，而是一群人在成长。我们是如何聚焦私人订制三级台阶来激活教师行动力的呢？

三级台阶的第一级台阶是发现优势。我们通过成长访谈、通过听评课教研来发现教师的优势，每一位老师都有自己独特的优势。

第二级台阶是识别需求。发现优势以后，我们要引导教师通过精准阅读，让他的经验再转化，在这个过程当中识别他的需求。

第三级台阶是协商规划。发现了优势，识别了需求，就要规划他的成长，搭建平台，创设关键事件。我来讲讲几个老师的成长故事。

第一个是杨雨薇老师的故事。她是一位教龄不足一年的老师，但她被评上"学校魅力教师"，年级组给她写的颁奖词是：她是自信爱笑的萌萌兔，她是元气满满的少女兔，她是敢于挑战的勇者兔，她是心灵手巧的聪明兔，她是飞快奔跑的长腿兔（雨薇的网名叫大兔子）。

她是如何从学校众多年轻老师中脱颖而出的呢？学校开展亲子阅读分享活动，我们为每个年轻老师提供机会，让他们来展示。雨薇老师领悟迅速而又到位，她的用心总结惊喜了众人，我们让她做一个亲子阅读的回顾，小丫头做得超级好，这姑娘悟性太高了！绘本教学实践，她独辟蹊径，见解独到。发现了她的个体优势后，我们就给她搭建平台，创设关键事件，让她领衔开发绘本课，在领头开发当中，她成为绘本教学的领跑者，成了青年教师当中绘本教学的高手，成为青年教师中的佼佼者。2017年年底，我就带着她到贵州去，带着绘本去送教。她讲完了绘本课《不会跳舞的长颈鹿》以后，贵州山区的老师说："哇！语文课还可以这样上，太有意思了，我们班上那些从来不发言的学生，今天抢着举手发言。"下课了，孩子们如影随形地跟着我们的杨老师，一个小姑娘眼睛放着光："杨老师，你下一节还给我们上吗？杨老师，我好喜欢你的课。"她收获了一堆小粉丝。在这样的平台和关键事件当中，杨雨薇老师也开启了奔跑的加速度。所以，对这些选择奋斗的奔跑者，学校要做的就是给她铺设跑道，让富有创新精神的青年教师在课程研发的舞台上闪闪发光。

第二个是曾艳丽老师的故事。她是一个非常成熟的学科教师，2017年9

月调入恒大小学，调入之前她是一名默默无闻的优秀成熟教师。但是调入恒大小学以后，她迅速被团队氛围感染，开启了奔跑加速度。我们去听课，发现她的课堂完全是"燃烧"的数学课，太有感染力了。我说："课堂上的你就像魔法师，我观察了一下，这帮一年级的孩子在你的引导下，眼睛放光，兴趣高涨，教学充满温度。我看，你就好好潜心打造好有温度的数学课堂。我一直在着力提炼优秀教师的教学风格 DNA，你的温度数学，特色鲜明。"

"什么？我这样一个普通教师，还能有教学风格？"她很吃惊。

我说："为什么不能？只能说你之前忙于埋头教学，没有意识到。"

与课堂一起燃烧的还有她被激活的教育梦想。她原来的同事说：你这种状态，完全是孙猴子复活了。我们看到了她强烈的"复活"愿望、追求成长的愿望，就给她搭建平台，让她担任数学教研长。她过去很少出去听课，我们就让她走南闯北去培训。为什么？走出去开阔眼界，见识了世界，你才会有更大的世界观。你连世界都没见过，你的世界观只能在井底打转，所以外出培训让她大呼过瘾。我们又继续给她加把火："你的文笔不错，你要动笔写，在写作的过程当中去凝练你的温度数学风格。"同时我们也给她创设关键事件，这样一个优秀的数学老师，千万不能让她藏着掖着，她的数学课堂是开放的，青年教师随时可以去听，我们又派她出去送教讲学，到贵州、到深圳，等等。

她的温度数学先在学校推广，然后慢慢再请教研员来总结、提炼、推广。在我们给她搭建平台，创设关键事件以后，她说：没有什么可以阻挡她，她前进的步伐有力铿锵；没有什么可以阻挡她，奔跑中的引领已经化作裂变之路的丰富营养。

调入恒大小学一年之后，她被评为"卧龙名师"。短短的一年，她完全是喷薄而发。在各级报纸杂志发表文章，送教讲学。我讲曾艳丽老师的故事，其实就是说优秀的学科教师一定是学校的稀缺资源，开放他们的课堂，提炼他们学科教学的个性的 DNA，让他们在草根学科教学法的舞台上也可以闪闪发光。

最后一个我讲讲王海军老师的故事。他是 2016 年恒大建立之初从外县市区调进来的一位特级教师。先来看看他的"魅力教师"的颁奖词："他看起来老实巴交，说起话来哈哈一笑，深入接触，又感觉有些闷骚。他是语文组的唯一的男代表，干起活来一路小跑，对于名利从不计较。他就是人见人爱，花见花开，被大家亲切称为恒大小学老黄牛的纯爷们——王海军老师。"

针对他特别喜欢听评课、擅长写作、善于思考的特点，我们私人定制了他的成长策略，让他启动二次成长，做学术领头人。我们鼓励他设立名师开讲。恒大小学的青年教师特别幸福，因为王海军的微分享是一年四季经常开讲。只要我们学科组青年教师有了什么疑难，王海军就搞个微分享，课题微分享，微课分享，教育叙事分享，等等。王海军在辐射引领中，也开启了二次成长的航程。

除此之外,学校还给他创设关键事件,帮他争取机会参加高端培训。有一次,我们给他争取了一个国培机会——北师大培训一个月。单位只报销去的交通费,在北师大吃住学用的全部是国培项目经费。谁知他犹豫不决,我问他:"你在担心什么?这样的高端培训可是千载难逢!"他吞吞吐吐地说:"我出去培训一个月,自己的语文课谁来带?年轻老师没带过高年级,不敢接课啊。"我说:"这还用担心?你放心去培训,我给你顶课!别忘了,我可是语文特级教师哦。"他非常感动,放心地收拾行李出发了,在北师大学习的三周里,他认真学习,表现突出,结业时还作为学员代表发言。而返回学校后,他就把自己学到的东西向老师们做了一场又一场的分享。

这还不够,对于王海军老师这样二次成长的特级教师,我们不仅派他参加高端培训,我还充分利用基础教育名家的资源,推荐王老师外出讲学。我对他的课件认真把关,提出修改意见,有针对性地推荐他,因此,王老师每到一地都会收获一批"海粉"。我们不断创设关键事件,激活名师二次成长的内动力,激发示范引领的价值力,让名师在辐射带动的舞台上闪闪发光。

## 三、走向创新区,持续成长

创新,是克服职业倦怠的良方!

"与世界一起奔跑"的恒大小学聚集了来自四面八方的教师,我们既要激活他们干事创业的梦想,也要引导他们在实干中改变传统思维,从"老"入手,从"新"解读,以"干"落地。

(1)老活动新变化。
(2)老节日新旋律。
(3)老典礼新思路。
(4)老叙事新升级。
(5)老作业新要求。
(6)老培训新方法。
(7)老宣传新形式。

最后,我和大家分享奔跑成长的三大"法宝":

(1)登高山。人不能只站在山脚下,要不断拓宽边界——思想的边界、实践的边界、人生的边界。

(2)拜高人。与光明俊伟的人同行。

(3)找高手。

与旧我搏斗,让新我诞生。我喜欢奔跑,愿你也喜欢。

# 用奋斗的青春点亮闪闪发光的你

湖北省襄阳市恒大名都小学　鲁　力

在一个平凡的岗位上，有这样的一个人
厕所堵了，孩子们会找他
红领巾没带，孩子们会找他
国旗杆卡住了，孩子们会找他
下课想打篮球、踢足球，孩子们会找他
…………
他整天穿梭在校园的各个地方
他的年龄比孩子们爸爸妈妈的年龄要小
但是他听到最多的一句话是：你就像我爸爸一样！
他的目标很简单
希望你能健康成长
希望你能闪闪发光
孩子们都喊他——努力老师！

我就是孩子们口中经常喊到的"努力老师"，我叫鲁力，鲁迅的鲁，力量的力，体育教育专业，2011年加入中国共产党，现任恒大名都小学学生发展中心主任、大队辅导员。我在工作中以饱满的工作热情、扎实的工作作风、阳光的工作形象，得到全校广大师生及家长的认可。

"努力老师，早上好！"人如其名，在孩子眼里我就是一个很努力的大孩子，小孩子们亲切地称呼我为"努力老师"，努力学习的努力……"天青色等烟雨，而我在等你"，我又像往常一样站在学校门口看着每一个孩子进校园，有一个小男孩远远跑过来张开双手，说道："努力老师，要抱抱，你就像我爸爸一样。"当时听了觉得暖暖的，我觉得"每一个孩子在自己父母眼中就是一个天使，而在我的眼中是天使中的天使，我要尽我所能让每一个孩子都闪闪发光！"在学校德育工作中我始终聚焦"舞台是人人的舞台"这一核心理念，力争让每个孩子成为舞台的小主人！

## 一、追梦的年纪,奋斗的青春

### (一)挑战不可能——白加黑模式

我经常说的一句话是:"白天时间不够,晚上来凑!"2016年夏,我在一千多名考生激烈的竞争中考入了新成立的襄阳市恒大名都小学,新环境、新起点,在追梦的年纪唯有努力付出、不断奔跑才对得起美好的青春。又是一个周六的晚上,到了十二点半,我妈妈看见我的房间还亮着灯,听见电脑键盘啪啪响,以为我又在玩游戏,怒火攻心准备严厉呵斥,可推门一看才发现我在电脑上整理资料。当时注意力过于集中,我头也没回地对我妈说:"妈,你别操心,我现在没那个精力这么晚还打游戏、看电影,当了大队辅导员一切从零开始,必须要有所担当,要学的东西太多,这些资料整理完我就睡,你早点睡吧。"看见我异常用功,就像变了一个人,我妈很是欣慰。

记得刚上任的时候,每天上网搜索有关队建的知识,白天要教学,晚上加班到深夜。"白加黑"也成了我的工作常态。我当时立下军令状,我要让学校少先队超常规发展,一方面建章立制,抓少先队组织建设、阵地建设,另一方面创新少先队活动,围绕"奔跑吧红领巾"这一大主题,将每次实践活动结合少先队员的特点做到创新化、系列化、实践化和品牌化。比如我校"六一,寻找最美志愿者""国庆,我向国旗敬个礼""寒假,年的记忆"等系列活动,尤其是开学典礼,更是做成了学校的品牌,每一年的开学典礼都有不一样的主题,每一次都让家长、学生充满期待,有"大手牵小手,快乐校园GO""给每个孩子一个童话世界""红红火火金猪年"等,我在公众号上做的每一期开学典礼推文也都成了兄弟学校学习的典范。就这样,我用了短短三年的时间将恒大小学德育工作做得风生水起、声名远扬。

### (二)挑战不可能——公众号制作的学和精

说到公众号的制作,很多人会觉得是这应该是语文老师或者具有深厚语言功底的人干的一件事情,大家是否能想到一位体育教师也成了一名公众号制作的老手?在听说校长安排我做公众号的时候,我诧异地带着疑问去找校长,到了她办公室还没开口,校长直接说道:"鲁力,我知道你的困惑,作为一名体育老师,毫无疑问语言和写作是你的短板,我就是要让你去补齐这块短板。"也许大家听了会觉得你们校长太重视你了。但作为当事人,我当时仅仅觉得,校长您看错人了吧?没办法啊,任务布置了,不会就去学。青年教师,学这个当然不难,难的是做好一篇精美的公众号文案,它需要缜密的思考和反复的斟酌,有些词语我不知道是否恰当,我要各种搜索、各种"百度",很晚了还要打扰语文老师。精心制作好后我会发给我们分管校长看,有一句话真是很贴切,一千个读者就有一千个哈姆雷特。她会根据她的经验和智慧提出更佳的修改意见，"好的，没问题，我改！"改好以后再发给张校长看。张校长是个精益求精的人，她常说的一句话是："让创新成为一种习惯，让精细成为一种常态！你做得很好，但是有些地方稍做修改一下，是否更好呢？"这句话一听，再改吧。记得有一次为推送一篇公众号文章，我修改了将近30次……当然，也就是在这一次次的修改和完善中我结合了3个人的想法，也学到了更广泛的思路，能更深入地看待问题。目前，我们学校学生人数是900余人，访问量最高的一次达到几千次。

### （三）挑战不可能——多方面的奖项

2017年湖北省体育教师技能大赛襄阳市选拔赛，教研员给了我一个锻炼的机会，让我选一个项目去跟其他区的体育教师比拼，但是稍微简单点的项目已经让给了年长一点的老教师，于是让我去比武术棍，这又是一个我从来没有涉足的领域，唯有刻苦钻研、勤学苦练。当时我们办公室在一楼，晚上借着一楼办公室的光在我们学校的天井处，重复练习直到深夜，一个动作不到位就继续练。湖北"和教育杯"论文大赛，我翻出了之前在大学时写过的一篇关于该方面的论文，又找大学老师帮忙修改，一次不行就再找人帮忙继续改。微课大赛，我查阅了不少于50篇作品，在获奖与没获奖的作品间反复找问题所在，在有一点思路以后，在夜深人静的晚上，为了让自己的作品少一点瑕疵，关掉手机，认真准备，反复修改，做好以后又是凌晨。有人问这样的加班值得吗？我想说的是当然值得，这些奖项没有一个不是加班加出来的。我们现在面临着许多新的要求和挑战，作为一名新时代的青年教师，我们要从容面对，与时俱进，树立终身学习的意识，全面提升自己各方面的知识和水平。当然没有谁能够随随便便地成功，你若敢拼，全世界都会给你让路！

## 二、让每一个孩子都闪闪发光

挑战不可能。为了全员运动会，拼了！2016年9月，刚考进来就接到了学校的重要任务——举办一场全员运动会。全员运动会？啥内容？啥形式？我一听，脑袋都是蒙的，因为从未听说过这样的运动会啊。不会就学！我多次向校长请教全员运动会，在学校团队攻关下，拿出了基本的框架。9月25日，学校派我去北京观摩全员运动会。到了北京放下行装，我直奔全国学校体育联盟主席毛振明办公室请求指导。毛院长异常忙碌，只是简单聊了几句就外出了。我没有放弃，又找到毛院长，"您能不能看看我的方案？"。三番五次的拜访、三番五次的推托，毛院长终于被我这个执着的小伙子打动了，安排副秘书长丁老师亲自指导。三天的学习时间，我就像影子一样跟着丁老师，将所有不明白的问题逐个请教，细心修改方案，在十几个小时的归途中我的方案基本落定。回校后，我立刻召集体育组老师和相关负责人讨论，进一步完善方案，将比赛项目逐一落实到每一节体育课，落实到每一天的大课间。"一个口哨两个球，老师学生都自由"的放羊式体育课在我们学校从未有过；于是，每天的大课间学生在老师的有序组织下，分年级开展不同项目的练习，整个校园成了运动的海洋。

　　但是，在一次搬运全员运动会所需器材时，我不慎扭伤了腰，当时走路都成了问题，一个喷嚏都能把自己打倒，需要住院医治。可是当时时间紧迫，我没有听从医生的建议，不顾父母的反对，每天扶着腰干在学校的最前线。最伤心的是我的妈妈，她含着泪对我说："儿子，你的努力大家都看到了，你要注意自己的身体啊，年纪轻轻就把腰给磨伤了，不好好调理可能会瘫痪的，妈妈求求你了，跟学校请假吧！"我毅然决然地说："现在是特殊时期，每个老师都安排有任务，我又是主要负责人，我不能倒下，我还能坚持！"最后在坚定的信念下，我做到了。糟糕的是腰伤也因此成了旧患，但是我仍然觉得这是值得的。同年12月25日，恒大小学第一届全员运动会在学校完美呈现，家长们刷爆朋友圈。聘辰妈妈说："这真是一场创意运动会，新兴趣味运动项目'最长的绳子''毛毛虫爬'等时尚有趣，孩子们特别喜欢。"载元宝宝的妈妈说："这真的是全员运动会，我家儿子肢体协调能力不行，'一字马'等项目练不好，我以为他上不了场，谁知我看到他参加了红队的所有项目。全员参加，一个不少，真棒！"载元宝宝在我们学校是个很出名的学生，一张娃娃脸胖乎乎的，有时候上班主任的课，他会"啊……"突然发出怪叫，上其他科目时老师根本管不住他，唯独上体育课，他会很老实地对我说："我想跟他们一起比赛……"很可爱！这场全员运动会超出了校长的预期，校长惊叹道："短短两个月时间准备，运动会如此完美，超出了我的想象，太不可思议了！"全员运动会给了每个学生展示的机会，运动会不再是体育成绩好的学生的舞台。"舞台是人人的，让每个孩子闪闪发光。"这个理念也像钉钉子一般钉在我的脑海里。襄阳市举办第十九届中学生运动会，市文体局邀请我校学生去表演瑜伽操，老师们都说选做得好的去，但是我没有认可他们的说法："我觉得学校是属于人人的学校，要让每个孩子参加，不能去挑选。"为了打消老师们的顾虑，我让班主任和家长帮助较差的学生加强练习。在我的坚持下，学校二年级200余名学生在襄阳市室内体育馆完美地呈现了瑜伽操，场面震撼。这次的亮相惊艳了全市，让主办方赞叹不已。

　　在我眼里，体育运动会不再是有运动特长的孩子的运动会，文艺表演也不再是有文艺天赋的孩子的展示，大课间活动人人参加，六一阅读人人分享，社团选课各个上阵。学校这个大舞台是每个孩子的大舞台，让每个孩子都在舞台上绽放，每一次做法都必须面向每个孩子。我给孩子们搭建舞台，让每一个孩子都能上台表演，舞台就是让每个孩子闪闪发光的地方，舞台是人人的舞台，台上台下都是主角！

作为一名教师，讲台是立足之本，我在教育教学工作中的表现更不能差，参加工作没几年论文获全国比赛一等奖，教育技术论文获湖北省一等奖、教师技能大赛区一等奖，微课多次获湖北省一等奖，被邀请参加襄阳市体育教育论坛。我爱工作也爱运动，因为腰伤没有参加襄阳马拉松，却当上了襄马的裁判员，因为踏实的工作作风被评为优秀裁判员。我还被评为市级优秀团干、校园年度人物、魅力教师等。我用无悔的付出，散发着青春的光彩；用执着的追求，点亮着孩子们人生的道路。我，就是那个用青春助推着每一个孩子的成长、奔跑在教育路上的追梦人——鲁力。最后我想说的是，我们不是没有平台，舞台再大，自己不上台就永远是个观众；平台再好，自己不参与就永远是个局外人。只有参与、实干、拼搏的人才会有收获。不用抱怨事情繁重，人趁年轻应多奋斗！单枪匹马你别怕，一腔孤勇又如何！

# 心有"想念"

## ——记"宁襄"划时空的英语教研

湖北省襄阳市恒大名都小学教育集团　章　琼

### 心有所念，课堂永葆鲜活

　　看，学生的小手高高举起，"Let me try！"，这是学生正在踊跃地参与课堂游戏竞赛呢！四川省凉山州宁南县朝阳小学的英语方老师已有近25年的教龄，方老师的课件制作水平高超，英语口语地道。她能准确把握二年级孩子们爱游戏、乐竞争的特征，将二年级的单词课上得绘声绘色，孩子们在由简到繁的游戏竞赛活动中，努力奋进，获取知识，获得成就感，保持持久的学习力。当我问方老师："这么有趣的、富有动感的游戏活动课件，您是怎么做到的？"方老师说："都是一点点学习摸索的，年纪大了，学起来还是有点吃力的，做得不够好，请多多指教。"她这平静又谦虚的语气让我顿生敬佩之情。在我看来，她能做得这么好是件很了不起的事情，而她却觉得是件再平常不过的事情，这不正是让人敬仰之处吗？我想这里的老师肯定有着对教育的理想信念，他们的敬业和努力饱含着对凉山孩子们的仁爱之心。凉山深处大山之中，留不住年轻的教育人才，就是像方老师这样淳朴的中坚力量，撑起了凉山的英语教学和孩子们的未来。

### 心有所想，教研引领方向

　　由于地处偏远地区，凉山地区的学科教学资源较少，教育教学理念相对封闭。英语作为一门小学科在这里是很难推进的。由于师资力量薄弱，学生每周只有2节英语课。很多教学任务得不到落实，教研活动也得不到充分开展。所以在这次交流学习中，我们对方老师的词汇课和从襄阳带来的绘本课进行了深入的探讨，着力总结课堂活动设计背后的相关教学理论支撑。

　　方老师的词汇课，首先，课上的活动和游戏非常能激起二年级学生的学习热情，但是词汇脱离了句型和情景，没有为学生提供更多运用的机会，只重视机械操练，忽略了有意义的运用；其次，低年级的词汇课上如遇到较长的单词，可以渗透一些自然拼读方法，长期坚持可以提高学生们读记单词的能力。例如：little 可分成"li"和"ttle"两个部分来拼读识记，handsome 可划分成"hand"和"some"两个部分。

我们重点研讨的绘本课是这次朝阳小学英语老师们提出的研讨内容。通过对章老师 Where's Bonnie？这节绘本课的研讨，我们最终得出：

首先，绘本课要重视读图环节，在赏图、观图、论图的过程中，推动学生深入探索绘本思想，突破重难点，学生通过图片启发，将人物、景物在头脑中串联起来，以此让学生整体感知绘本，引导学生预测绘本内容，点燃学生的思维之花，最终学生思维的深刻性、灵活性和独创性得以提高。

其次，在绘本学习过程中，老师要渗透阅读策略：阅读前，进行预测和联想；阅读中，注意略读和精读的把控。略读时，学生通过快速浏览、回答概括性问题来大体感知绘本内容。精读时，学生要学会找关键词和句，例如：Where's Bonnie？绘本中，学生通过找出关键词句即"bedroom""kitchen""study"，带"she isn't…"的句子，即可厘清文中的脉络，在寻找的过程中进入深度学习和思考。精读时还可以利用思维导图来厘清文本思路，从而使学生更加准确地把握文本思想。读后，要进行复述，通过表演和改编或续编等活动提升能力。

英语绘本趣味性强，极具可表演性。所以在 Where's Bonnie？绘本学习过程中，章老师大力引导，鼓励学生参与表演：绘本中有"Go look in the bedroom."，章老师就牵着学生的手走进"bedroom"去找小狗 Bonnie。老师的带动、引导和鼓励，让学生们动起来，让绘本活了起来。

概括起来，绘本阅读教学要遵循整体性原则、表演性原则、改编续编原则。

老师平时多注重阅读方法的渗透，在潜移默化之中，学生就能从"学习阅读"逐步过渡到"为学习而阅读"，学生终身发展的基础得以奠定。

朝阳小学的老师还提出关于"如何有效开展英语教研活动？"的问题。章老师向老师们介绍了襄阳英语教研活动的多种形式，即教研活动要有方向性和针对性。在开展教研活动之前要确定研讨主题，使研讨活动有侧重点。可以将英语的不同课型分批次进行研讨：有针对对话课、单词课、阅读写作课、绘本阅读课、自然拼读课等课型根据课标要求，我们的课堂设计需要达到什么样的目的的研讨；也有具体到对老师有效的课堂评价方式的研讨，对老师在课堂上如何有效提问的研讨，对英语课堂小组合作学习的研讨……教研活动的研讨形式也可以是多种多样的：有讲课，有说课，还有情景剧表演，等等。

襄阳英语教研的实践证明，这样有侧重点的教研活动定能使英语教研扎实有效，使英语课堂有理可依，让老师心中有理论，让课堂活动有方向，让学生素养有落地。

# 农业与地理环境复习专题
## ——农业的区位条件分析

江西省南昌市第二十三中学　李　斌

## 一、考纲及其解读

**高考考纲**：理解影响农业区位的主要因素。

**考纲解读**：农业区位因素（自然因素和社会经济因素）的地位导致对农业生产的影响不同。在探究影响某种农业发展的关键性因素（主要区位因素、主导区位因素和限制性区位因素）时，要因时制宜、因地制宜地在时间尺度上重点考量市场、交通、科技等因素的日益加强和在空间尺度上主导区位因素与限制性因素的相互转化，为选择土地利用方式进行合理决策。

## 二、考情探究

纵观近 5 年的全国课标卷，关于农业的考点"农业区位因素；主要农业地域类型的特点及其形成条件"，多以选择题和综合题的形式出现，主要考查利用图表资料分析各种区位因素对农业生产的影响，凸显出"大农业"的命题趋势，趋向"小切口、深挖掘"和链式追问的考查方式。

**核心考点**：理解影响农业区位的主要因素，掌握农业区位的分析方法。

**题型难度**：选择题与综合题并重，以中等难度为主。

**命题特点**：多以区域某种动植物生长习性为背景，注重对生长繁殖条件、原因的推理判断与分析。

**素材**：文字＋区域地图。

**核心素养**：对农业的区位分析→区域认知、综合思维。

**命题趋势**：今后命题仍可能会以区域某种动植物生长习性为切入点，考查学生获取、解读信息的能力，以及运用区位原理分析具体现象的能力。

| 考试内容 | 课标全国卷地区 | | 自主命题地区（京津浙等） | |
| --- | --- | --- | --- | --- |
| | 考题 | 考查点 | 考题 | 考查点 |
| 农业区位因素 | 2019课标Ⅱ，36（3）（4），10分 | 云南省宾川县干热河谷水果种植 | 京2018年第36（4）题，10分 | 考查农业生产的社会经济条件 |
| | | | 津2018年第13（2）题，6分 | 考查农业生产的自然条件 |
| | 2017年Ⅰ卷第Ⅰ题，4分 | 考查我国农作物分布 | 浙2018年4月第28（3）题，4分 | 考查火山喷发对区域农业生产的影响 |
| | | | 津2017年第12（3）题，9分 | 考查农业区位条件分析 |
| | 2017年Ⅰ卷第36题，22分 | 考查剑麻农场的区位条件及影响 | 浙2017年11月第8题，2分 | 考查农业区位因素的变化 |
| | | | 浙2017年11月第12题，2分 | 考查气候对农业区位因素的影响 |
| | 2017年Ⅰ卷第36题，24分 | 考查西班牙日光温室的区位条件 | 浙2017年11月第26（4）题，3分 | 考查气候对农业区位因素的影响 |
| | | | 浙2017年11月第28（3）题，4分 | 考查技术对农业发展的影响 |
| | 2016年Ⅱ卷1—2题，8分 | 以庄园经济为例，考查农业的优势区位条件 | 浙2016年10月20—21题，4分 | 考查我国农作物分布及成因 |
| | | | 浙2017年4月第28（3）题，3分 | 考查降水对农业发展的影响 |
| | | | 浙2017年11月第29（2）题，4分 | 考查渔业发展的自然区位条件 |
| | 2016年Ⅰ卷第36（2）题，8分 | 考察地形对农业区位选择的影响 | 浙2016年10月第26（2）题，2分 | 考查棉花种植的主导因素分析 |
| | | | 津2016年第13（1）题，6分 | 考查巴西农业生产条件分析 |
| | 2015年Ⅱ卷1—3题，12分 | 考查农业结构调整对经济的影响和生态循环农业模式 | 京2015年第40（2）题，12分 | 考查农业发展的自然区位条件 |
| | | | 苏2015年第23—24题，6分 | 考查不同区域的农业特点以及粮食生产问题 |
| | 2014年Ⅱ卷37题，24分 | 考查优势农业区位分析及其产生的问题 | 浙2017年11月第26（4）题，3分 | 考查农业生产中存在问题的对策分析 |
| | | | 津2014年第2题，4分 | 考查农业区位因素分析 |

## 三、考点层析

**（一）农业区位因素**

（1）自然区位因素：气候、地形、土壤、水源等。

（2）人文区位因素：市场、交通、技术、劳动力（数量、素质）、政策、基础（历史、农业基础）等。

**（二）农业区位因素对农业生产的影响及其分析思路**

（1）自然因素（静态因素）

①气候：光照、热量、水分条件与农作物的种类、分布、复种制度的关系最为密切。

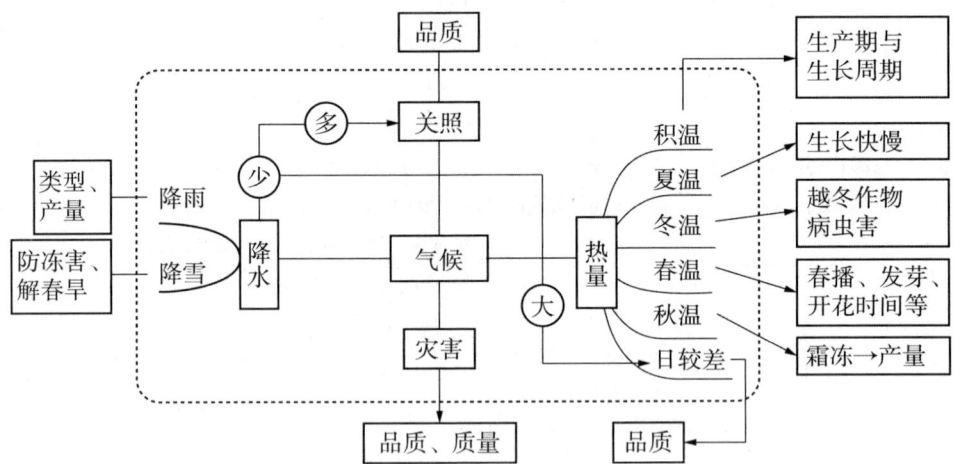

②地形：山地适宜发展林牧业，平原适宜发展种植业。

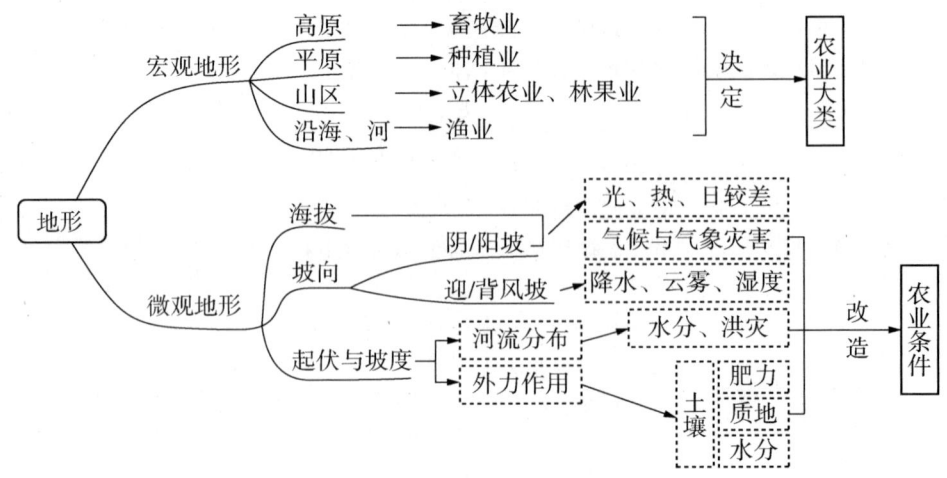

③水源:包括河流水、淡水湖泊水,以及地下水等,水源决定干旱、半干旱地区的农业发展。

④土壤:土壤的肥力、质地、酸碱度影响农作物种类与产量。茶树适宜在酸性土壤生长。

(2)社会经济因素(动态因素)。在现代农业中,市场、交通、科技、政策等决定农业生产的方式、水平、效率,所以,社会经济条件和技术条件是决定性因素。

## 四、真题讲解(选择题组)

(2017·江苏高考)河南淅川是我国南橘北种的最后一站,因其个大、质优、早熟,深受消费者喜爱。如图为汉中、淅川位置示意图。读图回答第1—2题。

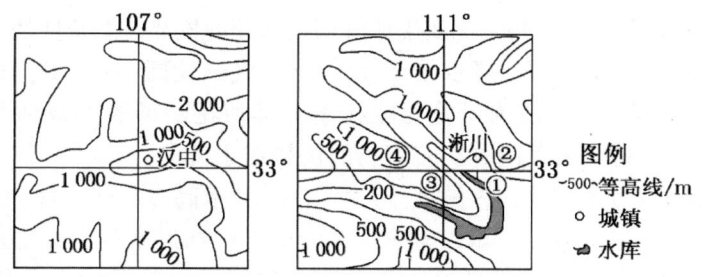

1. 与同纬度汉中相比,淅川柑橘上市较早的优越自然条件是( )。

A. 北部山地阻挡南下冷空气,冬季气温高

B. 地处山间谷地,云雾多,气温日较差小

C. 位置偏东,受东南季风影响大,降水多

D. 邻近水库,水体对当地气候调节作用强

2. 最适宜种植柑橘的地区是( )。

A. ①        B. ②        C. ③        D. ④

解析:第1题,对比图中两区域可以看出,二地都处于山间谷地,都处于雨热同期的季风气候区,区别在于淅川附近有水库,水体对当地气候起调节作用,故选D。第2题,①位于水库附近,海拔低,水热条件好,是四地中最适宜种植柑橘的地区。故选A。

(2013·课标文综)哥伦比亚已经成为世界重要的鲜切花生产国。读下图,完成第3—4题。

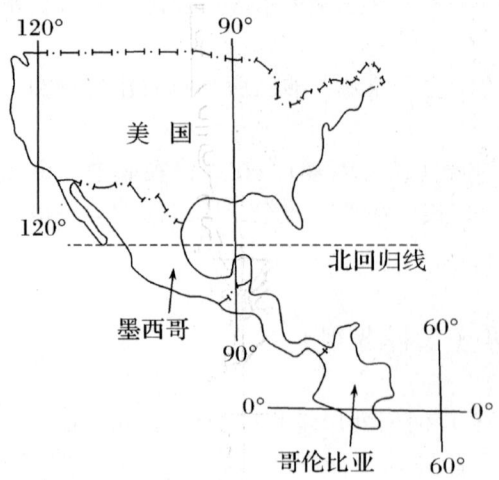

3.每年情人节（2月14日），在美国销售的鲜切玫瑰花多来自哥伦比亚。与美国相比，在此期间，哥伦比亚生产鲜切玫瑰花的优势自然条件是（　　）。

  A.地形较平　　B.降水较丰沛　　C.气温较高　　D.土壤较肥沃

4.目前，墨西哥已成为哥伦比亚在美国鲜切花市场的竞争对手，与哥伦比亚相比，墨西哥开拓美国鲜切花市场的优势在于（　　）。

  A.运费低　　B.热量足　　C.技术高　　D.品种全

解析：第3题，由图可知，美国大部分位于中纬度地区，2月为冬季，气温较低，不利于鲜花生长。哥伦比亚位于赤道附近，气温较高，利于鲜花生长，C项正确。第4题，墨西哥与哥伦比亚相比，距美国近，运费低，A项正确；墨西哥纬度较高，热量无优势，B项错误；两国均为发展中国家，墨西哥鲜切花生产发展晚，技术水平不具优势，C项错误；水热方面和技术上的劣势决定了墨西哥在品种方面无优势，D项错误。

（2013·海南地理）花椒，落叶灌木或小乔木，多刺，喜光，耐寒，耐旱，果实需人工采摘，可用作调料、药材。武都（位置见图）素有"千年椒乡"之称，古书有"蜀椒出武都"的记载。据此完成第5—6题。

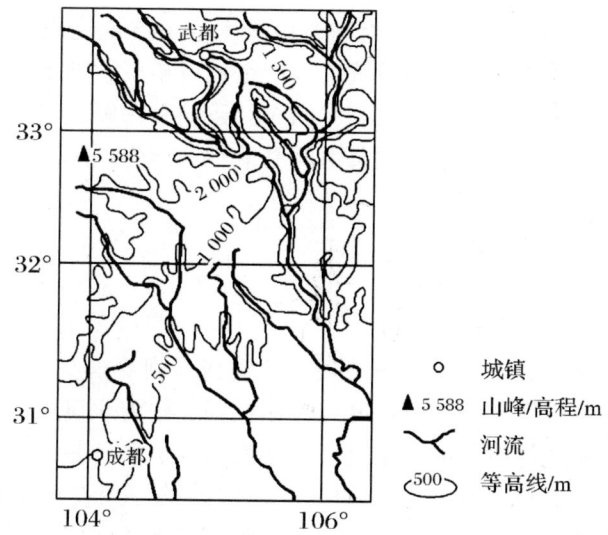

5. 与四川盆地相比，武都生产花椒的气候条件优越的主要原因有（　　）。
①纬度较高　②海拔较高　③位于夏季风迎风坡　④年温差较小
A. ①②　　　　B. ②③　　　　C. ③④　　　　D. ①④

6. 目前，武都花椒生产成本不断攀升的主要原因是（　　）。
A. 交通不便　　　　　　　　B. 人力成本上升
C. 土质退化　　　　　　　　D. 种植面积扩大

解析：第5题，根据题目中的叙述：花椒的生长特征为：喜光，耐寒，耐旱。四川盆地为盆地地形，云量多，太阳辐射弱。而武都根据图示可知：纬度较高，海拔较高，所以气温较低，光照较强。故选A。第6题，根据题目叙述：花椒的果实需人工采摘，所以需要投入大量的劳动力。随着区域经济发展水平的提高，劳动力的成本上升，花椒的生产成本上升。故选B。

（2018·海南地理）荷兰位于欧洲西部，利用温室无土栽培方式种植花卉、蔬菜，技术先进。山东某蔬菜生产企业在荷兰投资兴建蔬菜生产基地，同样采用温室种植。据此完成第7—8题。

7. 荷兰吸引山东蔬菜生产企业投资兴建蔬菜生产基地的优势条件是（　　）。
A. 生产技术先进　　　　　　B. 交通运输便捷
C. 自然条件优越　　　　　　D. 生产成本低廉

8. 山东蔬菜生产企业在荷兰兴建蔬菜生产基地的根本目的是（　　）。
A. 满足国内需求　　　　　　B. 拓展国际市场
C. 提高研发水平　　　　　　D. 增强国际影响

解析：第7题，"利用温室无土栽培方式种植花卉、蔬菜，技术先进"说明荷兰的区位优势为生产技术先进。和荷兰相比，山东生产成本更低；荷兰纬度较山东高,因此自然条件并不优越;山东在交通上与荷兰相比无优势。故选A。第8题,在农业生产的区位因素中,市场因素最终决定农产品的类型和产量,山东蔬菜生产企业在荷兰兴建蔬菜生产基地可拓展欧洲市场。中国和荷兰相距遥远,产自荷兰的蔬菜若要运到我国,其运输和保鲜成本较高;提高研发水平不是根本目的;到荷兰兴建蔬菜生产基地不会增强国际影响。故选B。

## 五、真题讲解(综合题组)

**考点1:农业的气候条件分析**

9.(2017·全国卷Ⅰ)阅读图文资料,完成下列要求。

剑麻是一种热带经济作物,剑麻纤维韧性强,耐海水腐蚀,是制作船用缆绳、汽车内衬、光缆衬料等的上乘材料。非洲坦桑尼亚曾是世界最重要的剑麻生产国,被称为"剑麻王国"。自1999年,中国某公司在坦桑尼亚的基洛萨(位置见下图)附近投资兴建剑麻农场,并建设配套加工厂,所产剑麻纤维主要销往我国。

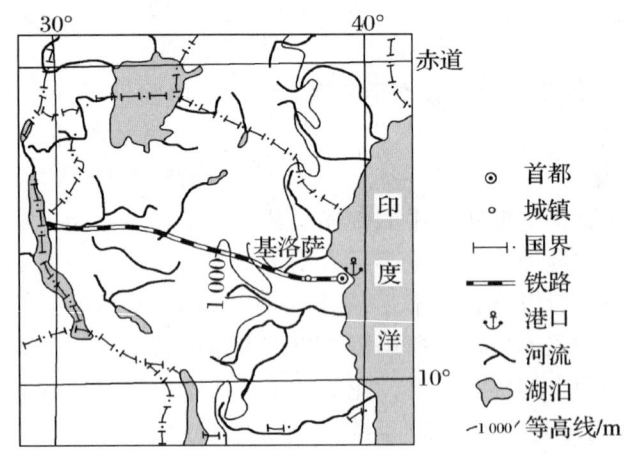

(1)根据剑麻生长的气候条件和用途,说明我国国内剑麻纤维产需矛盾较大的原因。(6分)

解析:第(1)问,要注意题干要求从气候条件和用途来分析。由材料可知,剑麻属于热带经济作物,而我国热带面积较小,因此产地范围较小,产量较低;我国经济发展较快,剑麻纤维的应用领域较大,需求量大,因而产需矛盾突出。

答案:剑麻纤维生产:我国热带地区面积小,用于种植剑麻的土地较少,产量低;我国热带地区纬度较高,气候季节差异大,种植的剑麻质量较差。

剑麻纤维需求:我国船舶、汽车制造等规模大,对剑麻纤维需求量大。

10.（2016·全国卷Ⅰ）阅读图文材料，完成下列要求。

茉莉喜高温，抗寒性差，25℃以上才能孕育花蕾，32—37 ℃是花蕾成熟开放的最适温度。喜光，根系发达，生长旺季要求水分充足，但土壤过湿不利于其根系发育。开花季节，于天黑之前采成熟花蕾，花蕾开放吐香时间从 20 时左右至次日 10 时左右，是将茶叶染上花香、制作茉莉花茶的最佳时间。如图示意横县在广西的位置和范围。

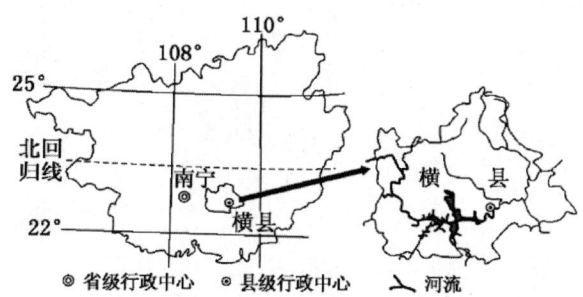

（1）与江苏、浙江相比，说明横县有利于茉莉生长的气候条件。（6分）

（2）横县地形以河流冲积平原为主，茉莉主要种植在平原地势较高的旱地上。试解释冲积平原地势较高的旱地有利于茉莉种植的原因。（8分）

解析：第（1）问，应结合"喜高温""抗寒性差""生长旺季要求水分充足"等茉莉的生长习性作答。第（2）问，一方面要根据横县的地形条件分析其有利于茉莉种植的条件（冲积平原由河流搬运的泥沙堆积而成，地形平坦，土层深厚，土壤肥沃，土质疏松；地势高，受洪水的威胁较小，且有利于排水，土壤不会过湿等）；另一方面要结合"根系发达"（疏松的土质利于根系伸展）、"土壤过湿不利于其根系发育"等茉莉的生长习性进行分析。

答案：（1）横县位于北回归线以南，高温期较长；高温期湿度较高（降水较多）（而江浙一带或梅雨期过湿，或伏旱期过旱且时有超过 37 ℃的高温）；冬季受寒潮影响较小，气温较高。

（2）（冲积平原地势较高的旱地）平坦便于种植；排水良好，土壤不会过湿；离河较近，便于灌溉，且不易受洪水侵袭；土层深厚且疏松，利于茉莉根系发育；冲积平原土壤肥沃。

**考点2：农业的地形条件分析**

11.（2014·重庆文综）阅读图文材料并结合所学知识，完成下列要求。

咖啡是世界主要饮品之一。世界某咖啡连锁企业的原料实行全球化采购，我国云南的小粒种咖啡也是其原料之一。小粒种咖啡树适宜生长在海拔800—1800 m、年均气温19—20℃、土壤排水良好等环境中。下图是云南某区域示意图。

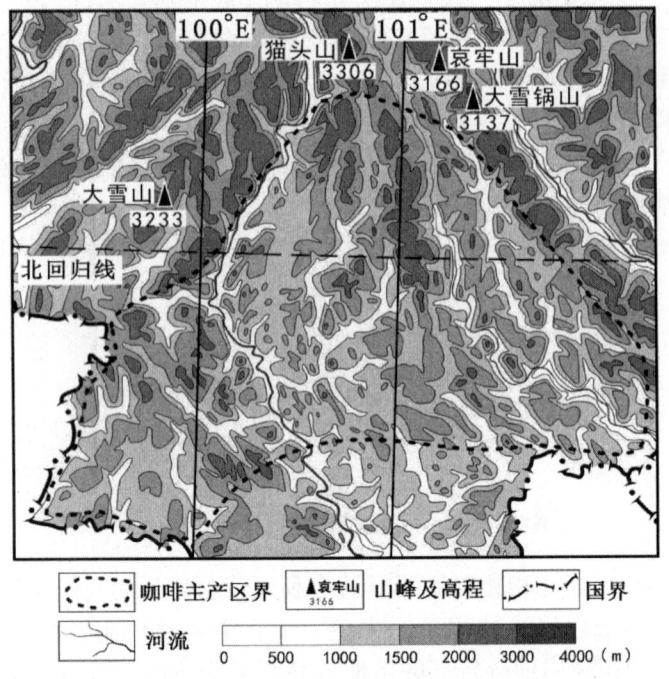

(1)分析上图所示区域地形起伏、地势高低及变化对咖啡树生长的有利影响。(12分)

解析：第(1)问，结合材料中小粒咖啡适宜生长的条件组织材料，此地地势较高，满足海拔高度要求，地势起伏大，满足排水条件良好的要求，北高南低，减少冷空气南下，纬度较低，满足年均温的要求。

答案：地形起伏大，土壤排水良好；地势总体较高（海拔较高），满足咖啡树生长的温度（海拔）要求；地势北高南低（北部山地高），阻挡寒冷气流南下，使咖啡树少受低温冻害。

**考点3：农业的自然条件分析**

12.(2015·四川文综)阅读材料，回答下列问题。

**材料一** 猕猴桃原产于我国，新西兰引入栽培，将改良后的优良品种称"奇异果"（图左）。奇异果生长怕旱、怕风，宜栽植于湿润、疏松、深厚的土壤。新西兰的奇异果高度集中分布在北岛普伦蒂湾沿岸地区，鲜果主要出口到欧洲、日本等地，出口量居世界第一。我国已引种奇异果，并建立了加工企业。

**材料二** 新西兰北岛图（右图）。

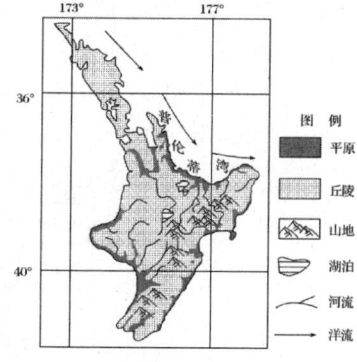

(1) 分析新西兰普伦蒂湾沿岸栽植奇异果的有利自然条件。(10分)

解析：第（1）问，分析新西兰栽植奇异果的有利自然条件要结合图文材料（奇异果生长怕旱、怕风，宜栽植于湿润、疏松、深厚的土壤）和农业生产的自然区位因素，从气候、水源、地形、土壤四方面进行分析。

答案：中纬偏低地区，热量条件好；沿岸有暖流流经，气候湿润；西风受地形阻挡，风较小；沿岸平原，地势低平；河流泥沙淤积，土层疏松、深厚。

**考点4：农业的社会经济条件分析**

13.（2018·北京文综）在全球化背景下，中国与多米尼加等拉丁美洲国家的经济交流合作不断深化。读图，回答下列问题。

多米尼加自然环境优美，经济以农业为主，全国半数人口从事农业生产。为满足全球对有机农产品的需求，该国增加有机香蕉的种植面积，设立环境监测、质量保障等管理机构，加大投入，提高有机香蕉的产量和品质。

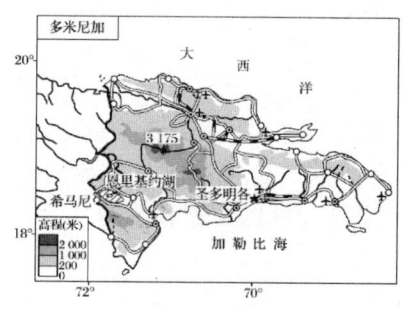
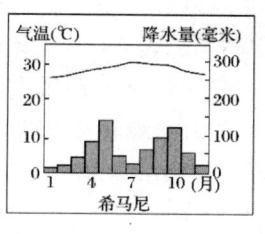
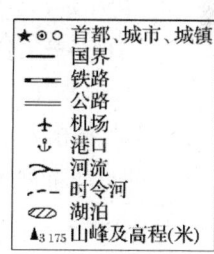

(1) 概括该国生产有机香蕉的社会经济条件。

解析：第（1）问，材料信息显示，该国经济以农业为主，全国半数人口从事农业生产，说明劳动力丰富廉价；满足全球对有机农产品的需求，说明国际市场需求量大；该国设立环境监测、质量保障等管理机构，说明有政府的大力支持，环境污染小；加大投入，说明资金、技术投入多。

答案：市场需求广阔，劳动力丰富，政策支持，资金、技术投入大，环境污染小。

**考点5：农产品优质原因分析**

14.（2013·海南地理）阅读图文资料，完成下列要求。

西藏年楚河河谷（如图）所产油菜籽籽粒大、品质优，单位面积产量比我国东部平原高一倍。

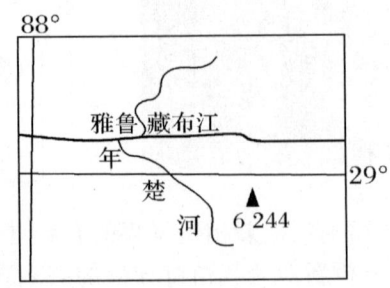

（1）分析年楚河河谷油菜籽单产高、品质优的自然条件。（10分）

解析：第（1）问，影响农业的区位因素主要有自然条件、社会经济条件和技术条件。自然条件包括气候、地形、土壤、水源等。社会经济因素包括市场、交通运输、政府政策、劳动力、土地价格等。本题应从自然条件地形、气候、土壤和水源等方面进行回答。该地区纬度低，海拔高，所以气温较低，农作物的生长期长；海拔高，大气稀薄，所以太阳辐射强，保温作用弱，昼夜温差大，有利于植物有机物的积累；土壤肥沃，灌溉水源充足。

答案：年楚河河谷（位于青藏高原南部）纬度低，地势高，作物（油菜）生长期长；光照充足，昼夜温差大，有利于有机物质的积累，土壤肥沃，灌溉水源充足。

**考点6：农产区虫害少原因分析**

15.（2014·全国卷Ⅱ）阅读图文资料，完成下列要求。

建三江位于三江平原腹地，于1957年开始垦荒。目前面积1.24万平方千米，人口20多万。这里空气清新，水源丰富且水质优良，土壤肥沃。近年来，建三江重点种植水稻，有"中国绿色米都"之称。建三江采用现代技术科学生产，如定点监测土壤肥力并精准施肥。下图示意建三江的位置和范围。

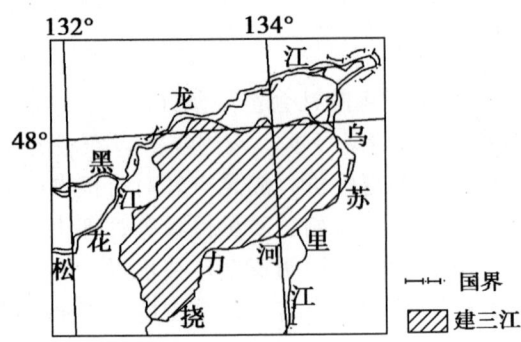

(1) 分析建三江农作物虫害较少的气候原因。

解析：第（1）问，虫害的多少与气候密切相关，通常气温低、昼夜温差大的地区虫害少；降水少、气候干燥的地区虫害少。因为气温低、昼夜温差大、干燥少雨不利于害虫的生存与繁殖。

答案：纬度高（48°N附近），冬季寒冷而漫长，害虫（虫卵）不易越冬；夏季气温日较差大，日低温较低，不利于害虫生存和繁殖。

# 基于地域文化的乡情课程群构建和实施

浙江省绍兴市上虞区崧厦街道中心小学　夏伍华

绍兴籍教育家陈鹤琴先生在活教育中指出，教育的培养目的是培养孩子学会"做人，做中国人，做现代中国人"。著名导演、绍兴籍乡贤谢晋生前常说："故乡好像是天上在飞的风筝，我们人不论离得多远，总有一根线牢牢地牵着。"一方水土养育一方人，乡土情结是人类与生俱来的一种基本情感，它渗透着民族文化精神的丰富内涵。捡拾本土丰富资源和文化，开展乡情文化教育，就是将乡音、乡情、乡土融入孩童的血脉，延续历史文脉，从小在孩子心底打下热爱家乡的精神底子，让孩子在家乡的精神营养中得到熏陶，是孩子走向世界的起点。这是开展传统文化教育的有效举措。

下面我结合我校的研究谈三方面的探索和实践。

## 一、寻找文化原点，聚焦核心素养

### （一）基于地域特色

绍兴历史悠久，文化底蕴深厚，涌现了文学巨匠鲁迅、中国古代唯物主义者和启蒙思想家王充、东山再起典故的谢安、中国山水诗开创者谢灵运、国学大师马一浮、气象学家竺可桢、茶圣吴觉农、电影导演谢晋，是越窑青瓷发源地之一，是素有"东方罗密欧和朱丽叶"之称的经典爱情故事中女主角祝英台的故乡等，这些丰富的山水、人文、历史等都是学生学习、体验、实践的丰富资源。我们构建乡情教育课程体系，旨在将乡音、乡情、乡土融入孩童的血脉，为乡土教育开启一扇崭新的窗，探索和追求乡村学校的办学之路。

### （二）传承学校文化

校园，是一首带着文化底蕴和审美情趣的儒雅之诗，理应让学生沉浸其中，品读味道。崧厦镇小是一所百年名校，有着悠久的办学历史和丰厚的文化积淀。100多年来，学校培养出一大批优秀的人才：他们中有中科院院士，硕士生导师，省内顶尖心血管专家，荣立一等功、获得"功勋飞行员"称号的"救机英雄"，浙大教授，著名企业家；一代名将袁崧、教育大师夏丏尊、童话作家金近、申奥功臣何振梁、新四军英雄严洪珠等先贤出生、成长于此，他们为学校教育树起了一座座精神的灯塔，立起了一座座人格的丰碑，为崧厦镇中心小学培育具有"崧小人格"的"新崧厦人"指明了方向。我们以崧厦先贤人格精神为指引，构建立格课程，培育具有国际视野和乡土情怀相结合的美格少年。

结合社会主义核心价值观进校园等活动，以乡情文化为主线，探索乡情文化课程群，以"聚焦核心素养，培育乡国情怀"为目标，以"乡土人物、乡土文物、乡土景物、乡土风物、乡土非物、乡土读物"为内容，运用经典故事、现场考察、实地访问、基地实践、资料收集等形式，深挖学校资源和乡土资源，用身边的题材精心打造乡土课程，用身边的熟人、故事讲述传统文化精髓要义，用身边的活动促进学生成长，积极寻找传统文化的乡土表达。

### （三）聚焦学生素养

乡情文化课程群关注学生知识、经验的整合，能力的培养，以及情感态度价值观的塑造，对促进学生核心素养的养成起着至关重要的作用。如"寻味臭豆腐"通过采访、参观、考察、搜集等方法了解崧厦的特色美食，通过动手制作、品尝、包装设计等方法体验臭豆腐的制作过程；"白马湖青瓷创意工坊"通过参观青瓷古窑址、青瓷博物馆等了解青瓷的历史文化背景、传统技艺及其艺术特色和内涵，实地考察了解青瓷的工艺流程，并亲身体验青瓷的制作；"崧城伞花"通过走访、体验等活动了解制伞流程以及伞的各种用途与系列，通过调查、访问等活动感受伞乡人身上可贵的精神；"创意剪纸"通过野外考察、写生、实践体验，从最简单的事物着手，利用各种各样的造型表现形式，创作有新意的作品，通过鉴别与欣赏，领悟家乡剪纸艺术的美，更好地把剪纸艺术文化发扬光大。学生都是以采访、参观、考察、制作等形式参与这些乡情课程，聚焦学生社会交往能力、动手操作能力和乡土情怀的培植。

## 二、挖掘地域资源，构建乡土化课程群

### （一）精心梳理，打通课程边界

如何打通单个的乡情课程，发挥课程群的价值？学校在"立格"课程的引领下，开设了68门拓展性课程，我们在体育、音乐、品德、综合实践等课程中，尝试利用乡土资源开展乡情文化教育，成功开发出"儿童乡土写作""欢乐篮球""儿童地方戏曲""谢晋电影艺术欣赏""伞花朵朵"等乡情文化课程。"儿童乡土写作"拓展性课程基于地域特色和优势，利用越地丰厚的乡土文化资源，编写《儿童乡土习作导学》校本教材；"欢乐篮球"课程结合了上虞传统游戏和地方音乐元素，并较好地将其与上虞乡贤、奥运功臣何振梁所倡导的奥运精神和乡土体育文化相结合；"儿童地方戏曲"课程，是对"乡土非遗"的学习和传承，课程重点是学唱越剧《莲花落》，内容以与上虞相关戏曲选段为主；"伞花朵朵"课程，是对崧厦伞文化的学习与宣传，包括开播

"小伞花"电视台和举办伞花艺术节;"谢晋电影艺术欣赏"课程,是对学生的电影艺术的启蒙,对乡贤谢晋爱国精神、爱乡精神的传承……这五门课程组成了嵩厦镇小的"儿童乡情文化教育课程群"。在此基础上,利用影视拍摄篮球故事、戏曲 MTV,设计伞面写作文,给影视作品写剧本,使基于乡情的课程之间产生互动互融。我们继续串起一系列的乡情课程。

| 儿童乡情文化课程群 | 乡情名品 | 臭豆腐、青瓷、剪纸、五香干、五金纸 |
|---|---|---|
| | 乡情名贤 | 鲁迅、竺可桢、马一浮、夏丏尊、谢灵运、王充 |
| | 乡情名艺 | 茶艺、烹饪、盘景 |
| | 乡情名物 | 越剧传唱、伞花朵朵、谢晋影视 |
| | 乡情名景 | 海上花田、中华孝德园、东山再起 |

### (二)科学设置,优化资源配置

儿童乡情文化课程群是一个综合性、实践性很强的课程,所涉及的内容更是跨越学科、跨越年级,同时注重学生的生活经验,倡导在社会、活动中去寻找发展学生的课程资源,让学生自己去发现问题、探究问题和解决问题。

一是用好校内课程资源。图书馆、英鹏科技馆、校史陈列室全天开放,学生可以随时查找资料,进行自主探究。

二是拓展校外基地建设。嵩厦是一个历史悠久、人杰地灵的古朴小镇,嵩厦的"油炸臭豆腐"源远流长,"臭名"远扬,如今已走出家门,走向全国了。在上虞臭豆腐中最具代表性的是嵩厦沈天智老人家的祖传工艺,他们家的豆腐摊仍然设在嵩厦老街,这为本课程群的开展提供了实践基础。嵩厦又是"中国伞城",全镇制伞企业 1000 多家,学校地处"伞城嵩厦"的核心地块。学校充分利用这一优势资源,在"天外天""友谊"等伞业开辟校外实践基地,拓展课程群基地建设。同时,学校邻近的嵩厦馆也为课程群的开发和研究提供了良好的素材。嵩厦馆的昨天(历史、非遗)、今天(建筑、人文)和明天("中国伞城")以及嵩厦馆中展出了嵩厦臭豆腐的制作、演变过程,嵩厦伞文化的历史、各式伞品展示,为课程群的开发增添了丰富的内容。

三是设置年段乡土课程。乡土课程群的乡土课程辐射到每个年段,以项目分层次设置,确保每个乡土课程群在每个年段的落地,便于学生在每个阶段选择参与。

| 课程\年段 | 乡土名品 | 乡土名贤 | 乡土名艺 | 乡土名物 | 乡土名景 |
|---|---|---|---|---|---|
| 低段 | 剪中生花 | 金近童话<br>吟诵童谣 | 儿童游戏 | 四季鲜果 | 花的世界 |
| 中段 | 崧厦味道 | 谢晋影视、<br>子恺漫画<br>童谣创编 | 三味厨艺<br>绍兴《莲花落》 | 伞花朵朵<br>小小设计师 | 孝德研学 |
| 高段 | 青瓷创意工坊 | 英鹏天文社<br>与爱同行 | 清心茶艺、<br>盆中造型 | 越剧传唱 | 山水研学（白马湖、东山、凤鸣山） |

四是丰富课程教学形式。为提升课程群的开发和实践研究，我们有效进行资源整合，努力探究课程教学形式，建设完善儿童乡情学习、交流网络，丰富学生课程学习体验。结合"智慧校园""智慧课堂"建设，构建起师生互动的儿童乡情学习、互助、交流群；建立家校儿童乡情教育联系网，充分利用社会、家庭的乡土资源，丰富儿童乡情教育内容；加大对课程的开发实施，注重微课程建设，助推儿童乡情文化课程选择和学习的自主性、自助性。

## （三）动态评价，激发主体参与

儿童乡情文化课程群的主要目标是"聚焦核心素养，培育乡国情怀"，通过学生在学习过程中收集、体验、实践等活动，获得情感体验，学会自主合作、探究、创新等核心素养并实现综合能力的提升，于是我们设计丰富的课程活动，利用积分奖章、手动点赞、君子卡等形式，尝试构建了适合学生发展的评价体系。一是评价内容多维化。"儿童乡情文化"课程群是综合性的拓展类课程群，在学生评价时，"寻味臭豆腐"课程用思维导图的方式思考展示学生的研究成果，建起了"崧厦臭豆腐"班级博物馆；"青瓷创意工坊"课程通过知识技能演讲，竞选小记者去采访上虞青瓷传承人；"崧城伞花"课程通过举办一个"小小伞图展览会"，评比最有创意的伞图，书写解说词；"创意剪纸"课程在校园内展示各次活动中的优秀剪纸作品。二是评价主体多元化。主要采用教师的评价、学生的自我评价、学生之间的互评、教师评价与家长评价相结合等多种评价方式并行。加强学生的自我评价和互评，更让家长参与课程评价活动。结合特色节日和学校主题活动，"寻味臭豆腐"课程在学校美食节设立摊位，邀请师生品尝亲手炸制的臭豆腐；"青瓷创意工坊"课程在6月毕业季，为毕业生赠送亲手烧制的青瓷作品表达祝愿；"崧城伞花"课程中，在"中国伞城"的"伞城展销会"上担当好"小小解说员"，向来自五湖四海的伞业客商介绍崧厦伞的种类和特点；"创意剪纸"课程在春节前夕，手把手教同学们剪"创意窗花"，并参与学校大队部"创意窗花"甄选活动。学生通过多种展示与交流,根据自己的受欢迎程度获得老师、同学、家长的手动点赞。三是评价形式多样化。每个学生建立自己的"学习活动档案",通过观察,记录和描述自己在课程活动过程中的表现,以此作为评价课程学习的基础,也便于学生深入地了解和肯定自己的能力。同时利用君子卡积分制,增强评价的趣味性和新颖性,"寻味臭豆腐"课程设计"崧厦特产我知道"知识挑战赛;"青瓷创意工坊"课程设计"我是小小鉴宝师"团体辩论赛;"崧城伞花"课程设计"我是小小制伞人"技艺大比拼;"创意剪纸"课程设计"中国民俗文化"作品展示赛等活动进行评比,由学生、老师、家长代表综合打分,分一、二、三等奖并获得相应的君子卡。

## 三、沉淀乡情文化,提升校园品质

### (一)提升学生形象

把乡土编织进童年,把乡土编织进校园,点亮每一片土地,点亮每一个孩子的心灵,点亮乡村教育!儿童乡情文化课程群的开发与实施,增强了学生的动手操作能力,提升了学生的核心素养,根植了学生热爱家乡的乡土情怀。

### (二)晋级学校课程

学校10个拓展性社团先后荣获上虞区特色社团;编写并公开出版了《儿童乡土习作导学》《我爱篮球》校本教材;"儿童乡土习作"获上虞区精品课程一等奖,绍兴市精品课程、浙江省第五批精品课程,"儿童乡情教育"课程群被评为绍兴市首批精品课程群。2018年11月6日,浙江省小学拓展性课程现场会在我校举行,60多个课程得到展示,20多个乡情课程学校开展拓展性课程的经验在活动中进行推介。

### (三)辐射学校影响

乡情沃土催开新样态之花,乡情课程凸显办学特色文化。浙江省教育厅副厅长韩平、浙江省发改委副主任、浙江省科协副主席、浙江省外国语学院领导、黄冈师范学院院长、浙派名师团队、塔式教育联盟校长团队、丽水市景宁县教育局领导、新昌县教育局领导、江山市教育局领导、黄冈市蕲春县学校领导、贵州校长团队等纷纷来校参观、指导,高度评价学校乡情课程群建设。学校也先后被评为"首批中国新样态实验学校""全国乡村学校少年宫""浙江省美丽校园""浙江省书香校园""浙江省卫生单位""浙江省少先队先进集体""绍兴市现代化学校""绍兴市家长满意学校""全国篮球特色学校",列入浙江省文明校园创建行列。

# "植树问题" 课堂实录与反思

湖北省老河口市第八小学　熊国强

## 一、教学内容

人教版五年级上册第106页第七单元"数学广角"例1及相关练习。

## 二、教学目标

（1）通过猜测、试验、验证等数学探究活动，让学生通过动手画线段，自己想办法弄明白两端都栽树该如何计算棵数。

（2）探索植树问题的规律，构建数学模型，解决实际生活中的有关问题。

（3）渗透化繁为简的数学思想，体会植树问题在日常生活中的广泛应用，用以解决相关问题。

## 三、教学重点

自主探索植树问题中两端都栽的情况。

## 四、教学难点

应用植树问题的策略解决现实生活中的相关问题，学会举一反三。

## 五、教学准备

课件、学习单、4人小组等。

## 六、教学过程

**（一）谈话引入，导入新课**

师：孩子们，你们好！你们是几班的？

生：四年（2）班的。

师：那你们一定是这个年级最厉害的班级，因为今天我们要上一节五年级的课，你们有信心吗？

生：有。（声音很大）

师：那我们准备上课喽！今天还来了一些客人（指着听课的老师），他们期待着大家精彩的表现，现在让我们以热烈的掌声欢迎客人的到来。（学生鼓掌）

师：（做暂停的动作）看我们的小手，我们的手上也有数学问题，有——

生：5个手指，还有4个空。

师：这4个空我们在数学上叫作4个间隔（板书：间隔），那什么是间隔？谁来指一指？一群小朋友手拉手（黑板左侧贴剪好的小朋友手拉手的剪纸），几个小朋友、几个间隔？

生：6个小朋友，5个间隔。

师：再看（黑板左侧贴剪好的小树剪纸），几棵小树、几个间隔？

生：4棵小树，3个间隔。

师：其实我们数学中有很多和间隔有关的问题，今天我们就一起来研究和间隔有关的植树问题。（板书课题：植树问题）

【反思】谈话拉近师生之间的距离，让课堂气氛活跃起来，通过手来认识间隔，"手"是学生比较熟悉的事物，从熟悉的事物入手，便于学生理解，再通过小人剪纸、小树剪纸，更加透彻地理解什么是间隔，为后面的学习打好基础。

**（二）情境出示，设疑激趣**

师：看！这是哪儿？（课件出示一张校园操场一角的图片）

生：我们的学校！

师：同学们准备在操场的一条小路上栽一排树。（课件出示例1的问题）

> 同学们要在全长100m的小路一边植树，每隔5m栽一棵（两端要栽）。一共要栽多少棵树？

师：请同学们将题目默读一遍，默读便于思考。你了解了哪些信息？

生：全长100米的小路，每隔5米栽一棵，问一共要栽几棵树。

师：你观察得真仔细，发现了这么多的信息。那你们是怎样理解每隔5

米的？

生1：就是两棵树之间的间隔是5米。

生2：两棵树之间相隔5米。

生3：两棵树之间长5米。

生4：一条线段的两个端点之间是5米。

…………

师：你真会思考，每隔5米就是两棵树之间的距离，它叫作间距。（板书：间距）那什么是间距？（多找几个学生说什么是间距）

师：要解决这道问题，你觉得我们还要注意什么？

生：两端都要栽，路的一边。

师：（完善课题，在课题后面补充两端都要栽，并在课件上"两端都要栽""路的一边"画红色框框标注）那什么是两端都要栽？

生1：就是路的两个端点处。

生2：路的两头。

生3：路的开头和结尾处。

师：你真爱动脑筋，猜猜可以栽几棵树？

生1：20棵。

生2：19棵。

生3：21棵。

…………

师：猜测是科学发现的前奏，孩子们，你们已经迈出了精彩的一步！（板书：猜测）那究竟是几棵呢？需要我们去探究验证我们的猜想！

【反思】通过生活中的问题，导入课例，让学生知道数学问题源于生活，从而激发学生的学习兴趣。通过分析题目中的关键信息，让学生养成良好的学习习惯，培养学生严谨的思维。

（三）小组合作，探索实践

师：那你要画100米的小路，二十几棵树吗？这个100米是不是有点——

生：太长了，换个短一点的。

师：是的，先选个小数试一试好不好？那你想选几米作为路的全长？

生1：30米。

生2：20米。（多找几个学生说说他们想选的距离）

…………

师：先选一个简单的数试一试，找找规律，把复杂的问题简单化，这是一种解决问题的策略，也是一种思维方法，也就是化繁为简的方法。（板书：化繁为简）

师：我们不妨就选20米作为路的全长，那你想多远栽一棵？

生1：10米。

生2：5米。

生3：4米。（多找几个学生说说他们想几米栽一棵）

…………

师：那今天我们就来研究间距是4米的、5米的、10米的栽树情况，其他的我们以后再去研究。接下来我们小组合作探究学习，请看活动要求（课件出示活动要求），下面我们4人小组开始交流学习。

（4人小组根据活动要求和学习单上的内容，分工开始合作探究。板书：探究）

【反思】"数学学习的过程实际上是数学活动的过程"，让学生自主选择想要研究的数据，主动去交流探究。小组分工合作，让每一个学生都有事可做，都能展示自己的能力，只有互相配合才能得出研究结论，这也体现了学生才是课堂的主体。同时也给学生渗透了化繁为简的数学方法，让学生在以后的学习中可以灵活运用，举一反三。

（四）交流展示，建立模型

师：孩子们，你们交流好了吗？科学家总不忘在研究后整理好资料，刚刚我们每个组的同学都是这样做的，谁来展示分享你们的学习成果？

（每个组都踊跃举手展示）

师：请你们组来展示（将学生们的学习单通过投影展示在大屏幕上）。间距是4米的间隔有多少个，怎样列式计算？（课件出示学习单上的表格）

生：间距是4米的，我们找到了5个间隔，$20 \div 4 = 5$（个）。

　　间距是5米的，我们找到了4个间隔，$20 \div 5 = 4$（个）。

　　间距是10米的，我们找到了2个间隔，$20 \div 10 = 2$（个）。

师：感谢你们组的分享，刚刚这组的同学配合特别默契，这才有了他们精彩的分享。那你们找到怎么求间隔数的方法了吗？（板书：路的全长÷间距＝间隔数）

师：谁再来分享植树棵数？

生：间距是4米的，栽6棵树。

　　间距是5米的，栽5棵树。

　　间距是10米的，栽3棵树。

师：集体的智慧是无穷的，看，这就是大家努力出来的结果，请同学们仔细观察表格中的数据，你发现了什么？

生1：我发现间隔数比棵数少1。

生2：我发现间隔数加1就是棵数。

生3：我发现棵数比间隔数多1，间隔数比棵数少1，棵数减1就是间隔数。

……………

（老师顺势将学生的发现板书在黑板上。板书：植树棵数比间隔数多1，植树棵数＝间隔数＋1，并将表格补充完整）

| 路的全长（两端都要栽） | 隔几米栽一棵（间距） | 画线段图 | 间隔数列算式 | 植树棵数 | 植树棵数列算式 |
|---|---|---|---|---|---|
| 20米 | 4米 | —————— | 20÷4=5 | 6 | 20÷4=5<br>5＋1=6 |
| 20米 | 5米 | —————— | 20÷5=4 | 5 | 20÷5=4<br>4＋1=5 |
| 20米 | 10米 | —————— | 20÷10=2 | 3 | 20÷10=2<br>2＋1=3 |

师：现在我们来看看刚刚谁猜对了？（板书：验证）（课件出示课前的例1）谁来解答？

生：$100÷5＋1＝21$（棵）。

师：孩子们，我们不仅解决了问题，还发现了这些规律（手指着黑板，板书：发现规律），现在我们就用这些规律解决我们生活中的数学问题吧。（板书：运用规律）

【反思】把教学难点体现在数学活动中，在一系列的栽树探究活动中，发现植树棵数比间隔数多1这一重要的规律，小组之间相互补充，最终来完善知识点，突破难点。既培养了学生解决问题的能力，又让学生体验到成功的喜悦。

（五）运用规律，解决问题

【问题1】马路一边栽了25棵梧桐树，如果每两棵梧桐树中间栽一颗银杏树，一共要栽多少棵？

师：说说你对这个题目的理解。

生：银杏树栽在梧桐树的中间，要求一共栽多少棵银杏树，实际就是求25棵梧桐树之间有几个间隔。根据"棵数＝间隔数＋1"，所以"间隔数＝棵数－1"，$25－1＝24$（棵）。

师：真了不起，请看第二题。

【问题2】在一条全长2km的街道两旁安装路灯（两端也要安装），每隔50m安装一盏。一共要安装多少盏路灯？

学生独立完成，教师指名作答。

师：现在要出绝招了，请接招。

【问题3】园林工人沿着一条笔直的公路的一侧植树，每隔6m种一棵树，

205

一共种了 36 棵。从第一棵到最后一棵的距离有多远？

师：跟例题相比，有什么不同？

生：例题是知道了路的全长求栽树的棵数，这道题是知道了栽树的棵数求路的全长。

学生先独立完成，然后小组交流，集体订正。

【反思】通过这些有序而多样的练习，既巩固了学生学过的知识，又进一步培养了学生理解、分析问题的能力，有趣的数学在学生积极主动的探索中显得更有味道。

（六）回顾思考，全课总结

师：孩子们，这节课你们不仅解决了问题，还能发现这些问题之间的联系和区别，学完这节课你有什么收获呢？

生1：我会求一条路上栽树，两端都栽可以种几棵。

生2：我知道植树棵数比间隔数多1。

生3：我知道间隔数=路的全长÷间距。

生4：我学会了如果遇到比较难的问题，可以先转化为简单的问题来解决，这就是化繁为简的数学方法。

生5：我学会了猜测、探究、验证、发现规律、运用规律这些方法。

师：孩子们，你们真了不起，不仅收获了知识，还收获了学习方法，老师为你们的精彩表现点赞！

【反思】数学学习的过程是一个自主建构、自己对数学知识进行理解和再创造的过程。在学习之后进行梳理、总结，不仅有利于学生把所学知识纳入原有的知识体系，更有利于学生的进一步发展。

（七）在生活中的植树问题

师：其实在我们的生活中也有很多有趣的植树问题，你能举例说说吗？

生1：课桌前排和后排。

生2：我们每一排学生和学生之间。

…………

师：我在这里也找了一些，请看。（课件出示）

生：哇，我们校园里教学楼前的一排风景树、教学楼阳台……

【反思】通过找身边的植树问题，发现我们的校园里处处都是植树问题，再次让学生感悟到，数学其实就在我们身边，只要你细心观察，你就会有意想不到的收获。

（八）课外拓展

师：你能用今天所学的知识创编一个植树问题吗？

学生先独立完成，然后小组交流。

生1：一条路全长50米，在路的一边种树，每5米一棵，两端都要栽，能栽几棵?

生2:一层楼高3米,一楼上到五楼,高几米?

……

师:孩子们,你们创设的问题真有新意,老师都想不到这样的问题,你们真是一个会学习的孩子。

师:有时候,在生活中可能会遇到一端种树,另一端不种树的问题,比如:

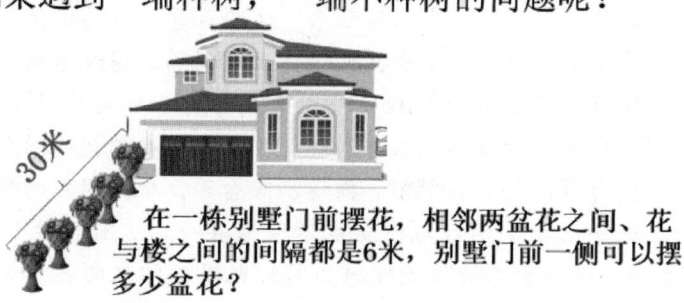

生:那就不加1,就是30÷6=5(盆)。

师:嗯,那如果遇到两端都不种树的问题呢?

生:那就减1。

师:真不错,能够举一反三,学以致用。这两种情况我们下节课继续来研究,这节课就上到这里,下课。

【反思】通过拓展延伸,不仅可以将本节课的知识进一步巩固,更重要的是让学生学会去运用,举一反三,真正地将知识理解透。同时也为后面知识的学习做了铺垫。

## 附录：教学反思

本节课以生活实例引入数学活动，让学生充分利用已有的知识和经验亲历探究过程，获取知识，获得发展。反思整个教学过程，我认为这节课主要有以下几个特点。

一、注重数学学习与现实生活的联系，体验数学学习的价值

课始，让学生通过自己的小手，认识什么是间隔。通过学校操场上的植树问题，引入课题，让学生体会到生活中处处有数学，唤起学生研究学习的兴趣，调动学生积极的学习情绪。在举例说说生活中有趣的植树问题时，用学生比较熟悉的校园场所，比如教学楼、操场、阳台等，把对问题的研究自然地融入生活之中，充分把数学学习与现实生活联系在一起，让学生切实地感悟到"数学源于生活，服务于生活"的理念。同时也提醒学生要善于观察发现，因为我们的生活中处处有数学。

二、环环相扣，层层深入，有梯度地学习

植树问题重点是探讨出两端都栽的植树情况，即植树棵数＝间隔数＋1，所以，我先让学生理解间隔、间距这些概念。然后让学生明白在计算棵数时，第一步都是先求什么，怎样求。透过学生的小组讨论后得出：要求棵数，得先求间隔数，并清楚地总结出规律。而这部分的教学是学生自主完成的，放手让学生自主探索、积极思考以解决新知，再通过交流汇报，总结出一般规律，这样层层深入地达到教学目的。在后面的练习时，也是先设计比较简单的练习让学生巩固所学知识，然后拓展延伸，让学生自己创编植树问题：遇到一端种树，一端不种树的问题怎么计算棵数？遇到两端都不种树的问题呢？这样一个层层深入的练习设计也是为了更好地让学生掌握所学知识，突破难点，达到教学目的。

三、润物无声，无痕渗透，感悟思想方法

本节课在探究环节通过由简单到复杂的体验，感悟化繁为简的数学方法，让学生知道一个复杂的问题可以先通过研究简单的问题入手，找找规律，然后以此类推，得出复杂问题的规律来。这样一个数学方法也是为学生在后面的学习中积累经验。正是这样的一种解决问题的策略，在后面的探究中，我采用小组合作探究讨论的形式去完成本节课的一个重点知识的学习。遵循"猜测—探究—验证—发现规律—运用规律解决问题"这一探究过程。简单的问题，学生用自己已有的知识完全可以解决，而且完成得很好，并总结出植树问题（两端都栽）的一般规律。这才是真正地把课堂还给学生，学生是学习的主

体。学生在不知不觉中掌握了知识，实现了知识的内化，积累了活动的经验，培养了思考能力，既解决了问题，又获得了学习方法。

四、创设宽松和谐的学习氛围，促进学生全面发展

教学过程中，既为学生提供独立思考、操作的空间，又为学生创设良好的交流环境。例如，在不同的活动中，通过"谁愿意给大家说一说""大家和他的想法一样吗""你们认为呢""谁还有不同的想法""哪个组愿意给大家分享展示一下"等方式全面了解学生对问题的认识，提升学生对数学知识的理解。在宽松和谐的氛围中，展开小组的、全班的不同形式、不同范围的交流，师生共同分享每项活动的成功，情感融于快乐之中。创设宽松和谐的课堂氛围，有利于学生养成敢想、敢问、敢说、敢做的良好习惯，有利于培养学生善于倾听、善于欣赏他人的良好品质。

整节课，数学活动丰富而有序，体现了"数学源于生活，服务于生活"的理念，同时，每项活动都注重发挥学生的主体作用。学生在获取知识的同时积累从事数学活动的经验，感受探索数学知识的乐趣和意义，领悟数学的价值。

# "近代中国的思想解放潮流"复习课教学设计

江西省南昌市第十六中学  张建花

## 一、设计理念

作为一节一轮复习的公开课,如何上才能不枯燥、有实效,还尽量有点新意,是我在上课前反复权衡的问题。课堂是学生的一个生命场,学习历史更是一个感知历史、触摸历史的过程。历史课一定要讲究设计,即让历史内容更贴近学生的生活经验、思维实际,这样才可能是一堂有效的课。所以,在本堂课的设计上贴近学生的生活经验、思维实际和既有的知识,力求不让该班的历史老师在我上完之后还要再上一次,因此,基础知识的梳理仍然是本课的重要环节。

## 二、教学立意

作为一节课的核心观点和灵魂,应统领整课教学内容和知识结构。本课从近代中国80年的思想解放洪流中选取了一组历史人物,其中的多数人或孤寂、无助,或尴尬、失败,或苦闷、彷徨,但仍为改造国家而进行着前赴后继的努力。最后,中国共产党接过了历史的接力棒,完成了救国救民的艰巨任务。希望通过这组历史人物可歌可泣的努力、史料实证和历史解释的思路,给予学生正面的引导、感化和激励。基于课程标准、历史学科的五大核心素养,力求让学生充分认识到近代中国人向西方学习的历程,思想解放的潮流一浪高过一浪。然而,每一次浪潮,都伴随着新旧文化的激烈交锋和守旧势力的顽强阻挠,足见近代中国思想解放之艰难,近代化人物之责任担当与探索。

## 三、教学设计

### (一)课标要求

了解鸦片战争后中国人学习西方、寻求变革的思想历程,理解维新变法思想在近代中国社会发展进程中所起的作用;概述新文化运动的主要内容,探讨其对近代中国思想解放的影响;简述马克思主义在中国传播的史实,认识马克思主义对中国历史发展的重大意义。

(二) 课标解读

唯物史观：通过对"师夷长技""中体西学""维新变法""新文化运动"等思想主张的对比分析，使学生认识到近代中国人向西方学习经历了由器物到制度、由理论到实践的渐进历程。运用唯物史观、文明史观、近代化史观等观点分析三种思想主张在不同历史阶段的影响，使学生掌握对历史事物和历史人物的评价的历史观和方法论。

时空观念：认识到近代向西方学习的过程与民族危机、救亡图存紧密相连，培育学生建构特定的史实与特定的时间和空间联系的意识，能够按照时空要素建构历史事件、历史人物、历史现象之间的相互关联。

史料实证：通过多样性的史料养成学生对史料进行科学的辨析、判断、推理的意识，体会历史的实证精神。

历史解释：通过史料对"师夷长技以制夷""中体西用""维新变法""民主科学"等思想主张进行解释，使学生在历史解释中掌握知识点的内涵，学会以全面、客观、辩证、发展的眼光评判问题。

家国情怀：结合民族危机的不断加深、甲午战争的失败、瓜分中国的狂潮，渲染历史人物为国家、为民族复兴做出的努力和牺牲，激发学生的爱国思想和民族精神，认识中华民族的觉醒历程，逐步形成对国家和民族的历史使命感和责任感。

(三) 教学立意

教学立意作为一节课的核心观点和灵魂，应统领整课教学内容和知识结构。基于课程标准、历史学科的五大核心素养和史学研究成果，力求让学生充分认识到近代中国人向西方学习的历程，思想解放的潮流一浪高过一浪。然而，每一次浪潮，都伴随着新旧文化的激烈交锋和守旧势力的顽强阻挠，足见近代中国思想解放之艰难与困惑、近代化人物之责任担当与探索。

(四) 重点、难点

重点：近代中国从鸦片战争到新文化运动近80年的思想解放史及其对中国社会的影响。

难点：分析每个历史阶段中国人向西方学习内容的异同和特点，认识近代思想发展的过程及其所处的历史背景。

(五) 学情分析

(1) 从教材体例上看，本课内容承接必修一第10课《鸦片战争》、第11课《太平天国运动》、第12课《甲午中日战争和八国联军侵华》、第13课《辛亥革命》四节课和必修二第9课《近代中国经济结构的变动》，需要一定的基础知识。高二时学生基础知识的储备有限，所以在高三一轮复习中要加强对基础知识的巩固以促进学生知识的系统和连贯性。提供适当的文字材料，以提高学生历史分析解答能力。

（2）本课时间跨度大、理论性强，易讲成政治理论课，学生学习较困难，易乏味。所以要牢牢以思想发展史为教学核心，特别注意问题的设计、师生互动，探究启发，充分调动学生学习的兴趣和探究欲。

**（六）教学目录**

时空线索——近代中国学习西方的历程

（1）看世界——迷梦中惊醒

（2）采西学——忧患中警醒

（3）改制度——危机中觉醒

（4）变思想——顺应历史潮流

**（七）教学过程（略）**

# "如何做对古诗歌鉴赏选择题" 教学设计

江西省南昌市第一中学  涂圯凡

## 一、考纲解析

2016—2019年普通高等学校全国统一考试大纲（语文）
鉴赏评价 D
（1）鉴赏文学作品的形象、语言和表达技巧。
（2）评价文章的思想内容和作者的观点态度。

## 二、任务目标

选择题（5选2）：这一命题形式在注重考查考生对诗歌的全面理解、扩大考点覆盖面的同时，也降低了试题的难度。选择题和主观题只是题型的区别，考查内容和角度没有变化。因此，答题时，考生只要在读懂诗歌的基础上，仔细分析，认真比对，找到命题人设置选项的设误点，就可以顺利作答。

## 三、教学设计环节

### 错误选项的七大设误方式

**突破点一：词句含意**
命题人把诗句意思或诗句中某个词语的意思予以解说，要求考生判断正误。
［直击高考］阅读下面的诗歌，完成题目。

## 晓行巴峡
### 王　维

际晓投巴峡，馀春忆帝京。
晴江一女浣，朝日众鸡鸣。
水国舟中市，山桥树杪①行。
登高万井出，眺迥二流明。
人作殊方语，莺为故国声。
赖多山水趣，稍解别离情。

【注】①树杪：树梢。

下列对本诗的理解，不正确的一项是（　　　）。

A. 巴峡乡邑旭日东升，众鸡鸣唱，晴朗的江边一个女子在浣洗。
B. 水国乡民在舟中行商，山上有桥，行人走在桥上，如在树颠。
C. 诗人登高远眺，万亩良田，井然有序，二水流过，分外澄明。
D. 诗人在暮春之际来到巴峡，山水之趣宽解着诗人的离愁别绪。

解析："万亩良田"错误。"井"即市井，此处指山城住户。"万井"指千家万户。

答案：C

## 突破点二：表现手法

命题人从表现手法的角度对诗句或词语进行赏析，要求考生判断赏析是否正确。

[直击高考] 阅读下面这首宋诗，完成题目。

## 送子由使契丹
### 苏　轼

云海相望寄此身，那因远适更沾巾。
不辞驿骑凌风雪，要使天骄识凤麟。
沙漠回看清禁月①，湖山应梦武林春②。
单于若问君家世，莫道中朝第一人③。

【注】①清禁：皇宫。苏辙时任翰林学士，常出入宫禁。②武林：杭州的别称。苏轼时知杭州。③唐代李揆被皇帝誉为"门地、人物、文学皆当世第一"。后来入吐蕃会盟，酋长问他："闻唐有第一人李揆，公是否？"李揆怕被扣留，骗他说："彼李揆，安肯来邪？"

本诗尾联用了唐代李揆的典故,以下对此进行的赏析不正确的两项是( )。

A. 本联用李揆的典故准确贴切,因为苏轼兄弟在当时声名卓著,与李揆非常相似。

B. 中原地域辽阔,人才济济,豪杰辈出,即使卓越如苏氏兄弟,也不敢自居第一。

C. 从李揆的故事推断,如果苏辙承认自己的家世第一,很有可能被契丹君主扣留。

D. 苏轼告诉苏辙,作为大国使臣,切莫以家世傲人,而要展示出谦恭的君子风度。

E. 苏轼与苏辙兄弟情深,此时更为远行的弟弟担心,希望他小心谨慎,平安归来。

解析:B项,"即使卓越如苏氏兄弟,也不敢自居第一",错误;D项,"要展示出谦恭的君子风度",错误。这两项都是从苏轼要求弟弟苏辙谦虚处世的角度分析的。结合诗歌内容及注释可知,苏轼用这个典故是出于对弟弟的安全的考虑,告诫他要小心谨慎,希望他平安归来。

**突破点三:诗歌情感**

命题人对全诗或诗的某一句、某一联所表达的思想感情做出判断,要求考生判断正误。

[直击高考] 阅读下面的诗歌,完成题目。

### 奉陪郑驸马韦曲①
#### 杜 甫

韦曲花无赖,家家恼煞人。
绿樽须尽日,白发好禁②春。
石角钩衣破,藤梢刺眼新。
何时占丛竹,头戴小乌巾。

【注】①韦曲:唐代长安游览胜地。杜甫作此诗时,求仕于长安而未果。②禁:消受。

诗家常借"韦曲"寓兴亡之感。下列诗句寓有兴亡之感的两项是( )。

A. 杜甫诗中韦曲花,至今无赖尚豪家。(唐·罗隐《寄南城韦逸人》)
B. 当年燕子知何处,但苔深韦曲,草暗斜川。(宋·张炎《高阳台》)
C. 莫夸韦曲花无赖,留擅终南雨后青。(元·虞集《题南野亭》)
D. 花气上林春浩渺,酒香韦曲晚氤氲。(明·胡应麟《寄朱可大进士》)

E. 韦曲杜陵文物尽,眼中多少可儿坟。(清·王象巽《游曲江》)

解析:本题考查作者的思想感情。B项中"当年燕子知何处,但苔深韦曲,草暗斜川",意思是当年栖息在朱门大宅的燕子,如今不知飞向何处。往日风景幽胜的去处,只见处处长满苔藓,荒草淹没了亭台曲栏。此句化用刘禹锡诗:"旧时王谢堂前燕,飞入寻常百姓家。"此词在刘诗的基础上进一步点明了自己的故国之思。E项中"文物尽"和"可儿坟"传达出了时移世迁、物是人非之慨。

**突破点四:语言特点**

命题人对诗歌语言特点做出解说,要求考生判断其正误。

[直击高考] 阅读下面的诗歌,完成题目。

### 早 兴
#### 白居易

晨光出照屋梁明,初打开门鼓一声。
犬上阶眠知地湿,鸟临窗语报天晴。
半销宿酒头仍重,新脱冬衣体乍轻。
睡觉①心空思想尽,近来乡梦不多成。

【注】①觉:醒。
下面对本诗的分析是否正确:
【问题】C. 本诗语言浅显平实,给读者清新自然之感。
【应对策略】本诗初读就不觉其难,它没有多少修辞,基本是直白之语,每句都语意显豁,可以说是"语言浅显平实",而"鸟临窗语报天晴……新脱冬衣体乍轻"也确实清新自然,所以本项是正确的。
【应对策略】诗歌的语言特点有多种,最常见的有这样几类:①清新自然;②朴素平实;③生动形象;④苍凉悲壮、沉郁顿挫。平时就把每一种语言特点都做出自己的判断,深入体会其内涵,解题时把诗从头读到尾,一句句看到底符合哪种特点。然后再判断选项是否正确。

**突破点五:诗歌意境**

命题人对全诗或是某一句、某一联所营造的意境做出描述,要求考生判断正误。

[直击高考] 阅读下面这首词,完成题目。

## 夜游宫·记梦寄师伯浑[①]

陆 游

雪晓清笳乱起,梦游处,不知何地。铁骑无声望似水。想关河:雁门西,青海际。

睡觉寒灯里,漏声断,月斜窗纸。自许封侯在万里。有谁知?鬓虽残,心未死。

【注】①师伯浑:陆游的友人。

下列对这首词的赏析,不正确的一项是(　　)。

A. "铁骑无声望似水"句,形象地描绘了军队阵容的整肃与声势的浩大。
B. 词的上片写梦境,下片写梦醒后的情境和感想,衔接自然,结构紧凑。
C. 词上片表现渴望行军作战,为国收复失地的心情。下片则抒发了壮志难酬的悲愤。
D. 作者通过"雪晓""寒灯""漏断""月斜"等意象,写出了闲适清幽的意境。

解析:选项是从诗歌的意境方面设题。清晨,雪花飞舞,灯是"寒"灯,漏声"断绝",月亮西沉,很明显,营造出的是清冷孤寂的氛围,所以选 D。

【应对策略】找出诗句中出现的意象,分析其各自的特征,最后整合,整体感知营造的氛围,就能品味出诗歌意境。另外,熟记常见的意境特征:雄浑壮丽、壮阔苍茫、苍凉悲凄、闲适恬淡、清幽明净、冷清幽静等。

### 突破点六:艺术效果

命题人对诗歌语言或手法所产生的艺术效果进行赏析评定,要求考生判断其正误。

[直击高考] 阅读下面这首诗,完成题目。

## 示秬秸[①]

张 耒

北邻卖饼儿,每五鼓未旦,即绕街呼卖,虽大寒烈风不废,而时略不少差也。因为作诗,且有所警,示秬、秸。

城头月落霜如雪,楼头五更声欲绝。
捧盘出户歌一声,市楼东西人未行。
北风吹衣射我饼,不忧衣单忧饼冷。
业无高卑志当坚,男儿有求安得闲。

【注】①秅秸：张耒二子张秅、张秸。张耒：北宋著名文学家，曾官太常寺少卿。

下列的理解和赏析，不正确的一项是（　　）。

A. 诗前小序交代了本诗写作的起因和目的，凸显了诗作内容的真实性。

B. "歌一声"，是说卖饼儿沿街呼卖时有腔有调，生动形象并富于童趣。

C. 卖饼儿衣着单薄，凛冽的寒风吹透了他的衣衫，他却担忧饼冷难卖。

D. 作者在诗的最后，对两个儿子提出了谆谆告诫，点明了本诗的题旨。

解析：很明显B选项是从诗歌的艺术效果方面设题。"歌"是卖饼儿捧着盘子走出家门长声叫卖的声音，从艺术效果来看，"歌一声"并非"生动形象"，也非"富于童趣"，所以选项错误。

答案：B

【应对策略】首先，结合注释准确把握诗歌内容；其次，熟知诗歌的语言风格；最后，掌握诗歌常见的修辞手法，如比喻、拟人、夸张等所产生的艺术效果。三者结合看命题人对诗歌艺术效果的赏析评定是否正确。

**突破点七：文学常识**

命题人对文学常识进行判断，要求学生判断正误，或者让学生做出选择。

[直击高考] 阅读下面的宋词，完成题目。

### 定风波①
#### 范仲淹

罗绮满城春欲暮。百花洲上寻芳去。浦映花，花映浦。无尽处。恍然身入桃源路。

莫怪山翁聊逸豫。功名得丧归时数。莺解新声蝶解舞。天赋与。争教我辈无欢绪。

【注】①庆历六年，因得罪了宰相吕夷简，范仲淹被贬放河南邓州，在此间，他营建了百花洲和花洲书院，本词即为应制之作。

下列对本词的分析鉴赏，最恰当的两项是（　　）（　　）。

A. "定风波"为词牌名。词牌是用来规定词的格式的，但随着不断的演变，同一词牌可能有多种格式，且与词的内容相关。

B. 上片一、二句，词人用"满城罗绮"来反衬春天的即将逝去，于是去百花洲上寻找春天尚未消逝的美好景色。

C. "无尽处"不仅写出了百花洲上美景的无边无际，也为下片词人作出"山翁聊逸豫"的议论积蓄了相应的情感。

D. 本词虽为应制之作，却情感真挚，借记游百花洲之事来抒发词人复杂的情感，有婉约的一面，但偏豪放。
E. 本词上片重在写景，下片重在抒情，围绕百花洲上"寻芳"展开，认为寻乐是上天赋予的本能，要适时行乐。

解析：词调的名称叫作词牌。词牌代表一定的词律格式。但是，绝大多数的词都不是用"本意"的，因此，词牌之外还有词题，一般在词牌下面或后面注明词题。在这种情况下，词题和词牌没有任何联系，一首《浪淘沙》可以完全不提到浪和沙；一首《忆江南》也可以完全不提到江南。这样，词牌只不过是词谱的代号罢了。

答案：CD

## 巩固训练（略）

# "唯物辩证法的发展观" 教学设计

江西省南昌市第十二中学  胡保平

## 一、教学目标

**(一) 知识目标**

◇识记：
(1) 发展的普遍性。
(2) 运动的基本形式。
(3) 事物发展的道路。

◇理解：
(1) 发展的实质，发展的方向、道路和形式。
(2) 联系构成了事物的变化和发展。
(3) 用发展的观点看问题。
(4) 量变和质变的关系。

◇分析：
(1) 联系自然界和人类社会运动的具体事例，分析说明发展的几种形式。
(2) 结合现实问题，分析说明事物前途是光明的，道路是曲折的。

**(二) 能力目标**
(1) 运用基本观点、基本知识分析现实问题的能力。
(2) 比较辨别易错易混点的能力。
(3) 综合分析实际问题，运用演绎、归纳方法解决具体问题的能力。
(4) 从整体上把握知识结构，形成知识网络体系的能力。

**(三) 情感、态度、价值观目标**
(1) 正确认识国际共产主义运动的前进性、曲折性，坚定社会主义必胜的信念。
(2) 促进新事物成长壮大。
(3) 深刻理解"勿以善小而不为"，要不断积累正确的主观因素。

## 二、重点、难点

（1）发展的实质。
（2）新事物是不可战胜的。
（3）准确地理解量变与质变的关系。

## 三、整体感知

通过本课的学习，同学们将明确发展的观点是唯物辩证法的又一个总特征，把握发展的实质。了解发展的普遍性，学会用发展的观点看问题，正确认识事物发展的方向、道路和形式。

## 四、方法点津

（1）发展的普遍性这一知识点，要从三个层次分析，即自然界是发展的、人类社会是发展的、人的认识是发展的，全面把握发展。
（2）结合自然界、人类社会、人的认识的有关事实，说明发展的实质是事物的前进和上升，是新事物的产生和旧事物的灭亡。
（3）结合历史上东欧剧变、苏联解体的具体事例，分析说明事物发展的前途是光明的，道路是曲折的。

## 五、课文导入

（1）观看视频国庆献礼片《70年，我是主角》。
（2）请同学列举视频中提到的祖国发展的历史事件。
（3）教师点评并引出本课。

## 六、考纲展示

教师分析逻辑并点评在高考中的地位。

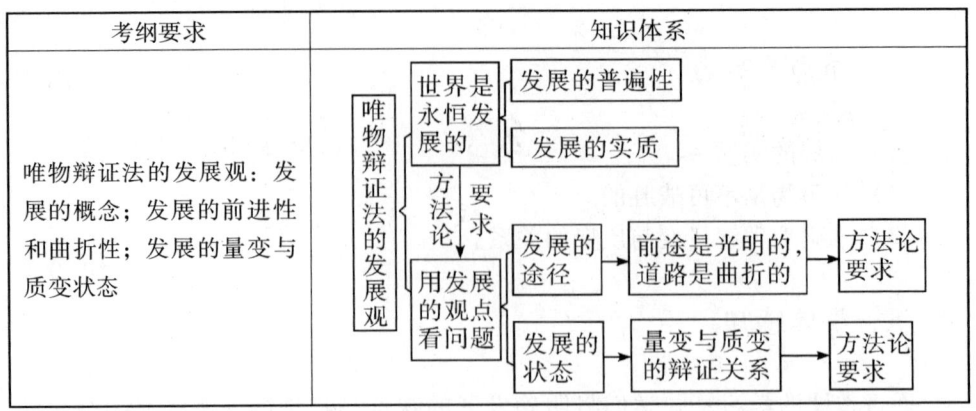

## 七、打牢基础

（1）用完形填空的方式让学生回顾知识点。

（2）通过学习微点拨环节讲解知识中的难点、易混点。例如：运动、变化、发展的关系；正确区分新旧事物。

（3）高考真题巩固知识。

## 八、失分误区

通过失分误区板块提分辨伪。例如：错误理解量变、质变的内涵及其关系；错误理解发展的内涵、实质。

## 九、本课小结

从整体上把握唯物辩证法的发展观。即世界是永恒发展的，要求用发展的观点看问题，以上两点又分别讲述了发展的普遍性，发展的实质，前途是光明的，道路是曲折的，做好量变的准备，促进事物的质变等知识。

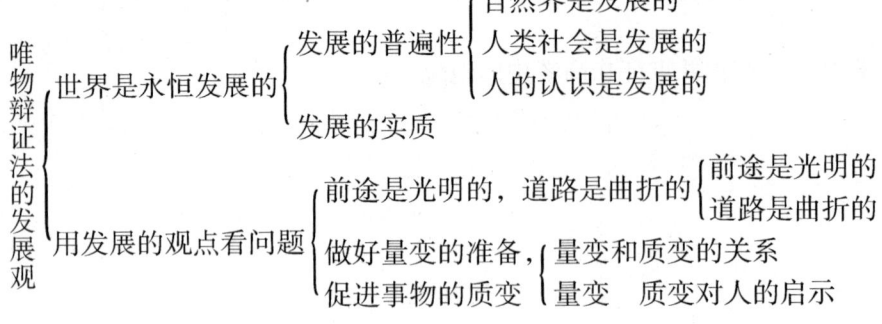

# "物质发生了什么变化" 教学设计

浙江省绍兴市上虞区城东小学　林建锋

## 一、教学目标

**（一）科学知识**

（1）物质的变化可以分为物理变化和化学变化两类，它们的区别在于是否产生了新的物质。（重点）

（2）知道在化学变化过程中，也能观察到物理变化。（难点）

**（二）科学探究**

（1）学习用蜡烛给白糖加热，知道一些化学实验中要有安全防范措施。

（2）体会运用证据的规则，寻找足够的证据证明有没有产生新的物质。

（3）通过仔细观察确立判断标准，区分物理变化和化学变化。

**（三）科学态度**

（1）养成细心观察、及时记录的习惯。

（2）体会在实验操作过程中，细致并实事求是地汇报观察到的现象，对得出正确结论是重要的。

## 二、设计创新

（1）制定适合的教学目标。从单元整体的角度和学生发展的实际来定位教学目标。本节课，在教学目标的确定上，对于教参中提出的本节课"得出在化学变化时总是伴随着物理变化"这一目标，在这节课得出这样的结论为时尚早，在单元最后一课得出合适。因此，本节课将这一目标调整为——知道在化学变化过程中，也能观察到物理变化。

（2）实施有结构的教学设计。本节课，在导课部分，采用白糖溶解在水中产生了变化的实验取代教材中的沙子和豆子混合的观察实验。这样的变化，让白糖的变化贯穿整节课，物理变化和化学变化的根本区别点在白糖溶解和燃烧对比实验中，一目了然。同时，白糖这个实验材料贯穿整节课，体现了实验材料的重复、深度使用，使实验材料更体现结构性。

（3）注重学生的合作学习和独立学习。不管是实验的设计，还是实验注意点的明确，以及证据的寻找，把个体学习和小组学习、集体论证等有机整合起来。

（4）关注学生的生命安全，培养学生良好的实验习惯，引入实验防护手段。

## 三、教学准备

**（一）学生材料**

（1）放在桌上的实验材料：2 小包白糖（放在小塑料袋里），1 杯水（学生自己调制糖水），1 根搅拌棒，实验记录表每人 1 张，1 块湿毛巾。

（2）放在桌边的实验材料：1 个汤匙，1 包火柴，1 支长蜡烛，1 把镊子，护目镜（每人 1 副）（全部装塑料水槽里），不锈钢碗，3 副手套。

**（二）教师材料**

1 杯清水，1 个镊子，1 个金属匙（烧过糖的匙），1 根搅拌棒，课件。

## 四、课前谈话

（1）纸搓、捏成团，燃烧，纸发生了什么变化？这两种变化一样吗？
（2）以小组为单位调制好一杯糖水。

## 五、教学过程

**（一）观察糖溶解在水中的变化**

在每个小组的桌上有一包糖，还有一杯大家自己调制的糖水，请大家观察糖和糖水，再回忆一下四年级我们学过的有关溶解的知识，你认为，溶解在水中的糖与没有溶解之前的糖相比，发生了哪些变化？

**（二）观察白糖加热后的变化**

（1）白糖溶解在水里，白糖发生了变化。如果用火长时间加热白糖，你觉得白糖会有什么变化？

（2）老师为大家准备了这样一些材料，还给大家准备了一张实验记录表，用火长时间给白糖加热这个实验，你们打算怎么做？做这个实验的时候要注意什么呢？

（3）交流：你打算怎么做这个实验？做这个实验的时候要注意什么？

（4）老师也梳理了一些这个实验要注意的地方，大家对照一下，有哪些注意点是我们刚才没有交流到的？

①戴好护目镜,加热的同学戴上手套,观察时不要凑得太近。
②糖要少一点,不超过五分之一匙。
③加热时,手持汤匙最外端,用外焰加热,加热到它不再发生变化为止。
④如果火烧到桌面上了,用湿毛巾盖灭。
⑤熄灭蜡烛,汤匙放回盘子里冷却,小心烫手。
(5)学生开始实验,并记录。

**(三)研讨:糖溶解在水中和糖加热后所产生的变化是两种完全不同的变化**

(1)交流:白糖在加热过程中是怎么变化的。
(2)下面,我们根据这张实验记录表,逐条来交流一下,白糖在加热过程中是怎样变化的。

"物质发生了什么变化"实验记录表

| 分类 | 白糖 | 白糖溶解后的变化 | 白糖加热后的变化 |
|---|---|---|---|
| 状态 | 固体 | 不见了 | |
| 形状 | 颗粒状 | 不见了 | |
| 大小 | 小 | 不见了 | |
| 颜色 | 白色 | 无色 | |
| 气味 | 无 | 无 | |
| 其他 | | | |

(3)白糖溶解在水里,白糖产生了变化。白糖还在水里吗,为什么?
(4)白糖加热后还是白糖吗?大家有什么证据来证明你们的观点?请每个小组讨论一下,看哪个小组找到的证据多。
(5)我们来交流一下:白糖加热后,还是白糖吗,为什么?
(6)白糖加热后有变化,白糖溶解在水里也有变化,这两种变化,最本质的不同是什么?
(7)产生新物质的变化叫作化学变化,没产生新物质的变化叫作物理变化。

**(四)补充延伸:化学变化时也有物理变化**

(1)这一节课我们主要研究了"物质发生了什么变化"。出示两组图片:①压扁易拉罐;②水结冰了。它们分别发生了什么变化?
(2)糖在加热后,发生了化学变化,糖在加热的过程中有没有发生物理变化呢?
(3)你认为蜡烛燃烧时发生了什么变化?
(4)谁能为今天这节课做个总结?

## 附录1：板书

物质发生了什么变化 $\begin{cases} \text{化学变化：产　生新物质} \\ \text{物理变化：没产生} \end{cases}$

## 附录2：学生实验记录表

**"物质发生了什么变化"实验记录表**

| 分类 | 白糖 | 白糖溶解后的变化 | 白糖加热后的变化 |
|---|---|---|---|
| 状态（固体、液体、气体） | | | |
| 形状 | | | |
| 大小（大、中、小） | | | |
| 颜色 | | | |
| 气味 | | | |
| 其他 | | | |

# "走进春天：金波儿童诗一组"教学设计

浙江省绍兴市上虞区城东小学　陈君飞

## 一、学习目标

（1）认识金波爷爷，赏读金波关于春天的儿童诗一组：《春的消息》《听春》《春天》，读懂诗歌内容。

（2）初步感知诗歌的文体特点，能进行适度仿说。

（3）让孩子爱上生机勃勃的春天，爱上读诗，推荐阅读《花朵开放的声音》。

## 二、学习过程

**（一）课前游戏**

师：小朋友，课前老师要和大家做一个非常有趣的游戏：我猜，我猜，我猜猜猜。（听旋律，猜歌名。出示《小燕子》《春晓》《春天在哪里》三首歌曲的旋律，学生听一听，猜一猜，唱一唱，说说歌曲藏着的秘密：和春有关）

是呀，春天是一个特别美妙的季节。春风轻轻地吹……今天，就让我们开心地走进春天。

**（二）赏春——《春的消息》**

（1）诵一诵。

①配乐范读：《春的消息》，初步感知童诗的特点。

②自读诗歌：感受韵味。

③合作诵读：师生合作。

（2）找一找。

师：这首诗的字里行间都藏着春的消息，你瞧，春来啦，（　　　）迫不及待地向我们报告着春的消息。请认真找到春天的事物，用圆圈圈一圈吧！

反馈（春风、春水、我们、蝴蝶……）。哇，那么多春的消息，咱们一起读读它们的名字。

（3）品一品。

师：春来了，万物复苏啦。瞧：风，摇绿了树的枝条；水，漂白了鸭的羽毛（引领学生反复诵读）。

①激活生活：小朋友，请看——（播放孩子们的春游微视频）

②重点品词：那一天，我们可开心啦，瞧，你看到了第一只蝴蝶飞。（朗读诗歌）

师：哇，这蝴蝶实在是太美了，它飞到东，你跑到东，它飞到西，你跑到西。这呀，就是——"牵引"。（引导读）

师：读得有滋有味的，很是喜欢。既然那么喜欢它，为什么要把它放掉呢？

生：因为如果不把它放掉，它会没有自由，会死去的。

师：是呀，这就是——"爱怜"。

③感情朗读：读出问号和叹号的情味。

**（三）听春——《听春》**

师：这省略号仿佛在悄悄告诉我们，还有好多好多春的伙伴都来啦。说说看，还有谁呢？

生：笋芽儿、蒲公英、迎春花……

师：哇，那么多，大地一下子热闹起来啦！让我们摆个舒服的姿势，轻轻地闭上眼睛，去聆听春的声音——

### 听 春

春姑娘摇响了雨铃。
天空飞过雁阵，
湖水睁开了亮眼睛。
我听见蚯蚓在耕耘，
我听见蒲公英在播种。
…………

（1）合作诵读：同桌合作。

（2）给诗配乐（教师出示不同风格的三段旋律，请学生选择最合适的一段作为《听春》的配乐，并说说理由）。

（3）配乐诵读：采用不同形式的诵读方式。

**（四）说春——《春天》**

（1）认识"金波"：孩子们，春天很美，但春天的诗呀更美，你知道我们刚刚读过的这两首诗是谁写的吗？（从信封中取出文学家名片，认识金波爷爷）

（2）进入"说春"：金波爷爷写的诗可真多呀！信封中还藏着爷爷写的一首诗呢，赶紧读一读吧！

## 春 天

金 波

（　　）叫醒了（　　　），
（　　）叫醒了（　　　），
（　　）叫醒了（　　　），
（　　）叫醒了（　　　）。
云变成了雨滴，
雨滴落在大海；
海水变蓝了，
洗亮了升起的太阳。
太阳睁着亮眼睛，
望着树，望着花，望着鸟，
到处花花绿绿，
到处热热闹闹。

（3）尝试"补说"：你发现了什么？
生：第一小节不完整。
师：是的，那你能当小诗人，把它说完整吗？四人小组合作，试一试吧！
学生作品：
第一组：

春风叫醒了笋芽儿，
春风叫醒了小蝌蚪，
春风叫醒了蒲公英，
…………

第二组：

春雷叫醒了笋芽儿。（和课文《笋芽儿》联系，不错！）
小花朵叫醒了小燕子。（小燕子叫醒了小花朵，听起来更合适哦！）
泥土叫醒了小草。（小草呀，就睡在泥土妈妈的怀抱里，嗯，泥土叫醒了小草，真好！）

（4）提升"仿说"：小朋友说得真有味道，那你知道金波爷爷是怎么写的吗？

①出示原诗：晨光叫醒了风，风叫醒了树，树叫醒了鸟，鸟叫醒了云。

②再度发现：你发现了什么？

生：头对尾，尾对头，真像一串糖葫芦呀！

③尝试仿说：那你们也能用这样的形式来试一试吗？四人小组再试。

学生作品展示：

泥土叫醒了蚯蚓。（绝了，蚯蚓就在泥土里钻呢！）

蚯蚓叫醒了花朵。

花朵叫醒了蝴蝶，

蝴蝶叫醒了蜜蜂。

（小朋友可真是天生的小诗人呀！）

④合作诵读《春天》。

（五）推荐诗集——《花朵开放的声音》

师：课的最后呀，老师想向大家推荐一本书，这本书有一个好听的名字《花朵开放的声音》，它呀，被誉为"中国最美的童诗"系列之一呢，图文并茂，也适合和爸爸妈妈一起读哦！

# 《忆读书》教学设计

浙江省绍兴市上虞区崧厦街道中心小学　屠亚芳

## 一、教材分析

《忆读书》一文写于1989年9月8日，作者冰心通过回忆自己从7岁起直至80多岁，长达80年之久的读书经历，表达了"读书是我生命中最大的快乐""读书好，多读书，读好书"等感悟，质朴无华，于无痕之中告诉我们读书方法、选书标准，勉励青少年要读好书、多读书、好读书，养成良好的读书习惯。

它是人教统编小学语文五年级上册第八单元"读书明智"主题中的第二篇主体课文。本单元的语文要素是"阅读时注意根据要求梳理文章信息，把握内容要点"。教学中要结合把握课文要点，在感受读书作用的大要求下，学习运用圈画、表格、列时间轴等梳理信息的方法，训练阅读能力。

## 二、设计理念

教学用并进，落实语文要素。圈画梳理和表格梳理的形式，在以前学习中早有接触，对学生而言并不陌生。学生在学会字词、深度预习后，在读懂文章内容这一基础上，用三种信息梳理方法，采用"扶放用"三步，落实语文要素。

## 三、预学单

（1）轻声读课文，遇到生字、新词、多音字，可以通过查字典来读准字音，理解意思，努力把课文读通、读顺。同桌互测认读的字词，然后圈出生字条中容易读错的字，多读几遍。

（2）找一找课文中自己感觉比较陌生的词句，写下来。课文中有什么不太理解的地方，请写下来。

设计意图：通过预学单，了解学生情况，方便课堂教学基于学生情况而展开，更为高效。

## 四、教学目标

(1) 认识"舅、斩"等14个生字,读准多音字"传、着、卷"。
(2) 快速默读课文,边读边思,初步学会"梳理信息,把握内容要点"的方法。
(3) 联系全文,深入理解"读书好,多读书,读好书"的意义,体会字里行间作者对读书的热爱及读书带来的快乐,培养学生阅读理解感悟能力。

## 五、教学重点

用较快的速度默读课文,梳理出作者的读书经历。

## 六、教学难点

深入理解体会读书的快乐。

## 七、教学过程

**(一) 课前游戏:飞花令**
以"书"为令,请学生说说带有"书"字的诗句。
设计意图:以游戏唤醒学生对带有"书"字诗句的记忆,为课堂理解体会"读书好,多读书,读好书"埋下情感伏笔。

**(二) 名言导入,设疑激趣**
(1) 名言导入。
师:我们伟大的开国领袖毛泽东主席是一位酷爱读书的人,他曾说过:"我一生最大的爱好是读书。饭可以一日不吃,觉可以一日不睡,书可以一日不读。"书是有魔力的,总让人爱不释手。我国著名的儿童文学作家冰心也是一位酷爱读书的人。她一生读了很多很多的书,在她89岁高龄时,她写了这篇文章。(板书课题:忆读书。)一起来读读课题。
(2) 设疑激趣。
师:忆是什么意思呢?作者回忆了关于读书的哪些方面呢?
设计意图:名人名言铺垫情感,激发学生的阅读兴趣。

**(三) 初读课文,整体感知**
(1) 初读课文。
请学生用较快的速度默读课文,读完后请看一下大屏幕上的计时器;把自己默读课文所用的时间记录在课题下,边默读边思考:作者回忆了读书的哪些方面呢?

设计意图:计时器的运用,让学生更好地了解自己默读的能力。

(2)读准多音字。

出示:我们常说:"读万卷书,行万里路。"《水浒传》里着力描写的人物栩栩如生,冰心看得津津有味,常常使她心动神移,不能自已!

请学生自己轻声读一读—指名学生读——起读。除了《水浒传》,冰心还读过好多好多书呢,我们一起来读读这些书名。(投影展示下图)

设计意图:重组语言,搭建支架,在检查学生对本文多音字"卷、着、传"的掌握情况的同时,也梳理出作者在本文中写到的书目。

(3)熟悉比较陌生的词句。

出示预学单中学生感觉比较陌生的句子,看一看,读一读,了解熟悉。

预设:学生感觉比较陌生的词句出自作者所读名著中。

"话说天下大势,分久必合,合久必分……"
"宴桃园豪杰三结义,斩黄巾英雄首立功。"

师:学生自由读一读—指名学生读。这两句话出自哪本书呢?(《三国演义》)

"满纸荒唐言,一把辛酸泪。"

师：这句又出自哪本书呢？谁能来读读？读得真有感觉！

"三十六天罡七十二地煞"

师：这里有两个特别陌生的词，谁有信心读准呢？你知道天罡和地煞指什么吗？（道教称北斗丛星中有三十六个天罡星，每个天罡星各代表一神，共有三十六位神将。地煞，是星相家所称的主凶杀之星，在民间传说中，三十六天罡与七十二地煞联合行动，降妖伏魔）齐读。这与哪本书相关呀？（《水浒传》）三十六天罡常与七十二地煞就是书中那一百零八将。

自由读读这些词句。

（4）交流。

作者回忆了读书的哪些方面呢？（板书：经历、体会）

**（四）梳理信息，习得方法**

（1）圈画法指导。

师：作者回忆了自己读书的哪些经历呢？我们来梳理一下，大家想想看，有没有什么好方法能帮助我们快速地抓住要点呢？（学生交流）老师尝试这样做：

### ㉖ 忆读书

一谈到读书，我的话就多了！

我会认字后不到几年，就开始读书。倒不是(四岁时)读母亲教给我的⟨国文教科书⟩，而是[七岁时]开始自己读"话说天下大势，分久必合，合久必分……"的《三国演义》。

那时，我的舅父杨子敬(jiù)先生每天晚饭后，必给我们几个表兄妹讲一段《三国演义》，我听得津津有味，什么"宴桃园豪杰三结义，斩(zhǎn)黄巾英雄首立功"，真是好听极了。但是他讲了半个钟头，就停下去干他的公事了。我只好带着对故事下文的无限期待，在母亲的催促下含泪上床。

请学生仔细观察，说说自己的发现。（用不同的符号圈画出时间、书名以及作者的感受等关键词）

（2）学生圈画。

请学生用这种方法来圈画一下作者在各个时间段里分别读了哪些书，有什么读书感受。

（3）学生汇报。

教师用时间轴列出相关信息。

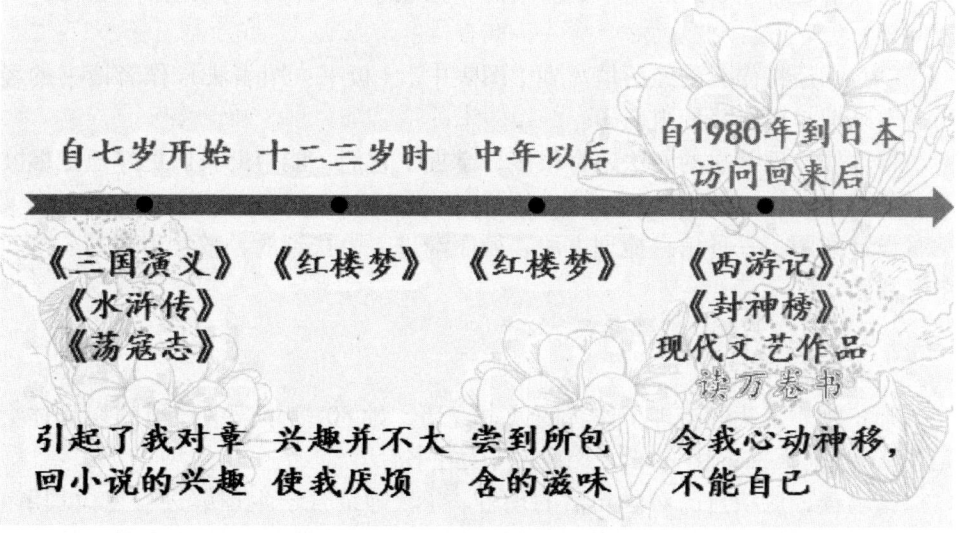

（4）列图表。

请学生把提取到的信息填写到图表中，填写完毕后借助图表来说一说作者的读书经历。

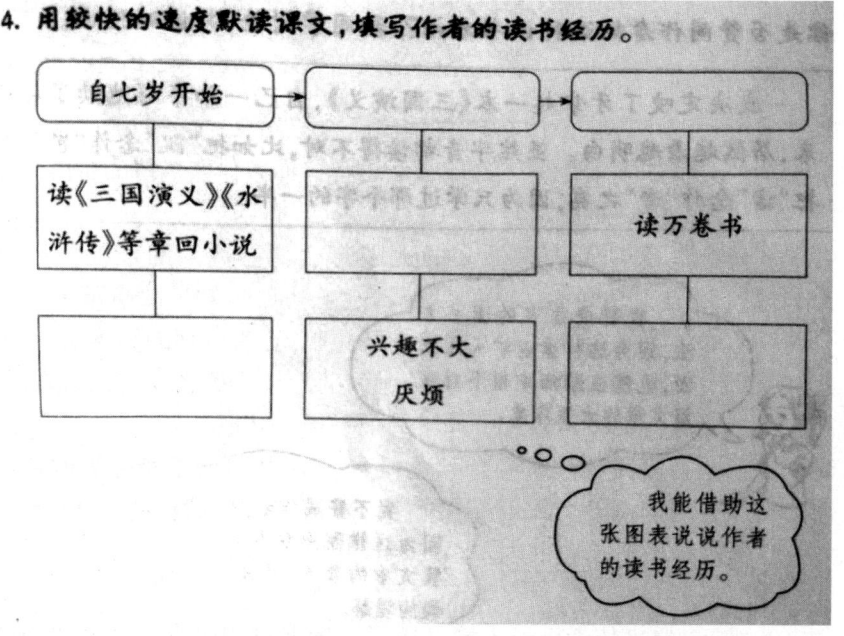

（5）小结梳理方法。

①首先，我们找到作者每个时间段和所读的书目及感受，并把它们圈画出来，我们把这种提取信息的方法，叫圈画法。（板书：圈画法）

②我们还将作者的经历串成清晰的一条线索，列在时间轴上。（板书：列时间轴）

③我们还将作者的经历填写到了图表中。（板书：图表法）作者读书的经历就清晰地呈现在我们眼前了。

像这样梳理信息的方法还有很多，掌握了它们，能帮助我们更好地把握文章的要点。

设计意图：三种信息梳理方法，循序渐进，由扶到放，教学用并进，落实语文要素。

**（五）抓住矛盾，感悟快乐**

（1）把握主旨。

师：刚才，我们梳理了作者的读书经历，她80多年读书经历的切身体会是什么呢？（板书：读书好，多读书，读好书）

指名读，谈谈自己对这句话的理解。（教师结合学生理解进行点拨理解）读书的好处有很多，作者是那样的酷爱读书，读书带给她最大的感受是什么呢？（"我永远感到读书是我生命中最大的快乐！"）（板书：快乐）

（2）细读品味。

师：究竟是一种怎样的快乐体验呢？让我们来看看她读《三国演义》时的经历，请同学们读一读课文第二自然段到第五自然段，找一找哪些地方让你体会到了作者读书的快乐。

（3）探讨感悟。

①"我听得津津有味，什么'宴桃园豪杰三结义，斩黄巾英雄首立功'，真是好听极了。"（"津津有味"是什么意思呀？你做什么事情的时候是津津有味的呀？朗读指导。真是快乐啊！）

②"我只好带着对于故事下文的无限悬念，在母亲的催促下，含泪上床。"为什么含泪上床？（因为无限期待，她急切地想知道故事下文。读书入迷了，此时的书就像什么？你有过这样的经历吗？）带着你的同感来读一读。

③"我第一次读《三国演义》，读到关羽死了，哭了一场，便把书丢下了。第二次再读时，到诸葛亮死了，又哭了一场，又把书丢下了。后来忘了是什么时候才把全书读到'分久必合'的结局。"（既然读书是最大的快乐，为什么冰心却在读《三国演义》时一哭再哭？）请四人小组讨论：作者哭是因为什么？你觉得这样的哭是读书之乐吗？为什么？

④交流汇报。

师（小结）：原来作者已经入情入境了，读书过程中，自己与书中的人物产生了共鸣，与书中人物共悲喜。这是情到深处的哭泣。这也是读书之乐啊！

⑤结合自身谈快乐体验。

师：相信大家也一定读过很多书，你能来说说读书带给你的快乐感受吗？

（4）小结。

师：原来读书真的有这么多的快乐呀！难怪作者说："我永远感到读书是我生命中最大的快乐！"请学生带着自己的理解开小火车读："我永远感到读书是我生命中最大的快乐！"

师：读书还有哪些好处？作者认为什么样的书才是好书呢？我们下堂课一起去细细品味。

设计意图：抓住矛盾点，引导学生思考、自悟、讨论，并联系切身感受来理解文本，深入理解、体会读书的快乐，培养学生阅读理解感悟能力。

（六）作业

完成课堂作业本的第 5 题。

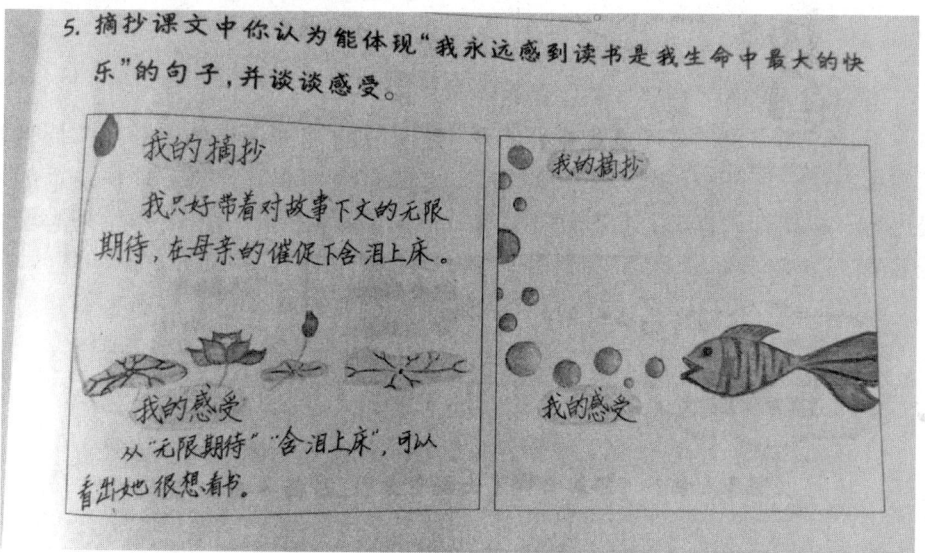

（七）板书设计

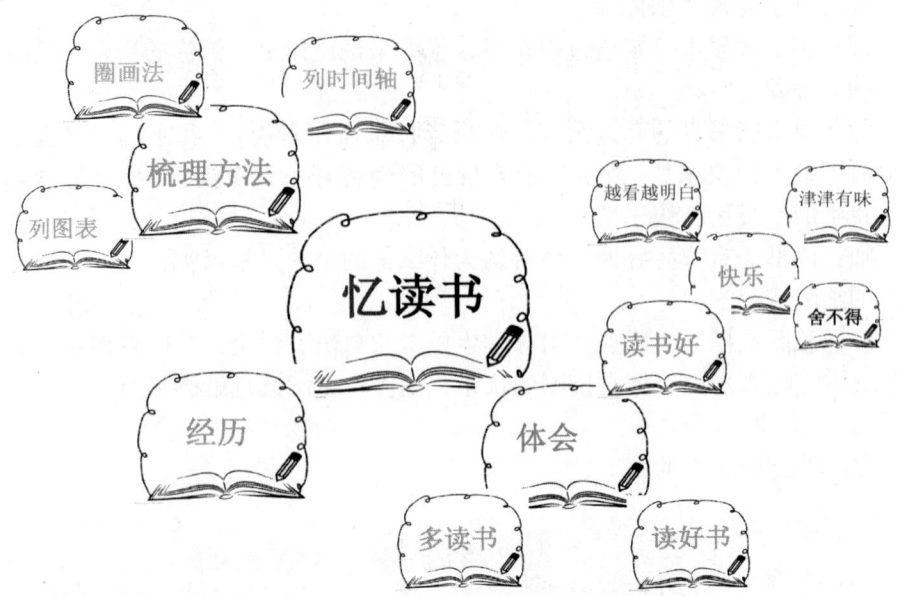

设计意图：思维导图式板书，给学生强烈的感官刺激，便于学生掌握教材的整体与部分、部分与部分之间的关系，能吸引学生的注意力，抓住语篇的重要内容，构架知识框架，启发学生思考，形成长效记忆，有利于学生理解能力的培养。

# "跟着电影学写作之对话描写"
# 创意写作教学设计
## ——以微电影《大圣归来之丛林对话》为例

湖北省枣阳市第一实验小学　杨冬梅

一、激发兴趣，走进电影

（1）同学们，喜欢看电影吗？交流自己看过的印象深刻的电影。

（2）同学们都喜欢看电影，法国电影理论家斯蒂安·麦茨说："每部电影都是一部故事片。"电影作为最精练的艺术，藏着好多写作秘诀呢！这节课，我们就走进微时代，观看微电影，完成微写作。

二、视频为媒，尝试改写

（1）一起来看微电影《大圣归来之丛林对话》。（播放视频）

（2）师：这部微电影里面有两个人物，一个是孙悟空，一个是江流儿，他们给你留下了什么样的印象？

（3）师：老师把这部妙趣横生的微电影的前半部分变成文字，请读一读。（出示）

---

江流儿：大圣，大圣，你的如意金箍棒呢？戏里说你给藏到耳朵里了，给我看看，给我看看！

悟空：你这小屁孩，叽叽喳喳跟了我一路，俺老孙的脑仁儿都被你吵炸了！能不能让我安静一会儿？

江流儿：好——

悟空：不许再提金箍棒的事儿！

……

(4) 讨论：是读文字有趣，还是看电影有趣？

——他们说的话老师都写了下来，怎么听起来、读起来就没电影里那么有趣呢？

——是的，老师虽然把他们的对话写了下来，却忘了他们有什么样的动作、语气、神态和心理，这些细节描写在对话中叫提示语。

(5) 师：加上提示语后，再来读读这两个人物的对话，你发现了什么？

> 江流儿跑到悟空面前，好奇地问："大圣，大圣，你的如意金箍棒呢？戏里说你给藏到耳朵里了，给我看看，给我看看！"
> 悟空气得直挠头，大声吼道："你这小屁孩，叽叽喳喳跟了我一路，俺老孙的脑仁儿都被你吵炸了！能不能让我安静一会儿？"
> 江流儿吓了一跳，低声回答："好——"
> 悟空伸出食指，指着江流儿的脑门，厉声说："不许再提金箍棒的事儿！"

(6) 小结：提示语的位置不同，人物之间的对话就更富有变化，让我们如见其人，如闻其声。

### 三、为本介入，读解密码

(1) 怎么写好提示语，让对话变得丰富多彩呢？

(2) 请大家读课文《可贵的沉默》第1—9自然段的对话描写。（出示）

> ①我问同学们："爸爸妈妈知道你的生日在哪一天吗？"
> ②"知道！""知道！"孩子们异口同声地回答。
> ③"生日那天，爸爸妈妈向你们祝贺吗？"
> ④"当然祝贺了！"又是一片肯定的回答声。
> ⑤"'知道的''祝贺的'请举手！"
> ⑥"把手举高，老师要点数了！"我提高了声音，"啊，这么多啊！"

你发现提示语在表现形式上有什么秘诀吗？（出示）

(3) 师：是的，这六句话中提示语的位置不同，有的提示语在前，有的提示语在后，有的没有提示语。提示语变化多样的位置，我们可以从以下表格中看出。（出示）

| ××说："……" | 提示语在前 | 牵羊式 |
| --- | --- | --- |
| "……"××说："……" | 提示语在中 | 挑担式 |
| "……"××说： | 提示语在后 | 推车式 |
| "……" | 没有提示语 | 隐身式 |

（4）师：提示语这样的形式对对话描写有什么作用呢？我们来看。

| 语　言 | 形　式 | 表达效果 |
| --- | --- | --- |
| ①我问同学们："爸爸妈妈知道你的生日在哪一天吗？" | 提示语在前（牵羊式） | 最普通的形式<br>平静的叙述 |
| ②"知道！""知道！"孩子们异口同声地回答。<br>④"当然祝贺了！"又是一片肯定的回声。 | 提示语在后（推车式） | 人物说话迫不及待，兴奋、自豪 |
| ⑥"把手举高，老师要点数了！"我提高了声音，"啊，这么多啊！" | 提示语在前（挑担式） | 体现时间差，从"要点数"到"这么多"有个过程 |
| ③"生日那天，爸爸妈妈向你们祝贺吗？"<br>⑤"'知道的''祝贺的'请举手！" | 没有提示语（隐身式） | 说话对象明确，体现课堂节奏的紧凑与气氛的活跃 |

（5）小结：原来，提示语在对话中放在不同的位置，可以再现课堂上的热闹场景。真是小小的提示语里面有大学问啊！

（6）（出示）默读《"精彩极了"和"糟糕透了"》一课第1—14自然段的原文和变式文，你发现了什么？

> "这是什么？"他伸手拿起了我的诗。
> 
> "亲爱的，发生了一件美妙的事。巴迪写了一首诗，精彩极了……"母亲上前说道。
> 
> "对不起，我自己会判断的。"父亲开始读诗。
> 
> 我把头埋得低低的。诗只有十行，可我觉得他读了几个小时。
> 
> "我看这首诗糟糕透了。"父亲把诗扔回原处。
> 
> 我的眼睛湿润了，头也沉重得抬不起来。
> 
> "亲爱的，我真不懂你这是什么意思！"母亲嚷道，"这不是在你的公司里。巴迪还是个孩子，这是他写的第一首诗。他需要鼓励。"
> 
> "我不明白，"父亲并不退让，"难道世界上糟糕的诗还不够多么？"
> 
> 我再也受不了了。我冲出饭厅，跑进自己的房间，扑到床上失声痛哭起来。饭厅里，父母还在为那首诗争吵着。

> "这是什么?"他伸手拿起了我的诗。"亲爱的,发生了一件美妙的事。巴迪写了一首诗,精彩极了……"母亲上前说道。"对不起,我自己会判断的。"父亲开始读诗。我把头埋得低低的。诗只有十行,可我觉得他读了几个小时。"我看这首诗糟糕透了。"父亲把诗扔回原处。我的眼睛湿润了,头也沉重得抬不起来。"亲爱的,我真不懂你这是什么意思!"母亲嚷道,"这不是在你的公司里。巴迪还是个孩子,这是他写的第一首诗。他需要鼓励。""我不明白,"父亲并不退让,"难道世界上糟糕的诗还不够多么?"我再也受不了了。我冲出饭厅,跑进自己的房间,扑到床上失声痛哭起来。饭厅里,父母还在为那首诗争吵着。

### 四、创设情境,创意表达

(1)师:下面,我们再来看这部微电影中的一个片段。(播放)
(2)一起走进文字版的片段。(出示)

> 江流儿:大圣,二郎神真的有三只眼睛吗?
> 悟空:啊,哦——
> 江流儿:好厉害!大圣,大圣,巨灵神是不是力气很大?
> 悟空:很大!
> 江流儿:四大天王是兄弟吗?
> 悟空:是姐妹。
> 江流儿:那哪吒是男孩吗?
> 悟空:是女的。
> 江流儿:托塔天王有塔吗?
> 悟空:没有。
> 江流儿:那塔里有人吗?
> 悟空:哎呀,没有。

(3)师:请同学们结合刚才的影片,按照写提示语的方法,试着写一写提示语,看看怎么添加更好。(小组修改)
(4)修改好了吗?组内同学间交流。
(5)全班展示。
(6)分角色演一演。
(7)师:同学们,加上提示语后的对话是不是特别好玩!提示语一加,把江流儿的天真活泼、好奇顽皮、喋喋不休和孙悟空的无可奈何、恼羞成怒的样子活灵活现地展现在了我们面前。

## 五、课堂总结，拓展应用

（1）最后，请同学们记住了，一起读。

| | |
|---|---|
| 提示语，真调皮，<br>有语气，现心理，<br>抓动作，会情绪。<br>提示语，真调皮，<br>跑前跑后没定性，<br>一会儿中间又隐形。 | 巧用提示语，<br>对话真有趣。<br>巧用提示语，<br>对话好神奇。 |

（2）作业：

①视频一：《鹬》——鹬妈妈送别鹬宝宝的场景，想一想，妈妈和宝宝会有怎样的对话。

②视频二：《鸟，鸟，鸟》——大鸟突然闯入小鸟群中，小鸟们叽叽喳喳的场景。

# 第三部分 媒体报道

# 《创客》节目组首次走进大凉山的意外之喜[①]

创客教育起源于近年来欧美创客运动在教育领域的实践探索，而这些实践正赢得越来越多教育研究者的关注。在这样的背景趋势下，位于偏远山区的一些学校也开始积极探索创客教育。今天，咱们的节目就要走进四川最南面的地域，去看看位于凉山彝族自治州的四川省宁南县朝阳小学会给我们带来哪些惊喜。

从成都出发，经历了八个多小时、五百六十多千米的路程后，《出发吧！小创客》节目组到达了四川省宁南县朝阳小学。

位于凉山彝族自治州的四川省宁南县朝阳小学，于2018年开始了对创客教育的探索。在此之前，学校科学组开设有科技小组，在学生的课程中更多地呈现出"工程类综合实践活动课程"的属性，并秉持不同于传统的"分科课程"的独特的课程理念。

学校迁至新校区以后，扩大了科技小组的软、硬件装备，打造了一间全新的创客实验室并开设了3D打印、乐高搭建、STEAM课程、机器人编程与制作等教学内容。

---

① 资料来源：《出发吧！小创客》，见四川电视台科教频道2020年1月4日（https://mp.weixin.qq.com/s/rKcXSV13x1ojzxGByou0Pw）。

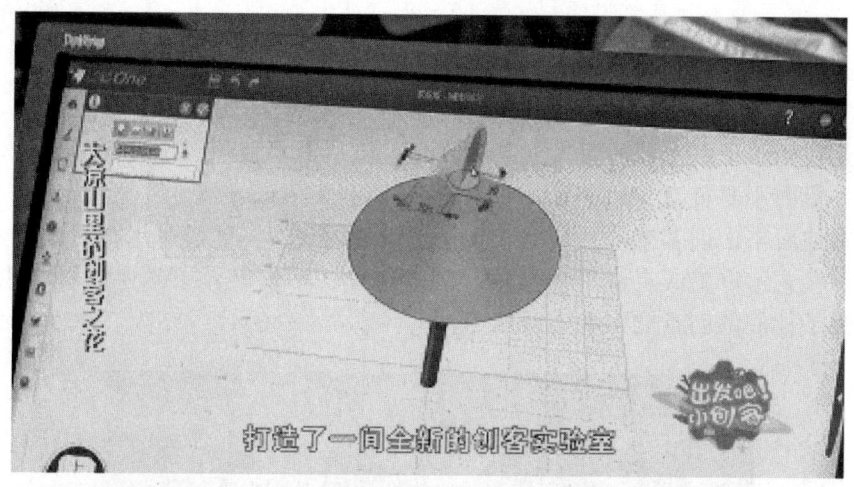

## 美术到创客

正在给孩子们上课的张发文老师,是一位从美术教师岗位转岗而来的创客教师,目前主要负责 3D 课程。

在他看来,创客老师是帮助学生将想象变为现实,而美术老师只是培养学生的一些艺术审美或者说美术素养。创客课程,不仅培养了学生的科学素养,还增强了他们的创新能力和实践能力。

## 扶教帮贫

尽管有不少其他学科的老师转为创客教师,但学校创客教育发展面临的最大困境仍是专业师资的缺乏。

宁南县位于四川凉山彝族自治州东南部,东临金沙江,与云南省巧家县隔河相望。宁南县朝阳小学在政府的大力支持下,硬件条件与设施设备可与州府学校比肩,但创客老师的缺乏却是头等难题。

在此背景下，来自湖北襄阳的张珺老师，响应教育部扶教帮贫活动的号召来到了朝阳小学，成了一名支教老师。

在张珺老师看来，朝阳小学各方面的教学设施都是比较好的。他的教学思路是，在课堂中着重培养孩子的思维逻辑能力和语言组织能力。现在孩子们最显著的变化就是自信心有了很大的提高，反映出学生综合素质能力的提高。

在到达四川省宁南县朝阳小学以前，节目组一行从来没有想过，在四川最南面的山区，还有把创客教育开展得如此有声有色的学校，这是一份意料之外的惊喜。

创客教育走进偏远山区，能够有效推动教育均衡发展，这种知识与实践并重的教学模式带给学校师生的变化有目共睹，这也更坚定了朝阳小学大力发展创客课程的决心。

# 宁南：北京专家带来精彩国学讲座[①]

为进一步加强国学经典学习，2019年9月28日，即孔子诞辰2570周年纪念日，来自首都师范大学的全日制教育硕士特聘导师陈礼旺走进宁南县民族中学，给在场师生带来了一场精彩绝伦的"我说《论语》"主题讲座。

北京支教专家从平凡而伟大的孔子、《论语》的成书过程、《论语》的思想主旨、孔子与《论语》的历史影响、《论语》的阅读学习五个方面系统讲解了有关《论语》的知识。他用几个小故事将现场听众的兴趣调动起来，在讲座过程中不时跟大家交流互动，用深入浅出、诙谐幽默、简洁易懂的语言把《论语》的中心思想传递了出来，大家纷纷表示受益匪浅、收获颇丰。

"化育英才薪火传，大道赓续举步艰。春秋笔法堪回味，论语智慧润年年。"讲座结束后，陈老师现场赋诗一首，迎来全体听众的热烈掌声。大家普遍认为，中国古代典籍《论语》含蕴极高的智慧能量和丰富的人生启迪，对当代学生传承美德、树立正确的道德价值观、培养健全人格、树立崇高的理想有着重要的意义，值得好好学习、研究。

---

[①] 资料来源：四川在线，2019年11月1日（https://liangshan.scol.com.cn/nn/201911/57373277.html）。

# 跨越千山万水！这位上虞教育人把教育部领航工程送进四川凉山[①]

四川省凉山彝族自治州宁南县，距离上虞2300多千米。2019年11月11—20日，随着教育部领航工程林建锋校长工作室的进驻，上虞的"活教育"理念从此在这里扎根。"感谢林校长一行带来的先进的教育理念，让我们找到了更适合学校的发展方向。"远在千里之外的宁南县松新镇小校长黄兴安通过电波向林建锋校长表达自己的谢意，他连声表示深受启发，将按照新理念把学校办得更有特色。

11月11—20日，教育部名校长领航工程学员、城东小学校长林建锋带领工作室的5位成员奔赴四川省凉山彝族自治州宁南县开展教育帮扶，并在2所学校建立"三有"学生阅览室，支持2所学校建立爱牛实验室，把上虞教育人正在深化的"活教育"思想传播到千里之外。

让学生学有新求，让教师心有追求，让学校行有探求。为了让课程达到预期效果，工作室主持人林建锋还特地邀请了夏伍华这位曾获得浙江省春蚕奖、浙江省杰出校长的资深教师，还有语文教师陈君飞、屠亚芳，科学教师吴彬等教坛新秀共同加入教育帮扶团。

"精准支教是我们此行最大的收获。"作为此行的副组长，崧厦镇小校长夏伍华总结说。除了在面上给全县小学校长、语文老师、科学老师、班主任老师做全员指导、培训，他们还专题下校，对4所不同层面的学校进行调研、把脉、教学诊断，提出学校发展的建设性意见。

10天时间的支教，可以用争分夺秒来形容。10天里，他们执教示范课15节次，指导研讨课5节，主题评课8场，主题讲座12场，为4所学校做办学诊断，巡回开出科学、STEM教育、语文、阅读指导公开课，进行家庭科学小实验和学生阅读力提升指导，召开教师座谈会，开展班主任工作和校本教研诊断指导等活动。

每次上课和开讲座前，他们都会根据当地的实际情况，修改讲稿和内容，让支教更有针对性。"我们语文团队针对彝语、汉语、英语三语并存的背景，

---

① 资料来源：上虞区融媒体中心，见《上虞日报》，2019年12月3日（https://mp.weixin.qq.com/s/E0kdq7qdknsYP6ZpKNSwDw）。

就如何实现国家语文课程目标的落地，如何达到统编教材的要求进行专项指导。"夏伍华说。支教过程中，通过课堂示范、理念解读、策略研究和难题破解等方式，有效讲解了教师专业化发展，被老师们称为"接地气的帮扶行动"。

"春风轻轻地吹，春雨沙沙地下，小种子探出了小脑袋，笋芽儿一个劲儿地往上钻，今天，老师要带着你们穿越时空的隧道，一起走进春天。"伴随着陈君飞老师诗一般的语言，孩子们一起读诗、品诗、创诗。课的最后，孩子们的小诗人潜能彻底被激发，一首首灵动的小诗自然生成。听课教师纷纷表示：这样的童诗课堂真的太美了。原来，语文课还可以这样上！

"那里的孩子，相比硬件设施的缺少，我认为他们更需要优化阅读方法，提升阅读能力。"屠亚芳说，教育帮扶团为此安排了对学生的 4 节阅读示范课，还有针对教师的互动评课、观点报告和主题讲座。"听课教师多年沉淀的教育理念被重新过滤、重组激活。"宁南县松新镇小校长黄兴安这样高度评价两位语文教师的授课。

为了让孩子们多读有益的书，出行前，林建锋还在城东小学发起了一场以"同在红旗下，读书共成长"为主题的读书、捐书、赠言活动。每位城东学子购买 2 本学校推荐书籍目录中的书或自己特别喜欢的书，并在 1 个月内完成阅读，在书上写下读后感，随同书籍一起传递到千里之外的凉山宁南。孩子们捐赠的 1100 多本书，在宁南的 2 个学校建起了图书室，两地的孩子形成一种精神上的回应与互动。

教育帮扶团还为 2 所学校捐赠了爱牛实验室，配备了教科版小学科学教材几乎所有实验的器材。同时还为这 2 所学校的四年级和五年级配备了人手一份的 STEM 教育专项配套材料。"这些都是科学教师讲课时必需的，各种有趣的实验能帮助学生更好地学懂科学，爱上科学。同时，我们也希望一所学校整个年段参与的 STEM 教育，更好地播下基于科学学科的综合性学习的种子。"林建锋认为，让他可惜的是在凉山州宁南县当地的学校中，各种原因导致出现"讲实验多，做实验少"的不良现状。为此他们连上了好几节科学课，引导教师和学生重新定义科学课。林建锋透露，明年，他们还将进入凉山，通过开展大型的科学活动，在更多大山的孩子心中播下科学的种子。

在学校管理领域，教育帮扶团在深度调研 4 所学校的基础上，解析了制约宁南学校发展的重要原因，从打造每一所新样态学校的视角，探讨了影响学校发展的关键因素。教育帮扶团还与教师们近距离围坐在一起，耐心细致地解答老师们在教育教学中的"疑难杂症"，充分展示了"活教育"思想的魅力。

"学生是在乐中学，学中乐。教育帮扶团的课程，给我们带来视觉、听觉和思想上的冲击，既是一种享受，也是一种启发。"正如宁南县教培中心培训部主任高顺国所说，先进的教学理念和教学方法，对提升宁南县教师队伍的专业水平和教学能力，具有很强的针对性和实效性，他相信上虞教师辛勤播撒的教育种子必将在凉山生根、发芽、开花、结果。

备注：
《中国教育报》在2019年12月18日第七版报道了本次教育帮扶活动。

长途跋涉2300多公里，教育部名校长领航工程学员、浙江上虞城东小学校长林建锋日前带领工作室5位成员来到四川凉山彝族自治州宁南县开展教育帮扶，并在4所学校建立了体现林建锋校长教育理念的"三有"学生阅览室和"爱牛"实验室。图为凉山的孩子们在科学课堂上动手动脑学科学。

# 教育帮扶：四川省凉山州宁南县校长到昆明市武成小学跟岗实践[①]

根据《教育部教师工作司关于开展四川省凉山彝族自治州教育帮扶行动的通知》（教师师函〔2019〕41号）和教育部领航工程广东中小学校长培训中心基地的安排部署，昆明市五华区武成小学对6名凉山州校长开展了为期一周的培训。

武成小学十分重视此项工作，活动前积极进行沟通，确定跟岗时间、人员信息等，合理制订跟岗学习活动计划。在周一升旗仪式上，全校师生热烈欢迎跟岗实践的校长们。

## 启动见面会

跟岗学习启动见面会在武成小学本部召开，武成小学学校领导与跟岗教师共同见证活动启动。会上，武成小学校长对跟岗校长们的到来表示热烈欢迎，并预祝各位校长能够学有所获，武成小学副校长对跟岗学习时间和学习内容进行了详细安排。

## 学习纪实

学习期间，跟岗校长们严格遵守武成小学的作息时间和考勤制度，严格按照日程安排和跟岗实践要求，深入各年级组参加教研活动，参与业务培训。

观摩国家级名师课堂。学习期间，武成小学承办的"'千课万人'全国小学数学思维发展与素养生长"高峰论坛举行，来自全国的多位教学名师及6位参培校长共享了这场全国小学数学界的学术盛宴。

实地考察多校区。跟岗校长们还对武成小学教育集团的几个校点进行了实地考察，深入了解武成小学在办学理念、课程建设等方面的实践经验和实际成效。在武成小学国福校区，跟岗校长们参观了校园文化走廊、校园书吧、风雨

---

[①] 资料来源：五华区教育体育局、昆明五华教育，2019年11月15日（https://mp.weixin.qq.com/s/c-RyYkAn4WPt9eSky02i1w）。

操场、班级文化墙等，还与孩子们一起上了音乐课。国福校区执行校长赵龙做了题为"创新引领 让集团化办学迈向优质特色"的专题报告，与各位跟岗校长进行深入交流。

参加校长沙龙和德育工作座谈。跟岗校长们围绕"基于师生发展的学校管理改进"进行沙龙讨论。就如何开展学生的行为习惯养成教育，武成小学少先队大队辅导员介绍了学校在德育常规工作中实行的"五星班级管理制度"。

此次活动为跟岗校长们提供了实质性的帮助，解决了他们工作中存在的部分实际问题。下一步，武成小学将竭力发挥示范引领作用，为促进教育均衡发展不懈努力。

## 日程安排

| 时间 | 地点 | 时间及内容 | | 地点 |
|---|---|---|---|---|
| 10月28日（周一） | 本部校区 | 9:50—10:20 | 参加校会欢迎仪式 | 操场 |
| | | 10:30—12:00 | 参加行政例会 | 接待室 |
| | | 14:30—15:00 | 跟岗实践需求交流 | |
| | | 15:00—16:30 | 撰写校长沙龙发言文稿 | |
| 10月29日（周二） | 本部校区 | 8:20—12:00 | 进班听课：李玮（三五班第一节），张宗强（三二班第四节） | 班级 |
| | | 14:00—15:30 | 校长沙龙：基于师生发展的学校管理改进 | 接待室 |
| | | 15:40—16:30 | 教研活动：毕业班语文教学 | 教室 |
| 10月30日（周三） | 少年宫校区 | 8:20—12:00 | 进班听课：詹蕊（二四班第一节），金蕊（一一班第二节） | 班级 |
| | 本部校区 | 14:30—15:10<br>15:30—16:30 | 德育专题交流：《德育管理新途径》<br>实地观察：三点半课程 | 接待室、校园 |
| 10月31日（周四） | 国福校区 | 9:00—14:00 | 1. 参观国福校区校园文化环境<br>2. 校区执行校长赵龙专题报告："创新引领 让集团化办学迈向优质特色"<br>3. 校区副校长华邦霞专题交流："校本课程开发与实施" | 操场、会议室 |
| | 本部校区 | 15:00—16:30 | 随机听课 | 教室 |

续表

| 时间 | 地点 | 时间及内容 | | 地点 |
|---|---|---|---|---|
| 11月1—3日（周五至周日） | 少年宫校区 | 8:00—17:30 | "'千课万人'全国小学数学思维发展与素养生长"高峰论坛 | 礼堂 |
| 11月4日 | 返程 | | | |

# "岂曰无衣,与子同袍":民族中学学生有了爱心校服

## ——山东临淄捐赠四川凉山美姑县民族中学2300多套冬季校服[①]

11月16日,山东省淄博市临淄区8所学校师生捐赠的2300多套爱心冬季校服,送到了四川省凉山彝族自治州美姑县民族中学同学们的手上,从此,该校学生有了温暖的爱心冬季校服。

2019年,教育部首期名校长领航班"孙正军校长工作室"与美姑县民族中学结为对口帮扶单位,"孙正军校长工作室"派出两批6名骨干教师到凉山支教。

在了解到美姑县民族中学学生一直没有校服后,"孙正军校长工作室"积极联络组织临淄一中、雪宫中学、遄台中学、临淄二中、淄江中学、实验中学、实验外国语学校、益中外国语学校等8所学校,开展帮扶美姑县民族中学冬季校服大型公益活动。8所学校的师生共捐款53.5万余元,其中34万元用于定制爱心校服,其余款项全部捐给美姑县民族中学,用于购买学习用品、体育器械等。淄博润豪实业有限公司负责人闻讯后,决定零利润承担校服的制作和运送工作,经过三天三夜,于11月16日运送到了美姑县民族中学。

淄博市临淄区教体局相关负责人表示,希望这股冬日里的爱心暖流,能够驱散严寒,让凉山不"凉",美姑更"美"。

美姑县民族中学是一所汉语、彝语双语教学的寄宿制学校,学生全部来自彝族。"孙正军校长工作室"主持人、临淄一中校长孙正军带领团队成员,通过帮助学校构建文化体系、建立骨干教师双边网络联系、指导学生制定生涯规划等,努力开展教育帮扶工作。临淄一中各科骨干教师每周与美姑县民族中学教师开展一次主题交流,每月开展一次结对老师交流会,工作室还帮美姑县民族中学提炼形成了"弘扬民族文化,传承红色基因,培育时代新人"办学理念。

---

[①] 资料来源:魏海政、宋以生:《"岂曰无衣,与子同袍":民族中学学生有了爱心校服:山东临淄捐赠四川凉山美姑县民族中学2300多套冬季校服》,见中国教育新闻网2020年11月17日(http://m.jyb.cn/rmtzcg/xwy/wzxw/202011/t20201117_374363_wap.html)。

# 送物资又送培训课！张德兰校长工作室来到四川凉山[①]

11月6日，记者从恒大小学获悉，在教育部《关于开展四川省凉山彝族自治州教育帮扶行动的通知》文件的指导下，为贯彻落实国务院关于加强对四川省凉山彝族自治州教育扶贫结对帮扶指示精神，教育部"国培计划"中小学名校长领航工程张德兰校长工作室一行来到了四川省凉山彝族自治州宁南县开展为期5天的教育帮扶工作。

据介绍，此次前往宁南县的有我市教育界的相关领导、资深专家，中小学各学科的教学骨干老师。考虑到当地有很多家庭生活困难的学龄儿童，工作室成员在去凉山之前用各种形式开展了"为凉山彝族小朋友暖冬计划献爱心"的募捐，已筹集到了价值19088.4元的物资和85399.3元现金。工作室一行到达宁南县后，先是走访看望了襄阳市驻宁南县的支教教师，然后在当地小学进行了爱心捐赠。随后，张德兰校长工作室对当地中小学教师开展名为《聚焦新教材 携手共成长》的系列教学培训。

据了解，张德兰校长工作室对宁南县的教育帮扶从去年已经开展。"从2019年至2021年，共3个学期，每个学期派出3位，累计9位骨干教师到结对帮扶地区进行教学支教。"张德兰校长介绍，去年8月底，张德兰校长工作室已经选派张珺、刘雪、刘子威三位骨干教师作为首批支教教师，赴宁南县开展教育帮扶。今年不仅有支教的老师，工作室对四川凉山的教育帮扶更多样化。此次到当地，就是结合当地实际情况举办专题讲座、上示范课、进行专项教学研讨，以期提升凉山州地区教师的综合素养。

---

[①] 资料来源：曾艳丽、周娜：《送物资又送培训课！张德兰校长工作室来到四川凉山》，见襄阳日报客户端2020-11-06 16：45（http://m.hj.cn/p/845655.html）。